Kohlhammer

Volkswirtschaftslehre – praxisnah und verständlich
herausgegeben von Manuel Rupprecht

Manuel Rupprecht (Hrsg.)

Wirtschaftliche Zeitenwende?

Künstliche Intelligenz, Energieversorgung, Rückkehr der Zinsen

1. Auflage

Verlag W. Kohlhammer

Dieses Werk einschließlich aller seiner Teile ist urheberrechtlich geschützt. Jede Verwendung außerhalb der engen Grenzen des Urheberrechts ist ohne Zustimmung des Verlags unzulässig und strafbar. Das gilt insbesondere für Vervielfältigungen, Übersetzungen, Mikroverfilmungen und für die Einspeicherung und Verarbeitung in elektronischen Systemen.

1. Auflage 2024

Alle Rechte vorbehalten
© W. Kohlhammer GmbH, Stuttgart
Gesamtherstellung: W. Kohlhammer GmbH, Stuttgart

Print:
ISBN 978-3-17-044453-9

E-Book-Formate:
pdf: ISBN 978-3-17-044454-6
epub: ISBN 978-3-17-044455-3

Für den Inhalt abgedruckter oder verlinkter Websites ist ausschließlich der jeweilige Betreiber verantwortlich. Die W. Kohlhammer GmbH hat keinen Einfluss auf die verknüpften Seiten und übernimmt hierfür keinerlei Haftung.

Inhaltsverzeichnis

Vorwort 9

1 **Deutschlands Energiewende: Nicht zur Nachahmung zu empfehlen!**... 11
  Manuel Frondel
  1.1 Einleitung... 12
  1.2 Die Kosten des Ausbaus der erneuerbaren Energien seit Einführung des EEG.. 13
  1.3 Auch der künftige Ausbau der Erneuerbaren könnte teuer werden 17
  1.4 Kosteneffizienter Ausbau der Erneuerbaren, statt weiter anschwellender Kostenlawine 18
  1.5 Wirkungen des Ausbaus der erneuerbaren Energien.......... 25
  1.6 Die künftige Energiewende: Photovoltaik und Windkraft sollen es richten... 28
  1.7 Energiepolitischer Strategiewechsel: Erhöhung statt Verringerung des heimischen Energieangebots 29
  1.8 Neue energiepolitische Strategie: Technologieoffenheit statt Ressourcenverschwendung! 31
  1.9 Deutschlands Energiewende: Vom Kopf auf die Füße stellen!.. 31
      Anhang... 33
      Literatur.. 37

2 **Zeitenwende für Sparer? Was die Rückkehr der Zinsen für die private Vermögensbildung bedeutet** 39
  Manuel Rupprecht
  2.1 Einleitung... 39
  2.2 Zeitenwende bei den Zinsen: Was bisher geschah 40
  2.3 Ursache der Zinswende: die Rückkehr der Inflation 45
  2.4 Folgen der Zinserhöhungen: Lohnt sich Sparen wieder?...... 51
  2.5 Fazit.. 57
      Literatur.. 58

3 Decoupling, Derisking, Friendshoring: Ist Deutschlands wirtschaftliche Zusammenarbeit mit China ein Auslaufmodell? 60
Britta Kuhn
- 3.1 Veränderter deutsch-chinesischer Beziehungsstatus 60
- 3.2 Bisherige deutsch-chinesische Wirtschaftskooperation 62
  - 3.2.1 Wirtschaftliche Entwicklung im Vergleich 62
  - 3.2.2 Bilateraler Handel 64
  - 3.2.3 Bilaterale Direktinvestitionen 65
- 3.3 Westliche Wirtschaftsreaktionen auf die geopolitischen Änderungen 66
  - 3.3.1 Decoupling und weitere Anglizismen.................. 67
  - 3.3.2 China-Strategie der USA, G7 und EU 70
  - 3.3.3 China-Strategie der Bundesregierung 72
- 3.4 Volkswirtschaftliche Einschätzung der deutschen China-Abhängigkeit 75
  - 3.4.1 Wichtige Studienergebnisse 75
  - 3.4.2 Haupt-Empfehlungen aus volkswirtschaftlicher Sicht... 78
- 3.5 Fazit und Ausblick... 80
- Literatur.. 80

4 Künstliche Intelligenz und digitaler Umbruch – Fluch oder Segen für die Wirtschaft?... 84
Jörn Quitzau
- 4.1 Einleitung 84
- 4.2 Das Strukturwandel-Szenario................................ 85
- 4.3 Die 20:80-Gesellschaft...................................... 86
- 4.4 (Übergangs-)Probleme....................................... 86
  - 4.4.1 Verteilung der Wertschöpfungsgewinne............... 87
  - 4.4.2 Verlustpotenzial..................................... 88
  - 4.4.3 Anpassungsgeschwindigkeit 89
  - 4.4.4 Sozialpolitik... 89
  - 4.4.5 Psychologische Aspekte 90
- 4.5 Gesamtwirtschaftliche Aspekte 90
- 4.6 Ausblick und Fazit.. 94
- Literatur.. 96

5 Wirtschaftssanktionen – Motive, Wirkungen und Nebenwirkungen 97
Thieß Petersen
- 5.1 Einleitung 97
- 5.2 Erwartete ökonomische Folgen von Sanktionen 98
  - 5.2.1 Konsequenzen eines Importverbots 99
  - 5.2.2 Konsequenzen eines Exportverbots 100
  - 5.2.3 Konsequenzen des Verbots eines Technologie- und Kapitaltransfers 101

		5.2.4 Konsequenzen für Außenhandel und Wechselkurs	102
5.3		Erwartete politische Folgen von Sanktionen	104
5.4		Bedingungen für erfolgreiche Sanktionen	105
	5.4.1	Bedingungen für den wirtschaftlichen Erfolg von Sanktionen	105
	5.4.2	Empirie zum wirtschaftlichen Erfolg von Sanktionen	107
	5.4.3	Empirie zum politischen Erfolg von Sanktionen	108
5.5		Bewertung der Sanktionen gegen Russland	110
	5.5.1	Einschätzung der aktuellen Sanktionslage	110
	5.5.2	Folgen der Sanktionen für Russland	112
	5.5.3	Politökonomische Erwägungen	114
5.6		Ausblick	115
		Literatur	116

6 Wirtschaftspolitik für den Klimaschutz: sozial (un-)gerecht? ... 118
Katharina Eckartz

6.1			Einleitung	119
6.2			Hintergrund	120
	6.2.1		Emissionen	120
		6.2.1.1	Trends in der globalen Emissionsentwicklung	120
		6.2.1.2	Emissionsentwicklung Deutschland	120
		6.2.1.3	Emissionen und Einkommen	121
	6.2.2		Klimaziele	123
	6.2.3		Instrumente mit dem Ziel Emissionsreduktion	125
		6.2.3.1	Exkurs: Internalisierung von externen Effekten	125
		6.2.3.2	Status quo EU: EU-ETS 1 & CBAM	127
		6.2.3.3	Status quo Deutschland: nEHS	127
		6.2.3.4	Planung EU: EU-ETS 2	128
6.3			Aktuelle Entwicklungen & Diskussionen	129
	6.3.1		Abschaffung der sogenannten Sektorziele	129
	6.3.2		Besonderheiten Sektor Verkehr	130
	6.3.3		Besonderheiten Sektor Gebäude	131
6.4			Bedarf für einen Instrumentenmix	132
	6.4.1		Klimageld	133
	6.4.2		Ausgestaltungsmöglichkeiten	134
	6.4.3		Wege der Rückerstattung	135
		6.4.3.1	»Best practice«-Beispiel: Umsetzung in Österreich	136
		6.4.3.2	Finanzierung des Klimageldes	136
	6.4.4		Lasten und Anpassungsmöglichkeiten in unterschiedlichen Einkommensgruppen	137
		6.4.4.1	Belastungen	137
		6.4.4.2	Reaktionsmöglichkeiten	138
		6.4.4.3	Klimageld	139

	6.5	Diskussion und Fazit..................................	140
		Literatur...	142
7		**Regionale Wirtschaft unter Veränderungsdruck – Chancen und Risiken**...	147
		Fritz Jaeckel, Jutta Gogräfe	
	7.1	Wirtschaftliche Lage in Nord-Westfalen – schwache Konjunktur und langfristige Wachstumsschwäche.......................	147
	7.2	Hohe Energiepreise, verschlechterte Wettbewerbssituation, hoher Transformationsdruck durch Energiewende...........	149
	7.3	Energieintensive Industrie unter besonderer Belastung	150
	7.4	Außenhandel im Zeichen der De-Globalisierung, auch mit Blick auf China..	151
	7.5	Arbeitskräfteknappheit durch Demografie...................	152
	7.6	Wirtschaftspolitische Rahmenbedingungen in Zeiten multipler Krisen und langfristiger Wachstumsschwäche – Fazit: Chancen	153
		Literatur...	156

Angaben zu den Autoren 157

Vorwort

Dies ist der vierte Band der Reihe »Volkswirtschaftslehre – praxisnah und verständlich«. Auch dieser Band thematisiert ausgewählte Entwicklungen des – vor allem hiesigen – Wirtschaftsgeschehens zu Beginn der 2020er Jahre. Gemeinsam ist allen, dass sie – um den von Bundeskanzler Olaf Scholz im Februar 2022 verwendeten Begriff zu nutzen – eine Zeitenwende gegenüber früheren Entwicklungen darstellen. Ob Energieversorgung, Künstliche Intelligenz oder Zinsumfeld: Überall stehen die Zeichen auf (substanzielle) Veränderung.

Eine weitere Gemeinsamkeit besteht darin, dass diese Themen mit einer gewissen Regelmäßigkeit in der medialen bzw. öffentlichen Diskussion aufgegriffen werden. Kaum eine Nachrichtensendung vergeht, ohne dass einer oder gar mehrere dieser Aspekte angesprochen werden. Ausreichenden Tiefgang erfahren sie dabei allerdings nur selten. Was den journalistischen Informationsauftrag erfüllen mag, hinterlässt den Leser, Zuhörer oder Zuschauer häufig mit offenen Fragen; ein fundiertes Verständnis der Zusammenhänge kann oft nicht hergestellt werden. Gleichzeitig ist auch bei den Themen dieses Bandes ein solches Verständnis zentral! Wenn das Zinsumfeld nach Jahren mit Null- und Negativzinsen plötzlich wieder (deutlich) positiv wird, die künstliche Intelligenz flächendeckend Einzug in die Berufswelt zu halten verspricht und jahrzehntelange Handelsbeziehungen infrage gestellt werden, sorgt dies ohne grundlegende Kenntnisse der Hintergründe vor allem für eines: Unsicherheit. Und Unsicherheit ist selten ein guter Ratgeber, wenn es darum geht, kompetente Entscheidungen zu treffen – ob im privaten, beruflichen oder auch politischen Umfeld.

Diese Unsicherheit zu reduzieren, um so zu überlegten Entscheidungen beizutragen, ist das Hauptanliegen der Reihe und damit auch dieses Buches. Dafür greifen insgesamt acht Experten aus Wissenschaft und Praxis ausgewählte Themen des wirtschaftlichen Geschehens auf und diskutieren diese in bewährter Manier: wissenschaftlich fundiert, aber allgemein verständlich. Wer tiefer einsteigen möchte, findet in jedem Beitrag Literaturhinweise, manchmal auch weitergehende Fußnoten. Erneut lassen sich alle Beiträge unabhängig voneinander lesen, haben dabei aber gemeinsam, dass sie zur Erklärung der Zusammenhänge auf etablierte Konzepte und Modelle der Volkswirtschaftslehre zurückgreifen, ohne diese mit all ihren Annahmen, Finessen und konkreten Modellierungen detailliert vorzustellen.

Auch diesem Buch ging eine – von der Hanns Martin Schleyer Stiftung geförderte – Vortragsreihe an der FH Münster voraus. Unter dem Titel »Aktuelles Wirtschaftsgeschehen – verständlich und kompakt« wurden nahezu alle Themen im

Vorwort

Herbst 2023 von den gleichen Referenten mit einem breiten Publikum diskutiert. Für die Teilnehmer der Vortragsreihe bieten die Beiträge somit die Möglichkeit, das Gehörte noch einmal nachzulesen oder zu vertiefen. Jeder Text ist aber so geschrieben, dass er auch ohne Vorkenntnisse gelesen werden kann. Und wer sich zunächst einen Überblick über die jeweils erläuterten Zusammenhänge verschaffen will, findet vor jedem Beitrag eine pointierte Zusammenfassung.

Auch dieser vierte Band und die dazugehörige Vortragsreihe konnten nur entstehen, weil zahlreiche Personen daran mitgewirkt haben. Ausnahmslos allen Mitwirkenden gilt mein herzlicher Dank! Zuvorderst sind hier die Referenten bzw. Autoren zu nennen, die sich allesamt der Herausforderung gestellt haben, komplexe Themen allgemein verständlich zu erläutern. Dazu gehören (in alphabetischer Reihenfolge): Prof. Dr. Katharina Eckartz von der TH Köln, Prof. Dr. Manuel Frondel vom RWI Essen, Jutta Gogräfe und Dr. Fritz Jaeckel von der IHK Nord Westfalen, Prof. Dr. Britta Kuhn von der Hochschule RheinMain, Dr. Thieß Petersen von der Bertelsmann Stiftung sowie Dr. Jörn Quitzau von der Schweizer Privatbank Bergos AG. Der Hanns Martin Schleyer Stiftung und seiner Geschäftsführerin Barbara Frenz danke ich herzlich für ihre erneute finanzielle Unterstützung, welche die Vortragsreihe überhaupt erst ermöglicht hat. Verbunden bin ich auch dem Verlag W. Kohlhammer und insbesondere seinem Verlagsleiter Dr. Uwe Fliegauf, dessen ernsthaftes Interesse an diesen Themen und ihrer adäquaten Aufbereitung zentrale Grundlage dieses Projektes sind. Zu schätzen weiß ich ferner die Unterstützung meiner Kollegen der FH Münster, ohne deren Zutun weder Organisation noch Kommunikation von Buch- und Vortragsreihe so gelungen wären. Gleiches gilt für alle anderen, die hier keine namentliche Erwähnung finden, aber trotzdem auf die ein oder andere Art und Weise zum Gelingen des Vorhabens beigetragen haben.

Ich wünsche allen Lesern eine erkenntnisreiche Lektüre!

Münster, im Februar 2024   Manuel Rupprecht

1 Deutschlands Energiewende: Nicht zur Nachahmung zu empfehlen!

Manuel Frondel[1]

Zusammenfassung

Deutschlands Energiewende beschränkt sich weitgehend auf den Ausbau der erneuerbaren Energien zur Stromerzeugung, vor allem der Photovoltaik und Windkraft. Trotz immens hoher Kosten zeigt dies jedoch wenig Erfolge: Die lange Zeit hoch subventionierte Photovoltaik brachte es im Jahr 2021 lediglich auf einen Anteil am Primärenergieverbrauch von 1,5 %, die Windkraft hatte einen Anteil von 3,4 %. Es ist offenkundig, dass die für das Jahr 2045 angestrebte Nettotreibhausgasneutralität nicht allein mit Hilfe der Erneuerbaren sowie den dafür unverzichtbaren Energiespeichertechnologien erreicht werden kann. Dennoch behält Deutschland den eingeschlagenen Weg bei, gemessen an den verschärften Erneuerbaren-Zielen sogar mit massiv forciertem Tempo. Anstatt sich immer ehrgeizigere Ziele für den Erneuerbaren-Ausbau vorzugeben, bräuchte Deutschland eine fundamental andere energiepolitische Strategie, die darauf abzielt, das Energieangebot wieder auszuweiten, und die auf Tabus wie das Verbot von Fracking verzichtet. Zudem sollten die Erneuerbaren bei den aktuell hohen Strompreisen nach Jahrzehnten der Subventionierung dem Markt überlassen werden. Mit einem Bruchteil der dadurch im Klima- und Transformationsfonds eingesparten finanziellen Mittel könnte die Forschung und Entwicklung sämtlicher Energie- und Speichertechnologien, inklusive Kern- und Wasserstofftechnologien, in nie dagewesenem Maße forciert werden. Die künftige Energiepolitik sollte allen Technologien eine Chance geben, nicht allein jenen, die in den Augen der Mehrheit der Bevölkerung ein – nicht immer gerechtfertigtes – hohes Ansehen genießen. Vielmehr sollten künftig auch solche Technologien und Energierohstoffe genutzt werden, gegen die eine verschwindend kleine, aber lautstarke Minderheit aus ideologischen Gründen medial professionell orchestrierten Widerstand entgegensetzt und dabei auch Rechtsbrüche nicht scheut.

---

1 Danksagung: Der vorliegende Beitrag beruht zum Teil auf der Studie »Ökologischer Umbau von Wirtschaft und Gesellschaft: Kosten und Nutzen«, die von der Berenberg Bank gefördert wurde, sowie auf dem Buchbeitrag »Deutschlands Energiewende: Vom Kopf auf die Füße stellen!«, der in dem von Norbert Berthold und Jörn Quitzau herausgegebenen Buch »Die Wirtschafts-Welt steht Kopf« im Verlag Franz Vahlen erschienen ist.

1.1 Einleitung

Deutschlands Energiewende ist bislang weitgehend eine Stromwende, denn sie hat sich bis dato vorwiegend auf den Ausbau der regenerativen Stromerzeugungstechnologien konzentriert. In anderen Bereichen, vor allem dem Verkehrssektor, wurde die Energiewende hingegen lange Zeit eher vernachlässigt. So stagnierten die Treibhausgasemissionen im Sektor Verkehr über Jahrzehnte hinweg (Vgl. Frondel, Schubert 2021), erst seit der Corona-Pandemie sind sie deutlich gesunken, um 16 auf 148 Mio. Tonnen Kohlendioxid (CO_2) im Jahr 2021 (Vgl. UBA 2022).

Im Sektor Energiewirtschaft hingegen, zu dem auch die Stromerzeugung zählt, wurden deutliche Emissionsminderungen erzielt: Dort sanken die Treibhausgasemissionen zwischen 1990 und 2021 um rund 40 % (Vgl. UBA 2022), vor allem aufgrund des durch den europäischen Emissionshandel bedingten Wechsels von älteren zu effizienteren Kohlekraftwerken sowie zu emissionsärmeren Erdgaskraftwerken, teils aber auch aufgrund der vorzeitigen Abschaltung von Kohlekraftwerken infolge des ordnungsrechtlich festgelegten Kohleausstiegs. Zur Senkung der Emissionen haben nicht zuletzt auch die alternativen Stromerzeugungstechnologien beigetragen. So stieg der Anteil des regenerativ erzeugten Stroms am Bruttostromverbrauch bis zum Jahr 2022 auf knapp 50 %, während er im Jahr 2000, als das Erneuerbaren-Energien-Gesetz (EEG) zur Förderung der grünen Stromerzeugung auf Basis von Erneuerbaren eingeführt wurde, noch unter 10 % lag.

Der unter dem Begriff Energiewende firmierende ökologische Umbau der deutschen Volkswirtschaft hat den hohen Anspruch, ambitionierte Klimaziele zu verwirklichen und zugleich als internationales Vorbild auf dem Weg zur Klimaneutralität zu dienen. Ambitionierte nationale Klimaziele erscheinen angesichts der mittlerweile deutlich erkennbaren Dringlichkeit einer raschen und konsequenten Abkehr aller globalen Akteure von fossilen Energiesystemen durchaus als gerechtfertigt. Doch um als internationales Vorbild dienen zu können, müsste Deutschland diese Ziele unter ebenso ambitionierten Nebenbedingungen erreichen, allen voran dem Erhalt der volkswirtschaftlichen Leistungsfähigkeit und der sozialen Ausgewogenheit der Klimapolitik.

Diese Nebenbedingungen finden in der Politik eine viel zu geringe Beachtung. So hat die Energiewende sowohl Unternehmen als auch privaten Haushalten hohe Lasten aufgebürdet: Allein die durch das EEG seit dem Jahr 2000 geförderte grüne Stromerzeugung auf Basis von Erneuerbaren, vor allem Windkraft und Photovoltaik (PV), hat, wie im Folgenden dargestellt wird, die privaten und betrieblichen Stromverbraucher bislang knapp 300 Milliarden Euro gekostet, ohne dass diesen hohen Kosten entsprechende ökologische und wirtschaftliche Erfolge gegenüberstehen. Beispielsweise brachte es die lange Zeit hoch subventionierte Photovoltaik im Jahr 2021 lediglich auf einen Anteil am Primärenergieverbrauch von 1,5 %, auch die Windkraft hatte lediglich einen moderaten Anteil von 3,4 %.[2]

Dieser bescheidenen Fortschritte zum Trotz, oder vielmehr wohl gerade deswegen, setzt die Politik sich immer ehrgeizigere Ziele für den Erneuerbaren-Ausbau und bürdet so sowohl der heutigen Gesellschaft als auch künftigen Generationen immer höhere finanzielle Lasten auf. Diese gesteigerten Ambitionen wurden daran sichtbar, dass das Ziel eines Erneuerbaren-Anteils am Bruttostromverbrauch von 65 % im Jahr 2030 auf einen Anteil von 80 % erhöht wurde (Vgl. BMWK 2022a).

Anstatt sich immer ehrgeizigere Ziele für den Erneuerbaren-Ausbau vorzugeben, bräuchte Deutschland allerdings eine fundamental andere energiepolitische Strategie, die stärker auf neue, ebenso emissionsarme bzw. emissionsfreie Technologien setzt, um das Energieangebot wieder auszuweiten, und auf Tabus wie das Verbot von Fracking und der CO_2-Speicherung verzichtet. Die Erneuerbaren sollten bei den aktuell hohen Strompreisen nach Jahrzehnten der Subventionierung nun dem Markt überlassen werden. Mit einem Bruchteil der dadurch eingesparten finanziellen Mittel könnte die Forschung und Entwicklung sämtlicher Energie- und Speichertechnologien, inklusive Kern- und Wasserstofftechnologien, in nie dagewesenem Maße forciert werden. Solche Anstrengungen erscheinen unabdingbar, denn es sind neben den Erneuerbaren viele weitere Technologien nötig, da es angesichts der geringen Anteile der Erneuerbaren am Primärenergiemix offenkundig ist, dass damit das Ziel der Treibhausgasneutralität nicht erreicht werden kann.

Die folgenden Abschnitte stellen die Kosten des Ausbaus der erneuerbaren Energien seit Einführung des EEG sowie die Größenordnung der künftig anfallenden Kosten dar. Davon ausgehend wird dargestellt, warum und wie der Ausbau der Erneuerbaren kosteneffizienter gestaltet werden könnte. Sodann wird der Nutzen des Ausbaus der erneuerbaren Energien besprochen, bevor abschließend ein energiepolitischer Strategiewechsel vorgeschlagen wird, der unter anderem auf die folgenden Komponenten setzt: Erstens eine Erhöhung statt einer Verringerung des heimischen Energieangebots, zweitens eine massive Erhöhung der finanziellen Mittel für Forschung- und Entwicklung von neuen Energieerzeugungs- und -speichertechnologien und drittens eine generelle Technologieoffenheit anstatt Verengung des Energiemixes auf erneuerbare Technologien.

1.2 Die Kosten des Ausbaus der erneuerbaren Energien seit Einführung des EEG

Das mit dem EEG in Deutschland im Jahr 2000 eingeführte Einspeisevergütungssystem wird häufig als weltweites Vorzeigemodell bezeichnet. Tatsächlich hat es in

---

2 Diese Anteile ergeben sich aus dem Anteil von 15,7 %, den die erneuerbaren Energien im Jahr 2021 am Primärenergieverbrauch hatten und den Anteilen von Windkraft und Photovoltaik am Primärenergieverbrauch der Erneuerbaren von 21,2 % und 9,1 % (Vgl. AGEB 2022a). Entsprechende Zahlen für das Jahr 2022 liegen noch nicht vor, die Anteile von Windkraft und Photovoltaik sollten sich jedoch nur unwesentlich erhöht haben, da sich der Anteil der erneuerbaren Energien am Primärenergieverbrauch nach vorläufigen Angaben nur moderat erhöht hat, von 15,7 auf 17,2 %.

mehr als 100 Ländern Nachahmung gefunden (Vgl. REN21 2015). Mit Hilfe dieses Förderregimes konnten die sogenannten regenerativen Stromerzeugungskapazitäten in Deutschland in beachtlicher Weise ausgebaut werden, allen voran die Kapazitäten an Photovoltaik und Windkraft (▶ Dar. 6 im Anhang). So waren am Ende des Jahres 2022 rund 67 Gigawatt (GW) an PV-Kapazitäten installiert und etwa 66 GW an Windkraftkapazitäten, rund 58 GW an Land sowie rund 8 GW vor deutschen Küsten.

Mit dem beachtlichen Ausbau gingen immense Kosten einher. So belaufen sich die sogenannten Differenzkosten der Förderung der regenerativen Stromerzeugung seit Einführung des EEG im Jahr 2000 bislang (Stand: Ende 2022) nominal auf mehr als 294,5 Mrd. Euro (▶ Dar. 1).[3] Die Differenzkosten ergeben sich aus der Differenz der je nach Technologie unterschiedlichen Einspeisevergütungen, die pro Kilowattstunde regenerativ erzeugtem Strom von den Stromnetzbetreibern bezahlt werden, und dem Wert des »grünen« Stroms, sprich dem Erlös, der für den Verkauf des grünen Stroms an der Strombörse erzielt wird. Damit geben die Differenzkosten die Förderkosten wieder, die durch die Förderung der erneuerbaren Stromerzeugungstechnologien via EEG gewährt und bis Mitte des Jahres 2022 von den Stromverbrauchern in Form der EEG-Umlage mit ihrer Stromrechnung bezahlt wurden. Allein im Jahr 2020 mussten die Stromverbraucher den bisherigen Höchstwert von rund 28 Mrd. Euro für den Ausbau der Erneuerbaren bezahlen. Das ist mehr als die Bundesrepublik jährlich für Entwicklungshilfe ausgibt: Diese Ausgaben lagen im Jahr 2020 laut OECD bei rund 24,5 Mrd. Euro.

Damit sind die Kosten für den Ausbau der Erneuerbaren jedoch noch längst nicht abgegolten: Zu den knapp 300 Mrd. Euro, die bislang für den Ausbau der Erneuerbaren seit dem Jahr 2000 ausgegeben wurden, kommen weitere Kosten in dreistelliger Milliardenhöhe hinzu, denn die durch das EEG gesetzlich garantierten Vergütungen werden in der Regel für bis zu 21 Jahre in unveränderter Höhe garantiert. So müssen die aus heutiger Sicht unverhältnismäßig hohen Einspeisevergütungen für die in den Jahren 2009 bis 2012 installierten, umfangreichen PV-Kapazitäten noch bis zum Jahr 2032 gezahlt werden.

In Summe dürfte in den kommenden zwanzig Jahren noch einmal ein ähnlich hoher dreistelliger Milliarden-Betrag für die bereits installierten Erneuerbaren-Anlagen aufzuwenden sein, um damit die Einspeisevergütungen oder alternativ die Marktprämien für den mit den bestehenden Anlagen produzierten grünen Strom zu bezahlen. Wenngleich diese Summe nicht genau beziffert werden kann, weil sie nicht unwesentlich von der Höhe der unbekannten künftigen Strompreise abhängt, könnten diese Kosten sogar höher ausfallen als die bisher entrichtete Summe von knapp 300 Mrd. Euro, denn die Anfangsjahre der EEG-Förderung gingen mit vergleichsweise geringen Förderkosten aufgrund eines moderaten Ausbaus der Erneuerbaren einher (▶ Dar. 1).

---

3 In realen Größen sind die Kosten noch deutlich höher, weil aus heutiger Sicht das Geld früher einen größeren Wert hatte.

1.2 Die Kosten des Ausbaus der erneuerbaren Energien seit Einführung des EEG

Dar. 1: Differenzkosten des Ausbaus der Erneuerbaren in Millionen Euro (Quelle: BMWK 2021a. Die Kategorie Übrige enthält Deponie-, Klär- und Grubengas sowie Geothermie. Die Werte für 2021 und 2022 sind Prognosen.)

Jahr	Wasser-kraft	Photo-voltaik	Wind-kraft an Land	Wind-kraft auf See	Bio-masse	Übrige	Insge-samt	Differenz-kosten in Cent/kWh
2000	213	14	397	0	42	0	666	6,4
2001	295	37	703	0	105	0	1.140	6,3
2002	329	78	1.080	0	177	0	1.664	6,7
2003	253	145	1.144	0	224	0	1.766	6,2
2004	195	266	1.520	0	347	103	2.431	6,3
2005	193	636	1.518	0	540	111	2.998	6,8
2006	168	1.090	1.529	0	896	84	3.767	7,3
2007	121	1.436	1.428	0	1.307	46	4.338	6,5
2008	81	1.960	1.186	0	1.565	26	4.818	6,8
2009	25	2.676	608	3	1.991	-2	5.301	7,0
2010	192	4.465	1.647	19	3.000	204	9.527	11,6
2011	263	6.638	2.145	57	3.522	152	12.777	12,4
2012	223	7.948	2.948	92	4.576	269	16.056	13,6
2013	304	8.293	3.179	122	5.183	342	17.423	13,9
2014	301	9.165	3.668	208	5.674	279	19.295	14,2
2015	294	9.556	4.645	1.262	6.094	62	21.913	13,5
2016	352	9.282	4.315	1.947	6.292	22	22.210	13,8
2017	290	9.060	5.164	2.770	5.973	-61	23.196	12,4
2018	232	9.773	4.536	2.850	5.769	-59	23.101	11,8
2019	287	9.916	5.640	3.731	6.066	-105	25.535	12,1
2020	308	10.749	6.600	4.246	6.528	-46	28.385	12,8
2021	297	9.564	5.691	4.575	6.221	5	26.353	11,5
2022	124	8.633	2.564	3.691	4.723	64	19.799	8,3
Kosten	**5.340**	**121.380**	**63.855**	**25.573**	**76.815**	**1.496**	**294.459**	
Anteile	1,8 %	41,2 %	21,7 %	8,7 %	26,1 %	0,5 %	100,0 %	

Wenn aber die hohen jährlichen Förderkosten der vergangenen Dekade auch in den kommenden zwei Dekaden in annähernd gleicher Höhe weitergezahlt werden müssen, ist es leicht möglich, dass dafür mehr als 300 Mrd. Euro fällig werden könnten. Letzteres träfe im Übrigen dann zu, wenn die Strompreise durch den Ausbau der Erneuerbaren künftig sinken würden, wie häufig von der Politik prognostiziert wird.

Dann würde die Differenz zwischen den Einspeisevergütungen und dem Strompreis an der Börse steigen und somit auch die Differenzkosten. Summa summarum ist die Größenordnung der Förderkosten für den bisherigen Ausbau der erneuerbaren Stromerzeugungstechnologien auf 600 Mrd. Euro zu taxieren.

Hinzu werden weitere hohe Milliardenbeträge für jene Anlagen kommen, die seit Ende des Jahres 2022 in Betrieb genommen werden. Es ist zu erwarten, dass die Kosten dafür eine ähnliche Größenordnung annehmen könnten wie in der Vergangenheit. Diese Erwartung beruht im Wesentlichen auf zwei Anhaltspunkten: Zum einen soll der Erneuerbaren-Ausbau entsprechend der sehr ambitionierten Ausbauziele Deutschlands für das Jahr 2030 in deutlich stärkerem Ausmaß als bislang vorangehen. Zum anderen sind die Höchstsätze für die Einspeisevergütungen bzw. die Marktprämien bei den Auktionen zum Errichten von Solar- und Windkraftanlagen durch die Bundesnetzagentur im vergangenen Jahr deutlich erhöht worden (Vgl. BNetzA 2022), beispielsweise auf 7,35 Cent pro Kilowattstunde für Windkraftanlagen, die ab dem Jahr 2023 an Land installiert werden und auf 11,25 Cent für Aufdach-Solaranlagen. Im Jahr 2017 lag der Höchstwert für Einspeisevergütungen in den Auktionen für Windkraft an Land bei 7,0 Cent je Kilowattstunde; der Höchstsatz sank in den nachfolgenden Jahren und betrug 2022 lediglich 5,88 Cent (Vgl. BNetzA/Bundeskartellamt 2022, S. 121). Die Erhöhung auf 7,35 Cent im Jahr 2023 bedeutet somit gegenüber 2022 einen Anstieg um knapp 20 %. Auch für Photovoltaik-Freiflächen-Anlagen mit einer Leistung von über einem Megawatt wurden die Höchstsätze erhöht, von 5,70 Cent in der Juni-Auktion 2022 auf 7,37 Cent im Jahr 2023, eine Erhöhung um über 20 %.

Dies zeigt: Die Bemühungen um Kostendämpfung beim Ausbau der Erneuerbaren, die im Jahr 2017 mit der Einführung von Auktionen Einzug gehalten haben, sind zugunsten des forcierten Ausbautempos wieder aufgegeben worden. Bei solchen Auktionen wird ein bestimmtes Ausbauvolumen einer regenerativen Stromerzeugungstechnologie durch die Bundesnetzagentur ausgeschrieben und es kommen nur diejenigen Investoren zum Zuge, die für die von ihnen zu installierenden Kapazitäten an Erneuerbaren-Anlagen mit die geringsten garantierten Vergütungen für den damit erzeugten grünen Strom in Anspruch nehmen. Diese Vergütungen müssen aus dem sogenannten Klima- und Transformationsfonds (KTF) bestritten werden, einem neben dem Bundeshaushalt bestehenden Sondervermögen, dem nach dem Urteil des Bundesverfassungsgerichts vom 15.11.2023 nun 60 Mrd. Euro fehlen. Diese wurden laut Urteil in illegitimer Weise von der Ampelregierung aus der Zeit der Corona-Pandemie in den Fonds transferiert. (Das Urteil macht deutlich, dass bei diesem Fonds anstatt von Sondervermögen besser von einem Schulden- bzw. Kreditermächtigungsfonds gesprochen werden sollte.)

Die seit dem Bundesverfassungsgerichtsurteil sehr gravierenden, aber bereits im Sommer 2023 offen zu Tage getretenen Engpässe bei der Finanzierung der aus dem Klima- und Transformationsfonds zu bestreitenden Maßnahmen, zu denen auch der Ausbau der Erneuerbaren gehört, verdeutlichen, dass dabei Kostendisziplin höchst angebracht wäre. Nach dem aktuellen Wirtschaftsplan sind für die kommenden vier Jahre Ausgaben von rund 210 Mrd. Euro vorgesehen, die aus diesem Fonds bestritten werden sollen. Dennoch scheinen diese Mittel bereits heute nicht auszureichen, um alle Ausgabenwünsche zu erfüllen, etwa zunächst in Frage stehende Zuschüsse für die Deutsche Bahn zur Förderung der Verkehrswende.[4]

1.3 Auch der künftige Ausbau der Erneuerbaren könnte teuer werden

Beim künftigen Ausbau der Erneuerbaren scheint Kostendisziplin aber wohl kein vordringliches Kriterium zu sein. Darauf deutet vor allem hin, dass bislang fast ausschließlich technologiespezifische anstatt technologieneutrale Ausschreibungen stattfinden. Würde die Politik hohe Ausbaukosten in Zukunft verhindern wollen, müsste sie technologieneutrale Ausschreibungen zum Standard machen, damit nur noch die kosteneffizientesten regenerativen Technologien zum Zuge kommen.

Dadurch würden sich gravierende Fehler der Vergangenheit nicht wiederholen. Zu nennen ist hier besonders die übermäßige Förderung der Photovoltaik (Vgl. Frondel, Schmidt, Vance 2014), ehemals eine der teuersten Stromerzeugungstechnologien, aber heute in Form von Solarparks nahe der Wettbewerbsfähigkeit. So hat der starke PV-Ausbau, vor allem in den Jahren 2010 bis 2012, bislang rund 121 Mrd. Euro an Förderkosten verursacht (▶ Dar. 1). Damit beansprucht die Photovoltaik den weitaus größten Anteil von über 40 % der bereits beglichenen Differenzkosten. Deutlich geringer hingegen fiel der Anteil der Solarstromerzeugung an der Produktion von grünem Strom seit Einführung des EEG im Jahr 2000 aus: Dieser Anteil betrug lediglich rund 16 % (▶ Dar. 7 im Anhang). Die ebenfalls durch das EEG geförderten, sogenannten kleinen Wasserkraftanlagen haben bis dato in Summe nicht allzu viel weniger Strom produziert als die Photovoltaikanlagen, ihr Anteil an den bisherigen Differenzkosten von knapp 300 Mrd. Euro liegt jedoch bei lediglich knapp 2 % (▶ Dar. 1).

Es gibt weitere Hinweise, die darauf hindeuten, dass auch künftig wenig auf die Zubau-Kosten geachtet wird. Eine grobe Vorstellung von deren Größenordnung lässt sich dadurch gewinnen, dass man Abschätzungen des BMWK (2022a) zu Rate zieht. Demnach würde das Erneuerbaren-Ziel für das Jahr 2030, das einen Grünstrom-Anteil von 80 % am Bruttostromverbrauch vorsieht, implizieren, dass dann rund 600 Mrd. kWh an grünem Strom produziert werden müssen. Das würde beinahe eine Verdreifachung gegenüber dem Jahr 2021 bedeuten, als 234 Mrd. kWh an grünem Strom erzeugt wurden (Vgl. AGEB 2022b).

---

4 Erschwerend kommt hinzu, dass damit gerechnet werden muss, dass die Transferierung von 60 Mrd. Euro an Kreditermächtigungen aus der Corona-Zeit in den Klima- und Transformationsfonds vom Bundesverfassungsgericht als nichtlegitime Umgehung der Schuldenbremse gewertet werden könnte. Sämtliche Finanzierungen aus dem Klima- und Transformationsfonds, aus dem auch 20 Mrd. Euro an Hilfen zur Ansiedlung der Chip-Industrie in Deutschland bestritten werden sollen, stehen damit auf wackligen Füßen.

Das Erreichen des 80-Prozent-Ziels stellt somit eine gewaltige Herausforderung dar, sowohl in finanzieller als auch in technischer Hinsicht. Daher muss damit gerechnet werden, dass die finanziellen Mittel des Klima- und Transformationsfonds, aus dem die Differenzkosten des Ausbaus der Erneuerbaren derzeit beglichen werden, in Zukunft nicht mehr ausreichen werden, wenn das 80-Prozent-Ziel auch nur annähernd erreicht werden sollte – vor allem weil neben vielem anderen auch die Kosten der Wärmewende, insbesondere die massive Förderung von Wärmepumpen, aus dem Klima- und Transformationsfonds bestritten werden sollen.

Aus allen diesen Gründen ist es um die Sozialverträglichkeit der Energiewende schlecht bestellt. So ist es mehr als fraglich, ob der Fonds künftig ausreichende finanzielle Mittel beinhalten wird, um das sogenannte Klimageld zu finanzieren. Dieses ist im Koalitionsvertrag (2021) der Ampelregierung festgehalten worden, um damit den Bürgerinnen und Bürgern einen Ausgleich zur nationalen CO_2-Bepreisung zu gewähren. Durch die CO_2-Bepreisung wird seit dem Jahr 2021 der Verbrauch fossiler Kraft- und Brennstoffe zum Zwecke des Klimaschutzes verteuert. Noch immer aber wird kein Klimageld an die Bürgerinnen und Bürger ausgezahlt. Das dürfte in den nächsten Jahren auch so bleiben, denn im sich über vier Jahre, von 2024 bis 2027 erstreckenden Wirtschaftsplan gibt es keine Ausgabenposition für das Klimageld.

1.4 Kosteneffizienter Ausbau der Erneuerbaren, statt weiter anschwellender Kostenlawine

All dies ist umso erstaunlicher, als der Ausbau der Erneuerbaren wesentlich kostengünstiger erreicht werden könnte. So werden Solarparks schon oftmals ohne jegliche Inanspruchnahme von garantierten Vergütungen gebaut, ohne dass die Investoren an entsprechenden Auktionen teilnehmen. Bereits in den Jahren 2017 und 2018 gab es Ausschreibungen zur Errichtung von Windparks vor deutschen Küsten, bei denen einige Bieter wie die EnBW keine garantierten Vergütungen in Anspruch genommen haben (Vgl. BNetzA 2020, S. 77).

Und bei der Offshore-Auktion zum Bau von 7-GW-Windparks in Nord- und Ostsee am 1. Juni 2023 haben die Bieter nicht nur gänzlich auf garantierte Vergütungen verzichtet. Nachdem neun Null-Cent-Gebote abgegeben wurden, wurden in einer nachfolgenden Versteigerungsrunde insgesamt 12,6 Mrd. Euro geboten (Vgl. EID 2023, S. 4), um auf den ausgeschriebenen Flächen Offshore-Windparks errichten zu dürfen. So kann der Staat, in diesem Fall die Bundesnetzagentur als staatliche Institution, ähnlich wie bei der Versteigerung der Mobilfunkfrequenzen sogar erhebliche Einnahmen erzielen.[5]

---

5 Mit 90 % der Auktionserlöse von 12,6 Mrd. Euro sollen beginnend ab der Inbetriebnahme der Windparks über einen Zeitraum von 20 Jahren die Endkundenpreise für Strom durch eine Senkung der Netznutzungsentgelte gedämpft werden.

1.4 Kosteneffizienter Ausbau der Erneuerbaren, statt weiter anschwellender Kostenlawine

Der Ausbau der Windkraft an Land wird hingegen weiterhin mit hohen Vergütungen gefördert, obwohl dieser Technologie massive lokale Widerstände durch Bürgerinitiativen entgegengesetzt werden, denn damit gehen starke negative externe Effekte einher, etwa negative Wirkungen von Windkraftanlagen auf die Preise angrenzender Immobilien (Vgl. Frondel et al. 2019).

Will man die Kosten des Ausbaus der Erneuerbaren und die damit zusammenhängenden Folgekosten, beispielsweise Entschädigungszahlungen für die Abschaltung von Erneuerbaren-Anlagen zur Aufrechterhaltung der Netzstabilität, wenn andernfalls ein Überangebot an Strom das Netz überlasten würde, nicht weiter ausufern lassen, wäre es ratsam, die stark forcierte Ausbaustrategie grundsätzlich zu überdenken. So sollte angesichts des im Vergleich zu den Jahren der Corona-Pandemie um ein Vielfaches höheren Strompreisniveaus an den Strombörsen der Ausbau der Erneuerbaren dem Markt überlassen werden. In anderen Worten: Das EEG sollte abgeschafft werden. Dadurch würde der Erneuerbaren-Ausbau keineswegs zum Erliegen kommen. Ohne dieses Förderregime würden künftig aber wohl vor allem Windparks vor deutschen Küsten und große Solarparks errichtet werden, der Erneuerbaren-Ausbau würde in den kommenden Jahren voraussichtlich weit weniger schnell vorankommen, als dies für die Erreichung des 80-Prozent-Ziels erforderlich wäre.

Dennoch sprechen zahlreiche Gründe dafür, den Ausbau der Erneuerbaren nicht weiter ohne Rücksicht auf die Kosten auf breiter Front und mit erhöhtem Tempo voranzutreiben, sondern vorwiegend auf kosteneffiziente regenerative Technologien zu setzen. **Erstens** würden die Phasen mit Engpasssituationen im Netz, in denen die Netzstabilität gefährdet wird, nicht so stark zunehmen, wie dies bei einem beschleunigten Ausbau zu erwarten ist. Bereits heute werden immer häufiger Erneuerbaren-Anlagen abgeschaltet, um eine Gefährdung der Netzstabilität zu vermeiden. Dadurch sind die dafür gewährten Entschädigungszahlungen tendenziell immer weiter angestiegen (▶ Dar. 2). Diese Entschädigungszahlungen haben sich innerhalb weniger Jahre deutlich erhöht, von rund 180 Mio. Euro im Jahr 2014 auf rund 800 Mio. Euro im Jahr 2021. Nach vorläufigen Angaben der Bundesnetzagentur stiegen die Entschädigungszahlungen im Jahr 2022 weiter an, auf rund 900 Mio. Euro (Vgl. BNetzA 2023, S. 5) Diese Tendenz würde sich bei einem beschleunigten Erneuerbaren-Ausbau weiter fortsetzen, falls keine Gegenmaßnahmen getroffen würden.

Die Kosten für sämtliche Netzengpassmanagement-Maßnahmen, zu denen neben dem Abschalten von Erneuerbaren-Anlagen – im Fachjargon Einspeisemanagement genannt – auch das Abregeln und Zuschalten von konventionellen Kraftwerken (Redispatch) sowie der Einsatz und die Vorhaltung der in der Netzreserve befindlichen konventionellen Kraftwerke gehören, lagen im Jahr 2021 bei rund 2,3 Mrd. Euro. Dies ist gegenüber den Kosten von 1,4 Mrd. Euro im Jahr 2020 ein Anstieg von über 50 % (Vgl. BNetzA/Bundeskartellamt 2022, S. 6).[6] Diese Kosten haben sich nach vorläufigen Angaben im Jahr 2022 auf 4,2 Mrd. Euro nahezu verdoppelt. Vor allem die Redispatchmaßnahmen bei konventionellen Kraftwerken

---

6 Unter Redispatch wird die Reduzierung und Erhöhung der Stromeinspeisung von Kraftwerken nach vertraglicher Vereinbarung unter Erstattung der Kosten verstanden.

haben sich wegen der steigenden Brennstoffkosten bei Erdgas und Steinkohle massiv erhöht, auf rund 1,9 Mrd. Euro. Im Jahr 2021 lagen die Redispatch-Kosten mit rund 1,2 Mrd. Euro noch deutlich niedriger.

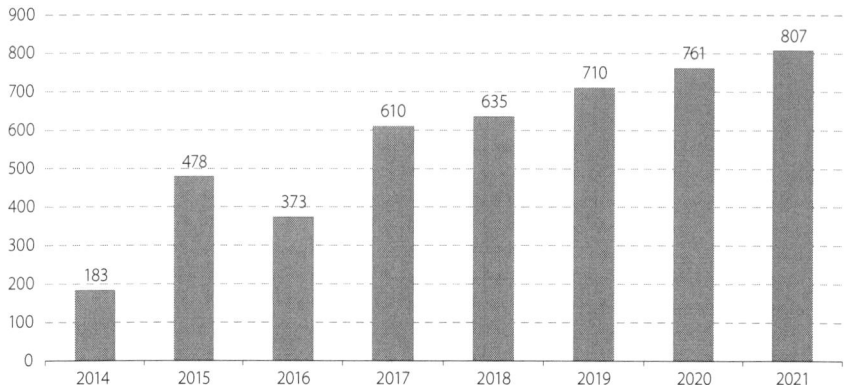

Dar. 2: Geschätzte Entschädigungszahlungen für das Abschalten von Erneuerbaren-Anlagen zur Aufrechterhaltung der Netzstabilität in Millionen Euro (Quelle: BNetzA/Bundeskartellamt 2022, S. 80)

Zweitens würde die Zahl der Stunden mit negativen Strompreisen weniger stark zunehmen, als dies bei Umsetzung des 80-Prozent-Ziels zu erwarten wäre. Negative Strompreise verursachen hohe volkswirtschaftliche Kosten und treten meist bei einer hohen Einspeisung von Strom aus Wind und Sonne und einem geringen Stromverbrauch auf (Vgl. Next Kraftwerke 2023). Dies ist häufig an Feiertagen oder Sonntagen der Fall. In solchen Situationen eines hohen Überangebots an Strom erhalten die Abnehmer von Strom diesen nicht nur umsonst, sie bekommen sogar noch eine Abnahmeprämie in Form des negativen Strompreises bezahlt.

Obgleich man erwarten würde, dass diese negativen Anreize dafür sorgen sollten, dass Stromproduzenten ihre Produktion drosseln und damit helfen, die Häufigkeit und Dauer des Auftretens negativer Strompreise zu verringern, lassen sich diese aus technischen, regulatorischen oder wirtschaftlichen Gründen nicht immer vermeiden, weil Betreiber von Erneuerbaren-Anlagen bislang wenig Anreize haben, in solchen Situationen ihre Stromproduktion zu drosseln und die Betreiber konventioneller Kraftwerke einer Vielzahl an Restriktionen und Auflagen unterliegen, die eine flexible Fahrweise des Kraftwerks verhindern.[7] Die Betreiber nehmen daher meist Stunden mit negativen Strompreisen in Kauf, statt ihre Produktion

---

7 So dürfen Stromerzeugungskapazitäten, die am Regelenergiemarkt teilnehmen, nur so weit heruntergefahren werden, wie dies mit der Bereitstellung ihrer Regelleistung zu vereinbaren ist. Bei konventionellen Kraftwerken gibt es zudem die konventionelle Mindesterzeugung zur Sicherung von Systemdienstleistungen, die aus diesem Grund nicht heruntergeregelt werden kann.

anzupassen. Das Entstehen negativer Strompreise ist somit auch nicht allein den erneuerbaren Energien anzulasten (Vgl. Next Kraftwerke 2023).

Dennoch ist die mit dem Ausbau der Erneuerbaren einhergehende starke Zunahme der Zahl an Stunden mit negativen Börsenstrompreisen ein klares Indiz dafür, dass die Ursache dafür in den Schwankungen der Stromproduktion auf Basis von Wind und Sonne liegt sowie in den dafür fehlenden Speicherkapazitäten. So hat sich die Zahl der Stunden mit negativen Börsenstrompreisen seit ihrer Zulassung im Jahr 2008 stark erhöht und liegt heute bei einem Vielfachen der Anzahl zu Beginn des vergangenen Jahrzehnts (▶ Dar. 3). So gab es bis Ende Oktober 2023 bereits 226 Stunden mit negativen Strompreisen. Das Minimum an negativen Strompreisen betrug bislang bis zu rund -13 Cent je Kilowattstunde und trat im Jahr 2016 auf (▶ Dar. 8 im Anhang). Mithin betrug die Belohnung für die Abnahme von überschüssigem Strom im Jahr 2016 bis zu rund 13 Cent je Kilowattstunde, eine Belohnung, die besonders oft von Abnehmern aus dem Ausland entgegengenommen wurde.

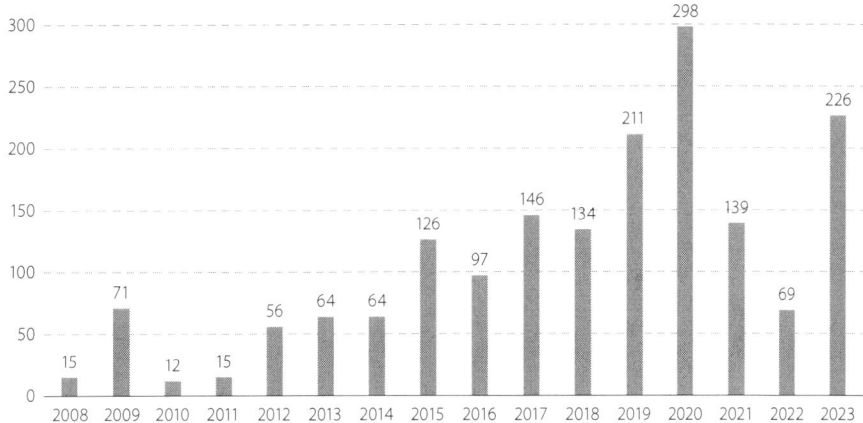

Dar. 3: Anzahl an Stunden im Jahr mit negativen Börsenstrompreisen in Deutschland (Quellen: Aust und Morscher 2017, Next Kraftwerke 2023, SMARD 2023, die Anzahl der Stunden mit negativen Strompreisen für das Jahr 2023 reflektiert den Stand bis Ende Oktober.)

Ein weiteres Indiz dafür, dass das Auftreten negativer Strompreise letztlich der Inflexibilität der Erneuerbaren-Anlagen geschuldet ist, besteht darin, dass Deutschland und Dänemark, beides Länder mit starkem Windkraftausbau, die beiden Länder sind, in denen das Phänomen der negativen Strompreise am häufigsten in Europa auftritt (▶ Dar. 4). In Schweden und Finnland hingegen traten negative Preise am Spotmarkt nicht vor Februar 2020 zum ersten Mal auf (Vgl. Next Kraftwerke 2023).

Drittens würde der Export von Strom nicht so stark zunehmen, wie dies bei einem beschleunigten Ausbau zu erwarten ist. So nahm einhergehend mit der tendenziellen Zunahme der Häufigkeit negativer Strompreise seit Einführung des EEG im Jahr 2000 auch der Export von Strom in das Ausland beinahe beständig zu (▶ Dar. 9 im Anhang). War der Saldo aus dem Import und Export von Strom im

1 Deutschlands Energiewende: Nicht zur Nachahmung zu empfehlen!

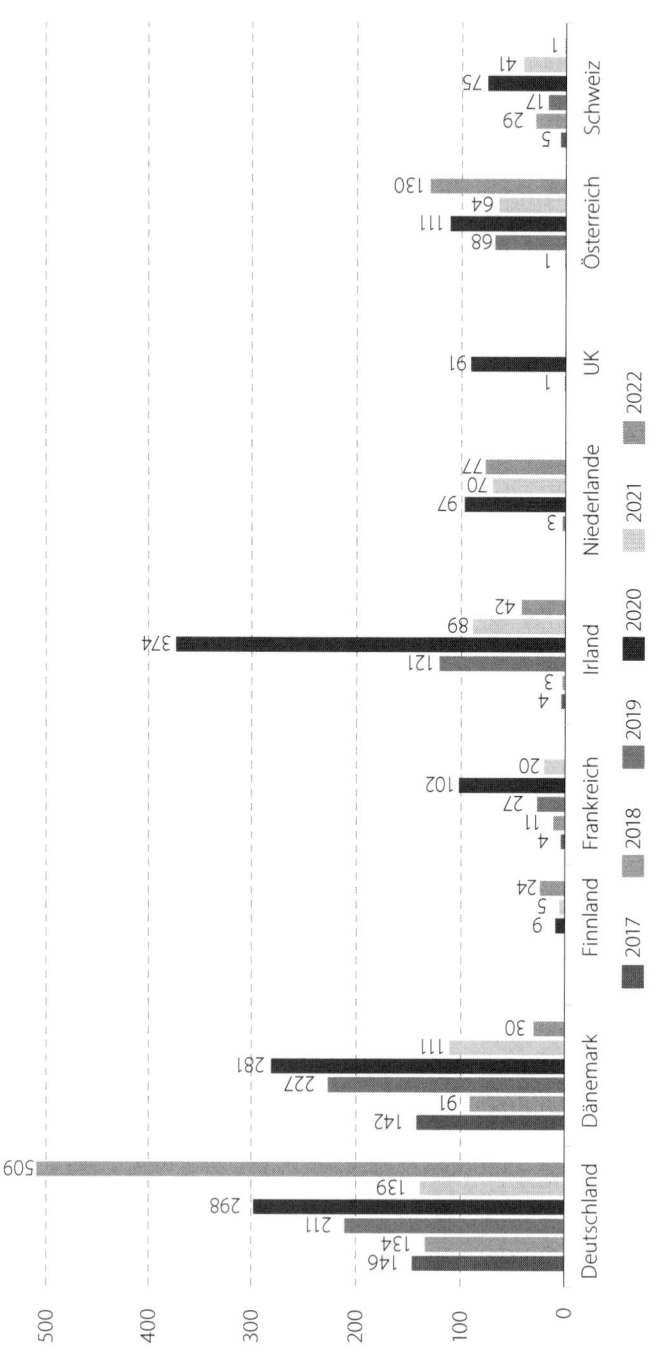

Dar. 4: Häufigkeit an negativen Strompreisen in europäischen Staaten (Quelle: Next Kraftwerke 2023)

Jahr 2000 noch positiv und zeigte an, dass mehr Strom aus dem Ausland importiert als exportiert wurde, sank dieser Saldo seither tendenziell zunehmend ins Negative. Im Jahr 2017 wurden insgesamt 55 Mrd. kWh Strom mehr exportiert als importiert wurde. Das waren beinahe 10 % des Stromverbrauchs des Jahres 2017 von rund 590 Mrd. kWh. (Dass der Stromaustauschsaldo seither tendenziell wieder abgenommen hat, ist mitunter der Abschaltung von Kohle- und Atomkraftwerken im Zuge des Kohle- und Kernenergieausstiegs geschuldet.) Insgesamt wurden mit rund 531 Mrd. kWh (▶ Dar. 9) etwa ein Sechstel des seit dem Jahr 2000 insgesamt produzierten grünen Stroms von 3.092 Mrd. kWh (▶ Dar. 7) ins Ausland exportiert. Dagegen wäre prinzipiell nichts einzuwenden, wenn dieser Export nicht immer häufiger mit niedrigen oder gar negativen Strompreisen einhergehen würde – siehe den Blogbeitrag von David Stadelmann (2023).

Ein wesentlicher Grund für das Auftreten negativer Strompreise ist die Tatsache, dass Betreiber von Erneuerbaren-Anlagen entweder eine vom Marktpreis unabhängige Einspeisevergütung oder eine Marktprämie bekommen und daher nicht auf die Preissignale an der Börse reagieren:[8] Sie produzieren grünen Strom, sobald der Wind weht bzw. die Sonne scheint, ganz gleich wie hoch die Nachfrage nach Strom insgesamt ist. Mit der EEG-Novelle im Jahr 2014 wurde diesem »Produce and Forget« genannten Verhalten mit der sogenannten 6-Stunden-Regel vom Gesetzgeber ein gewisser Riegel vorgeschoben: Nach sechs oder mehr direkt aufeinanderfolgenden Stunden mit negativen Preisen erhielten bestimmte Anlagen rückwirkend ab der ersten Stunde keine Marktprämie mehr. Mit der EEG-Novelle 2021 wurde diese Regelung verschärft und durch die 4-Stunden-Regelung ersetzt. Gemäß § 51 Absatz 1 EEG verringert sich die Marktprämie auf null, wenn der Spotmarktpreis im Verlauf von vier Stunden oder mehr negativ ist. Tritt dieser Fall ein, erhalten betroffene Anlagenbetreiber rückwirkend ab der ersten Stunde mit negativen Strompreisen keine Marktprämie mehr.

Mit dem forcierten Ausbau der Erneuerbaren ist zu erwarten, dass der Export grünen Stroms künftig noch deutlich stärker zunehmen dürfte, ebenso wie die Entschädigungszahlungen für Erneuerbaren-Anlagen-Betreiber und die Redispatch-Kosten. Denn: Mit in Summe rund 230 GW an Stromerzeugungsleistung steht in Deutschland aktuell etwa das Dreifache an Leistung zur Verfügung als in der Spitze benötigt wird. Mittlerweile beträgt die Leistung der regenerativen Stromerzeugungskapazitäten von insgesamt knapp 150 GW beinahe das Doppelte der konventionellen Kapazitäten von rund 80 GW (▶ Dar. 6). Aktuell aber liegt die maximal nachgefragte Leistung, die sogenannte Maximallast, an einem kalten Winterabend bei lediglich rund 82 GW. Obgleich mit der Zunahme der Zahl an Wärmepumpen und der Elektroautos die Maximallast weiter steigen dürfte und womöglich einen Wert um die 100 GW erreichen könnte, ist offenkundig, dass mit dem geplanten weiteren Ausbau der Erneuerbaren die Schere zwischen der gesamten Stromerzeugungsleistung und der maximal erforderlichen Leistung immer stärker aufgehen wird.

---

8 Auch Anlagenbetreiber, die sich für den Erhalt von Marktprämien statt Einspeisevergütungen entschieden haben, haben keine Anreize, sich nach der Stromnachfrage zu richten, denn die Marktprämie gleicht die Schwankungen der Börsenstrompreise aus.

Es wird daher höchste Zeit, dass die Praxis des »Produce and Forget« bei Betreibern neu zu installierender Erneuerbaren-Anlagen unterbunden wird. Insbesondere sollten keine Entschädigungszahlungen mehr gewährt werden, wenn Erneuerbaren-Anlagen zur Aufrechterhaltung der Netzstabilität abgeschaltet werden müssen. Die Abschaffung von Entschädigungszahlungen würde für die Betreiber Anreize schaffen, in Zeiten geringer Nachfrage den von ihnen produzierten grünen Strom zu speichern, statt diesen auf den Markt zu bringen.

Viertens: Netzengpasssituationen ließen sich künftig eher vermeiden, wenn der Ausbau der Erneuerbaren an das Tempo des Ausbaus der Überlandleitungen angepasst würde. Der Netzausbau schreitet jedoch weit weniger schnell voran als der Erneuerbaren-Ausbau. So ist damit zu rechnen, dass die zehn geplanten, für die Energiewende eminent wichtigen Überlandleitungen, die Netze zur Hochspannungs-Gleichstrom-Übertragung (HGÜ), die den Norden Deutschlands mit den Verbrauchszentren im Süden und Westen verbinden sollen, nach derzeitiger Planung im Jahr 2030 nicht in Gänze zur Verfügung stehen werden (Vgl. BMWK 2023, S. 15). Tatsächlich sind von den geplanten rund 5.500 HGÜ-Netzkilometern bislang erst 248 Kilometer in Betrieb, 193 in Bau, die übrigen Strecken befinden sich in Raumordnungs-, Planfeststellungs- oder anderen Verfahren (▶ Dar. 5), nur ein sehr geringer Teil der HGÜ-Netzkilometer ist bereits genehmigt.[9]

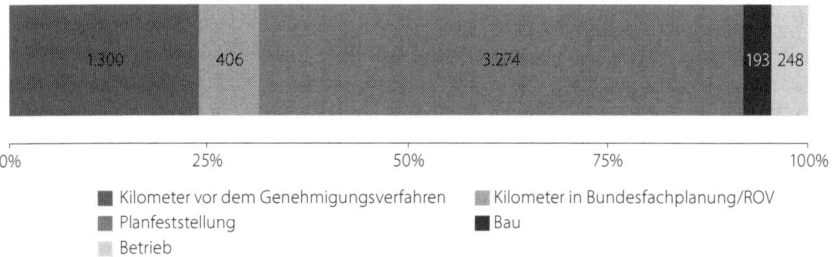

Dar. 5: Verteilung der Trassenkilometer der 10 Hochspannungs-Gleichstrom-Übertragungs-Vorhaben nach Verfahrensschritten (Quelle: BMWK 2023)

Neben den 10 HGÜ-Trassen sind Netze zur Anbindung von Offshore-Windparks, grenzüberschreitende Netze (Interkonnektoren) sowie konventionelle Überlandleitungen in Planung oder Bau oder sind bereits fertiggestellt. Die insgesamt 119 Netzvorhaben summieren sich zu rund 13.700 Trassenkilometern (Vgl. BMWK 2023, S. 5). Davon sind 1.930 Kilometer in Betrieb, 1.519 Kilometer sind im Bau. Demnach befinden sich rund drei Viertel aller zu bauenden Leitungskilometer noch in Genehmigungsverfahren, nur ein sehr geringer Teil davon ist bereits genehmigt.

---

9 So ist bei der SuedLink genannten Verbindung von Schleswig-Holstein nach Bayern und Baden-Württemberg soeben erst mit dem Bau eines Konverters an einem der beiden Enden der Leitung begonnen worden. Mit der Fertigstellung wird nicht vor dem Jahr 2028 gerechnet. Doch die Fertigstellung ist mit großen Unwägbarkeiten verbunden: Von der insgesamt rund 700 Kilometer langen Strecke quer durch Deutschland sind erst 17 Kilometer genehmigt.

Im Gegensatz zu den 10 HGÜ-Vorhaben ist man beim übrigen Netzausbau deutlich besser vorangekommen. Das ist vor allem auf die Fortschritte beim Ausbau der Netze zur Anbindung von Offshore-Windparks und dem Bau von grenzüberschreitenden Netzen zurückzuführen. So sind bereits 2.158 Kilometer Leitungen vor deutschen Küsten in Betrieb, weitere circa 4.000 Kilometer Offshore-Anbindungsleitungen sind in Planung oder Bau (Vgl. BMWK 2023, S. 6). Überdies sind sechs von insgesamt 19 Interkonnektor-Vorhaben bereits umgesetzt, am bekanntesten ist die NordLink genannte Leitung nach Norwegen.

1.5 Wirkungen des Ausbaus der erneuerbaren Energien

Der kostenintensive Ausbau der Erneuerbaren wird mit einer Vielzahl an Begründungen gerechtfertigt, nicht zuletzt mit positiven Beschäftigungseffekten. Diese sind allerdings nicht von dauerhafter Natur, wenn diese Technologien nicht im großen Maßstab exportiert werden (Vgl. Frondel, Quitzau 2023). Bei der Photovoltaik ist jedoch das Gegenteil der Fall: Die überwiegende Mehrheit von rund 90 % aller PV-Module werden nach dem weitgehenden Wegfall der Produktionskapazitäten in Deutschland derzeit importiert.

Die primäre Begründung für den Ausbau der Erneuerbaren ist jedoch die Reduktion des Treibhausgasausstoßes. Dadurch, aber auch wegen der Abschaltung von Kohlekraftwerken infolge steigender Preise für Emissionszertifikate im seit 2005 bestehenden EU-Emissionshandel, haben sich die CO_2-Emissionen in der deutschen Energiewirtschaft seit Einführung des EEG verringert, um knapp 36 % zwischen den Jahren 2000 und 2021, von rund 385 auf etwas über 247 Millionen Tonnen (Vgl. UBA 2022).

Die Unternehmen der in den EU-Emissionshandel integrierten Sektoren Industrie und Energiewirtschaft müssen für jede von ihnen ausgestoßene Tonne Kohlendioxid ein Emissionszertifikat vorweisen, das sie in der Regel am Markt kaufen müssen. Infolge der mit der Verschärfung der EU-Klimaziele einhergehenden deutlichen Verknappung der Zahl der pro Jahr in Umlauf gebrachten Emissionszertifikate hat sich deren Preis seit dem Jahr 2017 vervielfacht: Er stieg von um die 5 Euro je Tonne CO_2 auf bis zu rund 100 Euro. Der Emissionshandel wird von Ökonomen als das Leitinstrument für die Energiewende in Europa angesehen, da dieser es erlaubt, die Emissionen in den Sektoren Industrie und Energiewirtschaft der Europäischen Union dort zu verringern, wo dies am kostengünstigsten möglich ist. Im Gegensatz zu Verboten oder Emissionsstandards, wie sie zum Beispiel von der Europäischen Kommission für Pkws festgelegt wurden und an die sich jeder zu halten hat, gestattet der Emissionshandel individuelle Flexibilität: Nur diejenigen senken die Emissionen, denen dies zu Kosten unterhalb des Zertifikatpreises möglich ist, für die Übrigen ist es kostengünstiger, Zertifikate zu kaufen. Droht die Emissionsmenge die Zahl der Zertifikate zu übersteigen, steigt der Zertifikatpreis und damit der Anreiz, die Emissionen im gemäß der Klimaziele vorgesehenen Ausmaß zu senken: Mit dem Emissionshandel ist mittels der jährlichen Verringerung der Zahl der Zertifikate, aktuell um 2,2 %, ab 2024 um 4,2 %, die punktgenaue Einhaltung von Emissionszielen möglich.

Fehlende Emissionswirkungen im globalen Maßstab

Dennoch hat der Erneuerbaren-Ausbau aufgrund der Existenz des EU-Emissionshandels nicht die gewünschten Klimaschutzwirkungen, denn dadurch werden keine weiteren Einsparungen an Treibhausgasen erzielt, die über jenes Maß hinausgehen, das bereits durch den Emissionshandel erreicht wird (Vgl. BMWA 2004, S. 8). Der Grund dafür liegt darin, dass die via EEG geförderte Stromerzeugung für geringere Emissionen im deutschen Stromsektor und damit für eine geringere Nachfrage nach Emissionszertifikaten sorgt. Die freiwerdenden Zertifikate werden von anderen am Emissionshandel beteiligten Unternehmen erworben, etwa den Stromerzeugern anderer Länder, zum Beispiel von Kohlekraftwerksbetreibern aus Polen. Im Ergebnis ergibt sich lediglich eine Emissionsverlagerung, der durch das EEG bewirkte CO_2-Einspareffekt ist de facto null (Vgl. BMWA 2004, S. 8 sowie Morthorst 2003).[10]

Geringe Anteile der Erneuerbaren am Primärenergiemix

Kaum besser fällt die Bilanz aus, wenn man die Anteile der Erneuerbaren am Primärenergieverbrauch betrachtet.[11] Dieser Anteil belief sich im Jahr 2021 auf 15,9 % (Vgl. AGEB 2022a). Den größten Beitrag hierzu steuerte die Biomasse bei, die einen Anteil am Primärenergieverbrauch von 7,4 % aufwies und somit knapp die Hälfte des Anteils der Erneuerbaren am Primärenergieverbrauch ausmachte. Die lange Zeit hoch subventionierte Photovoltaik brachte es im Jahr 2021 lediglich auf einen Anteil am Primärenergieverbrauch von 1,5 %, die Windkraft hatte einen Anteil von 3,4 %.

Der Grund für diese geringen Anteile besteht darin, dass die Stromerzeugung lediglich einen Anteil von rund 20 % am Primärenergieverbrauch ausmacht (Vgl. BMWK 2019, S. 15). Die Sektoren Verkehr und Wärme, die bislang wenig erneuerbare Energien nutzen, haben deutlich größere Anteile am Primärenergieverbrauch als der Stromsektor. Selbst wenn Strom zu 100 % grün produziert würde, wie dies in Deutschland für das Jahr 2035 avisiert ist, bliebe der Erneuerbaren-Anteil am

---

10 Die Reform des Emissionshandels im Jahr 2018 hat dafür gesorgt, dass der Wasserbetteffekt vorübergehend aufgehoben wird, indem überschüssige Emissionsrechte in die Marktstabilitätsreserve eingestellt werden, aus der heraus ab dem Jahr 2023 die Rechte, die über eine Höchstgrenze hinausgehen, gestrichen werden. Damit ist die Emissionsobergrenze im EU-Emissionshandel vorübergehend nicht bindend, voraussichtlich bis zum Jahr 2025 (Vgl. Weimann 2021). Würde man die Bindungswirkung der Emissionsobergrenze und somit den Wasserbetteffekt dauerhaft aufheben wollen, dann setzt man damit den Emissionshandel außer Kraft, weil dann der Preis für die Emissionsrechte auf null fallen wird (Vgl. Weimann 2020). Das wäre sehr bedauerlich, denn der Emissionshandel ist das wirksamste und kosteneffizienteste Klimaschutzinstrument, das sich weltweit gegenwärtig finden lässt.

11 Der Primärenergieverbrauch ergibt sich aus dem Energiegehalt aller eingesetzten Primärenergieträger, wie zum Beispiel Braun- und Steinkohlen, Mineralöl oder Erdgas, die entweder direkt genutzt oder in sogenannte Sekundärenergieträger wie zum Beispiel Kraftstoffe, Strom oder Fernwärme umgewandelt werden. Für die Emissionsbilanz eines Landes entscheidend ist der Verbrauch an Primärenergieträgern, nicht der der Sekundärenergieträger, sofern diese im Inland produziert und nicht importiert werden.

Primärenergieverbrauch überschaubar, wenn die Verkehrs- und Wärmewende in Deutschland nicht stärker vorankommen. Das ultimative Ziel der Treibhausgasneutralität, die Deutschland bis zum Jahr 2045 erreicht haben möchte, stellt sich bei einer nüchternen Betrachtung der geringen Anteile der regenerativen Technologien als gewaltige Herausforderung dar.

Geringer Beitrag der Erneuerbaren zur Stromversorgungssicherheit

Angesichts dieser geringen Anteile erscheint es kaum möglich, das Ziel der Treibhausgasneutralität allein mit Hilfe der erneuerbaren Energien, hauptsächlich Photovoltaik und Windkraft, und den dafür unabdingbaren Speichertechnologien erreichen zu können, nicht zuletzt auch deshalb, weil wohl auch in den kommenden Jahrzehnten wirtschaftliche Speichermöglichkeiten nicht in ausreichendem Maße vorhanden sein werden (Vgl. Frondel 2023). In der Zwischenzeit ist der weitgehende Erhalt des heutigen konventionellen Kraftwerksparks zur Überbrückung von windarmen Phasen im Winter (Dunkelflauten) vonnöten. Neben der überaus teuren Vervielfachung der Erneuerbaren-Kapazitäten ist Deutschland daher gezwungen, sich den Luxus zu leisten, parallel einen umfangreichen konventionellen Kraftwerkspark aufrechtzuerhalten.

Dies wird nicht nur für eine Übergangzeit so sein, denn eine Stromerzeugung, die ausschließlich auf Windenergie und Photovoltaik beruht, kann aus physikalischen Gründen niemals zu einer sicheren Stromversorgung aus eigener Kraft führen (Vgl. Schwarz 2022, S. 22). Ein wesentlicher Grund dafür ist, dass die Photovoltaik des nachts keinen Strom produzieren kann. Selbst wenn in Deutschland eines Tages 215 GW an PV-Kapazitäten installiert sein sollten, wie es für das Jahr 2030 geplant ist, würde diese Technologie des nachts nichts zur Stromerzeugung beitragen. Technisch ausgedrückt beträgt daher ihre gesicherte Leistung 0 % der insgesamt installierten Leistung (Vgl. Schiffer 2019). Der Strombedarf muss des nachts stattdessen mit Hilfe der Windkraft und anderen Technologien gedeckt werden. Fällt in langen Winternächten auch noch die Windkraft weitgehend aus, weil der Wind kaum weht, spricht man von einer kalten Dunkelflaute. Dunkelflauten, also Phasen, an denen der Wind kaum weht und die Sonne nicht scheint, und daher die Stromproduktion aller Windkraft- und Photovoltaikanlagen nahezu zum Erliegen kommt, treten im Schnitt vier Mal pro Jahr mit einer Dauer von einer Woche oder länger auf (Vgl. Blümm 2022).

Daher werden immer konventionelle Reserve-Kraftwerke benötigt, in Summe mit einer Kapazität, die in der Nähe der Höchstlast von derzeit etwas über 80 GW liegen muss. Dies liegt daran, dass Stromimporte und große stationäre Speicher nicht ausreichen werden, eine kalte Dunkel-Flaute zu überbrücken (Vgl. Schwarz 2022, S. 22). Daher müssen konventionelle Kraftwerke so lange mit fossilen Brennstoffen weiterbetrieben werden, bis ausreichende Mengen an Wasserstoff für den Einsatz in den noch zu bauenden wasserstofffähigen Erdgaskraftwerken zur Verfügung stehen werden. Patrick Clerens, der Generalsekretär der Europäischen Vereinigung für Energiespeicher (EASE) hat vor diesem Hintergrund auf der Fachmesse »The Smarter E – Europe« am 13. Mai 2022 in München die provokante

Frage gestellt: »Wenn wir keine Speicherkapazitäten schaffen, dann weiß ich nicht, wieso wir die erneuerbaren Energien ausbauen?« (Vgl. EID 2022).

Eine Wende zur Ineffektivität

Die sehr ambitionierten Erneuerbaren-Ziele und die Fixierung auf Windkraft und Photovoltaik sollten aus weiteren Gründen dringend hinterfragt werden, nicht allein wegen des Fehlens kostengünstiger Speicher für grünen Strom und der immer geringer werdenden Diversifizierung des Energieangebots. So haben Wind und Sonneneinstrahlung das Manko einer geringen Energiedichte. Daher muss beim Bau von Windkraft- und Photovoltaikanlagen viel hochwertiges Material – bei Windenergieanlagen vor allem Stahl und Kupfer – sowie viel Energie eingesetzt werden, um eine verhältnismäßig geringe Energiemenge zu »ernten«. Während der Energieerntefaktor für eine 1,5-Megawatt-Windkraftanlage bei 16 liegt und für eine in Süddeutschland installierte Photovoltaik-Dachanlage bei 4, das heißt im Laufe der Lebensdauer einer PV-Anlage wird vier Mal mehr Energie durch sie gewonnen, als bei ihrer Herstellung aufgewendet werden musste, beträgt der Erntefaktor von Braunkohle-Kraftwerken 31, von Kernkraftwerken 107 (Vgl. Weißbach et al. 2013).[12]

Daher stellt die Energiewende eine völlige Kehrtwende in der langen Geschichte der Nutzung von Energie dar, in der weniger energiedichte Energiequellen regelmäßig von solchen mit höherer Energiedichte und größerer Benutzungspraktikabilität abgelöst wurden. Diese Historie begann mit Holz, wurde nach der industriellen Revolution mit Kohle fortgeführt, bevor die intensive Nutzung von Erdöl und Erdgas begann, den beiden fossilen Brennstoffen mit der höchsten Energiedichte. So hat Erdgas mit 55 MegaJoule (MJ)/kg die höchste Energiedichte aller fossilen Brennstoffe, vor Benzin mit einer Energiedichte von 46 MJ/kg (Vgl. UCalgary 2022). Zum Vergleich: Holz hat eine Energiedichte von 16 MJ/kg, Lithium-Ionen-Batterien, eine der effektivsten Möglichkeiten, grünen Strom zu speichern, haben lediglich eine Energiedichte von 0,5 MJ/kg. Die Energiedichte von Benzin liegt somit etwa um den Faktor 100 höher als der Batterien von Elektro-Autos.

1.6 Die künftige Energiewende: Photovoltaik und Windkraft sollen es richten

Den hohen Kosten des Erneuerbaren-Ausbaus und dessen Ineffektivität bei der Treibhausgasminderung sowie bei der Energieumwandlung zum Trotz behält Deutschland dennoch den eingeschlagenen Weg bei, gemessen an den verschärften Erneuerbaren-Zielen sogar mit massiv forciertem Tempo. Bereits im Jahr 2035 soll

---

12 Mit dem Begriff des Energieerntefaktors bilanziert man die in Bau, Betrieb und Rückbau sowie die in die Beschaffung des Brennstoffs investierte Energiemenge E_{in} einerseits und die in Form von Strom zur Verfügung gestellte Energiemenge E_r andererseits. Die entsprechende Formel lautet: Erntefaktor = E_r/E_{in} (IFK 2022).

die Stromversorgung nahezu vollständig auf erneuerbaren Energien beruhen (Vgl. BMWK 2022a). Dieses Ziel stellt eine gewaltige Herausforderung dar, da der Stromverbrauch künftig ansteigen dürfte, u. a. durch die zunehmende Elektrifizierung im Wärme- und Verkehrssektor (Sektorenkopplung).

Um das 80-Prozent-Ziel zu erreichen, wurden äußerst ambitionierte Ausbaupläne entwickelt. So soll die Windkraftkapazität auf See von 7,8 GW im Jahr 2021 auf mindestens 30 GW im Jahr 2030 ausgebaut werden (Vgl. BMWK 2022a). Die Windkraft an Land soll bis dahin eine Kapazität von 115 GW aufweisen, indem die Ausbauraten auf 10 GW pro Jahr gesteigert werden. Zum Vergleich: Selbst im Rekordjahr 2017 wurde mit einem Zubau von 4,9 GW nur knapp die Hälfte erreicht. Da 2021 eine Kapazität von etwa 63 GW installiert waren, müsste zur Erreichung des Ziels von 115 GW die Leistung nahezu verdoppelt werden.

Noch weitaus ambitionierter soll der PV-Ausbau erfolgen: Bis 2030 sollen PV-Anlagen im Umfang von 215 GW installiert sein. Dazu sollen jährlich bis zu 22 GW zugebaut werden. Zum Vergleich: Das wäre etwa das Dreifache des bislang höchsten jährlichen Zubaus von knapp 8 GW in den Boomjahren 2010 bis 2012 (Vgl. Frondel, Schmidt, Vance 2014). Basierend auf der PV-Kapazität von 59,4 GW im Jahr 2021 würde zur Erreichung des Ziels von 215 GW weit mehr als eine Verdreifachung der Leistung nötig sein.

Diese Ziele sind nicht allein deswegen in Frage zu stellen, weil sie mehr als ambitioniert sind. Vielmehr gehen damit auch negative externe Effekte einher, etwa die negativen Effekte von Windkraftanlagen auf die Preise angrenzender Immobilien. So schätzen Hoffmann und Mier (2022), dass der Windkraftausbau in Deutschland infolge von Lärm, visueller Beeinträchtigung der Landschaft, etc. Schäden in Milliardenhöhe verursacht, die von den Anwohnern getragen werden müssen. Kein Wunder, dass dagegen massiver Widerstand in Form von Bürgerinitiativen entwickelt wird.

1.7 Energiepolitischer Strategiewechsel: Erhöhung statt Verringerung des heimischen Energieangebots

Anstatt den Mix an Energierohstoffen und -technologien durch die Fixierung auf den Erneuerbaren-Ausbau, vor allem Windkraft und Photovoltaik, immer mehr auszudünnen, sollte die Politik zur Verbesserung der durch den Angriff Russlands auf die Ukraine gefährdeten Sicherheit der heimischen Energieversorgung den Energiemix wieder verbreitern. Hilfreich wäre dazu eine unvoreingenommene Neubewertung der heimischen Gewinnung von Energierohstoffen, vor allem von Erdgas, da der im Jahr 2022 vereinbarte Import aus autokratisch geführten Staaten wie Katar das Risiko birgt, die ehemalige Abhängigkeit von Russland durch eine andere problematische Abhängigkeit zu ersetzen.

Eine mögliche Alternative wäre die Förderung von aus Schiefergestein gewinnbarem Erdgas durch den Einsatz hydraulischer Verfahren (Fracking). Nach einer Studie der Bundesanstalt Geowissenschaften und Rohstoffe stellen die in Deutschland vorhandenen Ressourcen an Schiefergas etwa das Zehnfache des jährlichen Verbrauchs an Erdgas dar (Vgl. BGR 2016, S. 13). Demnach lägen hier erhebliche Potenziale zur Verminderung der Importabhängigkeit. Dies würde jedoch die Aufhebung des bestehenden Fracking-Verbots erfordern.

Anstatt große Mengen per Fracking gewonnenes LNG (Liquefied Natural Gas) unter hohem Energieaufwand für die Verflüssigung und den Transport per Tanker aus den USA zu importieren, sollte geprüft werden, ob sich nicht eine zugleich kostengünstige, weniger energieaufwendige und umweltverträglichere Möglichkeit eröffnen könnte, indem wieder mehr Erdgas in Deutschland gewonnen wird. Auf diese Weise könnte man in Deutschland zur heimischen Wertschöpfung und Versorgungssicherheit gleichermaßen beitragen und zugleich die Umweltauswirkungen, insbesondere die Treibhausgasemissionen, die mit der Versorgung mit teurem LNG aus den USA verbunden sind, verringern. Eine Studie für das Umweltbundesamt zeigt, dass mit der Stromerzeugung auf Basis von LNG aus den USA ein ähnlich hoher Treibhausgasausstoß einhergeht wie mit der auf Basis von Steinkohle (Vgl. UBA 2019, S. 24).

Die Expertenkommission Fracking (2021, S. 24) hat das Risiko, ein Erdbeben mit mehr als geringfügig schädigender Auswirkung durch Fracking auszulösen, als äußerst gering eingeschätzt, sowie die Gefahr für das Grundwasser (Vgl. Expertenkommission Fracking 2021, S. 22). Nach Ansicht der sechs Experten der unabhängigen Kommission würde Fracking in Deutschland ein vertretbares Risiko darstellen, wenn entsprechende Standards eingehalten werden. Wohlgemerkt: Zu dieser Kommission gehören Expertinnen und Experten, die der interessierten Parteinahme für Fracking unverdächtig sein sollten, unter anderem eine Vertreterin des Umweltbundesamtes, ein Vertreter des Helmholtz-Zentrums für Umweltforschung Leipzig, ein Vertreter eines Landesamtes für Geologie, das nicht für die Zulassung von Erprobungsmaßnahmen für Fracking zuständig ist, und eine Vertreterin einer für Wasserwirtschaft zuständigen Landesbehörde, die nicht für die Zulassung von Erprobungsmaßnahmen zuständig ist.

Nach Einschätzung der Expertenkommission Fracking hätte die Prüfung des Deutschen Bundestages zur Angemessenheit des Verbots von Fracking in unkonventionellen Lagerstätten (nach § 13a Absatz 1, Wasserhaushaltsgesetz, WHG) bereits auf Basis ihres Berichts aus dem Jahr 2021 erfolgen können. Es stellt sich daher die Frage, warum diese Prüfung trotz anhaltender Gasknappheit bislang noch immer nicht vorgenommen wurde. Die Förderung von Schiefergas sowie die Erhöhung der Produktion von konventionellem Erdgas, etwa vor der Nordseeinsel Borkum, wo die Niederlande bereits mit der Förderung begonnen hat, würde Deutschlands Abhängigkeit von Importen reduzieren und dämpfend auf das Preisniveau wirken.

1.8 Neue energiepolitische Strategie: Technologieoffenheit statt Ressourcenverschwendung!

Die anhaltenden Sorgen um die Versorgungssicherheit mit Energie zeigt, dass keines der drei Ziele des energiepolitischen Zieldreiecks – Wirtschaftlichkeit, Versorgungssicherheit und Umweltverträglichkeit – vernachlässigt werden darf. Daher wäre es wünschenswert, wenn dem Thema Versorgungssicherheit nicht nur vorübergehend eine hohe politische Relevanz beigemessen wird, weil auch in den kommenden Wintern mit Versorgungsengpässen bei Erdgas gerechnet werden muss. Vielmehr besteht die große Herausforderung, langfristig nicht nur Alternativen zur Kohle zu finden, sondern auch einen nachhaltigen Ersatz für Erdgas und Rohöl. Es wäre ratsam, dieser Herausforderung mit höchster Technologie- und Innovationsoffenheit zu begegnen, um die Klimaziele zu erreichen.

Deutschland sollte sich insbesondere auch offen gegenüber neuen Kernenergietechnologien zeigen. Dazu zählt nicht allein die Kernfusion, mit der zwar keine radioaktiven Abfallstoffe verbunden wären, aber deren Durchbruch nach jahrzehntelanger Forschung mit vergleichsweise geringen Mitteln noch immer in den Sternen steht. Vielmehr zählen hierzu auch die sogenannten Kernreaktoren der vierten Generation, die aufgrund ihrer Konzeption inhärent sicher sind und die auch das weitgehend ungelöste Problem der Beseitigung des in den vergangenen Jahrzehnten angehäuften Atommülls lindern könnten (Vgl. Schulenberg et al. 2004).

Selbst wenn Deutschland auch künftig vom Bau neuer Reaktoren absieht, wäre deren Export womöglich ein relevanter Wirtschaftsfaktor, da derartige Technologien nach einer Studie der Internationalen Energieagentur (Vgl. IEA 2022) zur Erreichung der globalen Treibhausgasneutralität unverzichtbar sind, denn Erneuerbare sind zweifellos ein wichtiger Baustein für unsere zukünftige Energieversorgung, aber wegen ihrer geringen Energiedichte allein nicht ausreichend. Importe von grünem und konventionell produziertem Strom, Wasserstoff, Ammoniak und anderer nichtfossiler Energieträger werden daher für Deutschland unverzichtbar werden.

1.9 Deutschlands Energiewende: Vom Kopf auf die Füße stellen!

Anstatt sich immer ehrgeizigere Ziele für den Erneuerbaren-Ausbau zu setzen und dabei unter Ignorierung der hohen Kosten künftigen Generationen immer höhere finanzielle Lasten aufzubürden, braucht Deutschland eine fundamental andere energiepolitische Strategie, die mit neuen emissionsarmen Technologien und ohne Tabus wie das Verbot von Fracking und der CO_2-Speicherung das Energieangebot stärkt und nicht fortwährend die mit der Abschaltung von Kraftwerken entstehenden Risse in der Energieversorgung und der Gesellschaft mit immer mehr Schulden zu kitten versucht.

Deshalb sollte das EEG abgeschafft und der Ausbau der Erneuerbaren dem Markt überlassen werden. Mit einem Bruchteil der dadurch eingesparten finanziellen Mittel könnte die Forschung und Entwicklung sämtlicher Energie- und Speichertechnologien, inklusive Kern- und Wasserstofftechnologien, in nie dagewesenem Maße forciert werden, statt in verschwenderischer Weise die flächendeckende Verbreitung noch immer höchst ineffizienter und bei der lokalen Bevölkerung auf wenig Gegenliebe stoßender Technologien wie die Windkraft an Land zu subventionieren.

Die künftige Energiepolitik sollte allen Technologien eine Chance geben, nicht allein jenen, die in den Augen der Bevölkerung ein – nicht immer gerechtfertigtes – hohes Ansehen genießen. Vielmehr sollten künftig auch solche Technologien und Energierohstoffe genutzt werden, die von einer verschwindend kleinen Minderheit mit oftmals illegalen Mitteln in medial höchst beachteter Weise blockiert werden.

Anhang

Dar. 6: Stromerzeugungskapazitäten in Gigawatt (Quelle: BMWK 2021b, BMWK 2023. Die Kategorie Übrige enthält Deponie-, Klär- und Grubengas sowie Geothermie. Zahlen für 2021 und 2022 stammen von der Bundesnetzagentur 2023 (SMARD.de). Stand: 19.07.2023)

Jahr	Wasserkraft	Photovoltaik	Windkraft an Land	Windkraft auf See	Biomasse	Übrige	Erneuerbare	Konventionelle Kapazitäten
2000	4,8	0,1	6,1	0	0,7	0,3	12,0	107,5
2001	4,8	0,2	8,8	0	0,8	0,3	14,9	106,8
2002	4,9	0,3	12,0	0	1,0	0,3	18,5	100,9
2003	5,0	0,4	14,4	0	1,5	0,4	21,7	99,4
2004	5,2	1,1	16,4	0	1,8	0,4	24,9	100,9
2005	5,2	2,1	18,2	0	2,5	0,4	28,4	98,8
2006	5,2	2,9	20,5	0	3,2	0,4	32,2	98,4
2007	5,2	4,2	22,1	0	3,6	0,4	35,5	99,8
2008	5,2	6,1	22,8	0	3,9	0,5	38,5	101,7
2009	5,3	10,6	25,7	0	5,1	0,5	47,2	101,3
2010	5,4	18,0	26,8	0,1	5,8	0,5	56,6	104,0
2011	5,6	26,0	28,5	0,2	6,7	0,5	67,5	89,1
2012	5,6	34,0	30,7	0,3	7,0	0,5	78,1	89,8
2013	5,6	36,7	33,0	0,5	7,5	0,5	83,8	91,5
2014	5,6	37,9	37,6	1,0	7,7	0,5	90,3	98,6
2015	5,6	39,2	41,3	3,3	8,0	0,5	97,9	98,1
2016	5,6	40,7	45,3	4,2	8,2	0,5	104,5	99,8
2017	5,6	42,3	50,2	5,4	8,6	0,5	112,6	94,6
2018	5,3	45,2	52,3	6,4	9,1	0,6	118,9	95,0
2019	5,4	48,9	53,2	7,6	9,4	0,6	125,1	90,9
2020	5,5	54,4	54,3	7,8	9,8	0,6	132,4	91,5
2021	5,5	60,1	56,0	7,8	9,9	0,6	139,9	79,2
2022	5,5	67,4	58,1	8,1	10,0	0,6	149,7	80,7

Dar. 7: Stromerzeugung mit regenerativen Technologien in Milliarden Kilowattstunden (Quelle: BMWK 2021b. Die Kategorie Übrige enthält Deponie-, Klär- und Grubengas sowie Geothermie. Zahlen für 2021 und 2022 stammen von der Bundesnetzagentur 2023 (SMARD.de). Stand: 19.07.2023)

Jahr	Wasserkraft	Photovoltaik	Windkraft an Land	Windkraft auf See	Biomasse	Übrige	Insgesamt
2000	24,9	0,0	9,5	0,0	1,6	1,8	37,8
2001	23,2	0,1	10,5	0,0	3,3	1,9	39,0
2002	23,7	0,2	15,8	0,0	4,5	1,9	46,1
2003	18,3	0,3	19,1	0,0	6,7	2,2	46,6
2004	20,7	0,6	26,0	0,0	8,4	2,3	58,0
2005	19,6	1,3	27,8	0,0	11,5	3,3	63,5
2006	20,0	2,2	31,3	0,0	15,0	3,9	72,4
2007	21,2	3,1	40,5	0,0	20,1	4,5	89,4
2008	20,4	4,4	41,4	0,0	23,3	4,7	94,2
2009	19,0	6,6	39,4	0,0	26,6	4,3	95,9
2010	21,0	11,7	38,4	0,2	29,2	4,8	105,3
2011	17,7	19,6	49,3	0,6	32,1	4,8	124,1
2012	21,8	26,4	50,9	0,7	38,3	5,0	143,1
2013	23,0	31,0	51,8	0,9	40,1	5,5	152,3
2014	19,6	36,1	57,0	1,5	42,2	6,2	162,6
2015	19,0	38,7	72,3	8,3	44,6	5,9	188,8
2016	20,5	38,1	67,7	12,3	45,0	6,1	189,7
2017	20,2	39,4	88,0	17,7	45,0	6,1	216,4
2018	17,7	45,8	90,5	19,5	44,7	6,3	224,5
2019	19,7	46,4	101,2	24,7	44,4	6,0	242,4
2020	18,3	50,6	103,7	27,3	44,9	6,0	250,8
2021	14,5	46,6	89,4	24,0	39,5	1,5	215,5
2022	12,4	55,3	100,6	24,7	39,5	1,2	233,7
Summe	456,4	504,5	1.222,1	162,4	650,5	96,2	3.092,1
Anteile	14,8 %	16,3 %	39,5 %	5,3 %	21,0 %	3,1 %	100,0 %

Dar. 8: Negative Strompreise in Deutschland in Euro pro Megawattstunde (Quellen: Fraunhofer Institut für System und Innovationsforschung ISI et al. 2015, Negative Preise auf dem Stromgroßhandelsmarkt und Auswirkungen von § 24 EEG. (https://www.erneuerbare-energien.de/EE/Redaktion/DE/Downloads/Gutachten/negative-preise-stromgrosshandel smarkt.pdf?__blob=publicationFile&v=2); SMARD 2020, Negative Strompreise. (https://www.smard.de/page/home/topic-article/204970/15412); BHKW-Infozentrum 2023, Negative Strompreise – Fakten und Statistiken. (https://www.bhkw-infozentrum.de/wirtschaftlichkeit-bhkw-kwk/negative-strompreise-fakten-und-statistiken.html); BEE 2023, Umstellung des Fördermechanismus von einer Zeit- in eine Mengenförderung. (https://www.bee-ev.de/service/publikationen-medien/beitrag/umstellung-des-foerdermechanismus-von-einer-zeit-in-eine-mengenfoerderung))

Jahr	Minimum	Durchschnittlich	Relativer Anteil negativer Preise mit Preisen zwischen -0,01 bis -0,99 Euro
2015	-79,94	-9,00	–
2016	-130,09	-17,81	19 %
2017	-83,06	-26,47	18 %
2018	-76,01	-13,73	21 %
2019	-90,01	-17,27	17 %
2020	-83,94	-43,09	17 %
2021	-69,00	-27,12	24 %
2022	-19,04	-3,45	58 %

1 Deutschlands Energiewende: Nicht zur Nachahmung zu empfehlen!

Dar. 9: Stromerzeugung, Stromverbrauch, Stromimport und -export sowie Stromaustauschsaldo in Milliarden Kilowattstunden (Quelle: BDEW 2023)

Jahr	Stromerzeugung	Stromverbrauch	Import	Export	Import-Export-Saldo
2000	572,0	575,1	45,1	42,1	3,1
2001	581,9	580,6	43,5	44,8	-1,3
2002	581,0	582,6	46,2	45,5	0,7
2003	604,2	596,2	45,8	53,8	-8,1
2004	611,8	604,5	44,2	51,5	-7,3
2005	615,8	607,3	53,4	61,9	-8,5
2006	632,8	613,0	46,1	65,9	-19,8
2007	633,8	614,6	44,3	63,4	-19,1
2008	633,7	612,2	40,2	62,7	-22,4
2009	590,0	575,7	40,6	54,9	-14,3
2010	626,5	608,8	42,2	59,9	-17,7
2011	606,5	600,2	49,7	56,9	-6,3
2012	622,8	599,7	44,2	67,3	-23,1
2013	631,4	597,6	38,4	72,2	-33,8
2014	619,8	584,2	38,9	74,4	-35,6
2015	640,0	588,2	33,6	85,4	-51,8
2016	642,9	589,2	27,0	80,7	-53,7
2017	645,3	590,3	28,4	83,4	-55,0
2018	634,4	583,2	31,5	82,7	-51,2
2019	601,6	566,7	39,6	74,5	-34,9
2020	576,1	546,1	47.6	68,6	-21,0
2021	584,2	563,0	51,8	73,1	-21,3
2022	575,2	546,3	49,9	78,8	-29,0
Summe	**14.063,7**	**13.525,3**	**101,7**	**1.504,4**	**-531,4**

Literatur

AGEB (2022a) Auswertungstabellen zur Energiebilanz Deutschland. Daten für die Jahre von 1990 bis 2021. Arbeitsgemeinschaft Energiebilanzen. https://ag-energiebilanzen.de/wp-content/uploads/2021/09/awt_2021_d.pdf

AGEB (2022b) Energieverbrauch in Deutschland im Jahr 2021. Arbeitsgemeinschaft Energiebilanzen. https://ag-energiebilanzen.de/wp-content/uploads/2022/03/AGEB_Jahresbericht2020_20220325_dt.pdf

BGR (2016) Schieferöl und Schiefergas in Deutschland. Potenziale und Umweltaspekte. Bundesanstalt für Geowissenschaften und Rohstoffe, Hannover.

Blümm, F. (2022) Dunkelflaute: Wie ernst ist der Ausfall von Wind & Solar? Tech for Future, 21.04.2022. https://www.tech-for-future.de/dunkelflaute/#Statistik_Wie_haeufig_sind_lange_Dunkelflauten

BMWA (2004) Zur Förderung erneuerbarer Energien, Gutachten des Wissenschaftlichen Beirats beim Bundesministerium für Wirtschaft und Arbeit, Berlin. Dokumentation Nr. 534.

BMWK (2019) Energiedaten: Gesamtausgabe, Graphiken. Stand Oktober 2019. Bundesministerium für Wirtschaft und Klimaschutz. https://www.bmwk.de/Redaktion/DE/Downloads/Energiedaten/energiedaten-gesamt-pdf-grafiken.pdf?__blob=publicationFile&v=30

BMWK (2022a) Überblickspapier Osterpaket. Bundesministerium für Wirtschaft und Klimaschutz, 6.4.2022. https://www.bmwk.de/Redaktion/DE/Downloads/Energie/0406_ueberblickspapier_osterpaket.pdf?__blob=publicationFile&v=12

BMWK (2023) Aktueller Stand des Netzausbaus. Bundesministerium für Wirtschaft und Klimaschutz, Stand: 03.2023. https://www.bmwk.de/Redaktion/DE/Downloads/M-O/netzausbau-schreitet-voran.pdf?__blob=publicationFile&v=5

BNetzA (2022) Festlegung der Höchstwerte für Ausschreibungen für Wind an Land und Aufdach-Solaranlagen für 2023. Pressemitteilung Bundesnetzagentur, 27.12.2022. https://www.bundesnetzagentur.de/SharedDocs/Pressemitteilungen/DE/2022/20221227_Hoechstwerte.html

BNetzA (2020) EEG in Zahlen 2019. Bundesnetzagentur, Stand: September 2020. https://www.bundesnetzagentur.de/SharedDocs/Downloads/DE/Sachgebiete/Energie/Unternehmen_Institutionen/ErneuerbareEnergien/ZahlenDatenInformationen/EEGinZahlen_2019_BF.pdf?__blob=publicationFile&v=5

BNetzA (2023) Bericht Netzengpassmanagement 07/2023.

BNetzA/Bundeskartellamt (2022) Monitoringbericht 2022. Bundesnetzagentur und Bundeskartellamt, Bonn. 14.12.2022. https://www.bundesnetzagentur.de/SharedDocs/Mediathek/Monitoringberichte/MonitoringberichtEnergie2022.pdf?__blob=publicationFile&v=3%20

EID (2022) »The Smarter E – Europe«, Messe in München, 13. Mai 2022, Energie Informationsdienst 21/22.

EID (2023) BP und TotalEnergies zahlen 12,6 Milliarden für Offshore-Flächen. Energie Informationsdienst 29/23, 17. Juli 2023.

Expertenkommission Fracking (2021) Bericht der Expertenkommission Fracking. https://expkom-fracking-whg.de/lw_resource/datapool/systemfiles/elements/files/C5D4DD128BEF7FDBE0537E695E86475A/live/document/Bericht_ExpertenkommissionFracking_2021.pdf

Frondel, M. (2023) Deutschlands Energiewende: Vom Kopf auf die Füße stellen! In: Die Wirtschaftswelt steht Kopf. Herausgeber: Norbert Berthold und Jörn Quitzau, Vahlen-Verlag, München.

Frondel, M., Kussel, G., Sommer, S., Vance, C. (2019) Local Cost for Global Benefits: The Case of Wind Turbines. Ruhr Economic Papers No. 791. https://www.rwi-essen.de/publikationen/wissenschaftlich/ruhr-economic-papers/detail/local-cost-for-global-benefit-the-case-13

Frondel, M., Schmidt, C. M., Vance, C. (2014) Revisiting Germany's Solar Cell Promotion: An Unfolding Disaster. Economic Analysis and Policy 44 (1), 3–13.

Frondel, M., Schubert, S. A. (2021) Carbon Pricing in Germany's Road Transport and Housing Sector: Options for Reimbursing Carbon Revenues. Energy Policy 157: 112471.

Frondel, M., Quitzau, J. (2023) Ökologischer Umbau von Wirtschaft und Gesellschaft; Kosten und Nutzen. Herausgeber: Joh. Berenberg, Gossler & Co. KG.

Hoffmann, P., Mier, M. (2022) Wind Turbine Placement and Externalities. ifo Working Paper No. 369.

IEA (2022) Nuclear Power and Secure Energy Transitions: From Today's Challenges to Tomorrow's Clean Energy Systems. International Energy Agency, Paris, https://www.iea.org/reports/nuclear-power-and-secure-energy-transitions (abgerufen am 10.12.2022).

IFK (2022) Der Energieerntefaktor. Institut für Festkörperphysik. https://festkoerper-kernphysik.de/erntefaktor

Koalitionsvertrag (2021) Mehr Fortschritt wagen, Koalitionsvertrag 2021–2025 zwischen der Sozialdemokratischen Partei Deutschlands (SPD), Bündnis 90/Die Grünen und den Freien Demokraten (FDP), Berlin.

Morthorst, P. E. (2003) National Environmental Targets and International Emission Reduction Instruments. Energy Policy 31 (1), 73–83.

Next Kraftwerke (2023) Was sind negative Strompreise und wie entstehen sie? https://www.next-kraftwerke.de/wissen/negative-strompreise

REN21 (2015) Renewables 2015: Global Status Report. REN21 Global Secretariat, Paris.

Schiffer, H.-W. (2019) Zur energiewirtschaftlichen Notwendigkeit der Braunkohle für die Energieversorgung in Deutschland. Zeitschrift für Energiewirtschaft 43 (2), 71–84.

Schulenberg, T., Behnke, L., Hofmeister, J., Löwenberg, M. (2004) Was ist Generation IV? Forschungsbericht des Instituts für Kern- und Energietechnik (IKET). KIT, Karlsruhe. https://publikationen.bibliothek.kit.edu/270057199

Schwarz, H. (2022) Green-Washing hilft dem Klima nicht. Trend – Magazin für Soziale Marktwirtschaft 4/2022, 20–23.

UBA (2022) Daten zu den Treibhausgasemissionen als Excel-Tabelle. Umweltbundesamt. www.umweltbundesamt.de/sites/default/files/medien/361/dokumente/2022_03_15_trendtabellen_thg_nach_sektoren_v1.0.xlsx.

UBA (2019) Wie klimafreundlich ist LNG? Kurzstudie zur Bewertung der Vorkettenemissionen bei Nutzung von verflüssigtem Erdgas (LNG). Im Auftrag des Umweltbundesamtes. https://www.umweltbundesamt.de/sites/default/files/medien/1410/publikationen/2019-05-15_cc_21-2019_roadmap-gas_lng.pdf

UCalgary (2022) Energy density. Energy Education, University of Calgary. https://energyeducation.ca/encyclopedia/Energy_density

Weimann, J. (2021) CO2-Preise und Kosten der CO2-Vermeidung bei Anwendung ordnungsrechtlicher Maßnahmen im Vergleich zur Erweiterung des EU-ETS. Kurzgutachten im Auftrag der Freien Demokratischen Partei. August 2021. http://www.fdp.de/sites/default/files/2021-09/Kurzgutachten_CO2_Weimann.pdf

Weißbach, D., Ruprecht, G., Huke, A., Czerski, K., Gottlieb, S., Hussein, A. (2013) Energy intensities, EROIs (energy returned on invested), and energy payback times of electricity generating power plants. Energy 52, 210–221.

2 Zeitenwende für Sparer? Was die Rückkehr der Zinsen für die private Vermögensbildung bedeutet

Manuel Rupprecht

Zusammenfassung

Sie sind zurück: die Zinsen. Nach Jahren der Null- und Negativzinsen leiteten die Zentralbanken Europas im Sommer 2022 eine geldpolitische Wende. Die Leitzinsen stiegen, schnell und kräftig. Infolgedessen stiegen neben den Kreditvielerorts auch die Guthabenzinsen. Ob via Tagesgeld, Sparbuch oder Termineinlage: Endlich lohnt sich Sparen wieder! Diese Botschaft ist seit der Zinswende zumindest häufig hören. Aber stimmt das auch? Was bedeutet die Rückkehr der Zinsen wirklich? Warum kam es überhaupt dazu und wie sollten sparende Privathaushalte darauf reagieren? Um diese und weitere Fragen geht es im nachfolgenden Beitrag von Manuel Rupprecht. Zu ihrer Beantwortung beschreibt Rupprecht zunächst die Entwicklungen seit Sommer 2022. Dabei erläutert er u. a., was Leitzinsen überhaupt sind, warum deren Veränderung auch die Bank- und Kapitalmarktzinsen berührt und wieso es überhaupt dazu kam. Letzteres ist aus seiner Sicht nämlich zentral, um zu beurteilen, ob und wie sich das Sparen seit der Zinswende tatsächlich wieder lohnt. Im Ergebnis zeigt sich, dass auch in dieser Hinsicht nicht immer alles so ist, wie es auf den ersten Blick scheint.

2.1 Einleitung

Im Sommer 2022 war es so weit: Nach Jahren der Niedrig-, Null- und Negativzinsen leiteten die Zentralbanken Europas eine geldpolitische Wende ein. Zum ersten Mal seit über einem Jahrzehnt wurden die Leitzinsen erhöht – und zwar kräftig: Innerhalb von 14 Monaten stiegen sie um 4,5 Prozentpunkte. Das hat es in dieser Form noch nicht gegeben. Es dauerte nicht lange, bis erste Banken dieser Entwicklung folgten und die Zinsen auf Tagesgeld-, Spar- und Festgeldkonten erhöhten. »Es gibt wieder Zinsen!« oder »Sparen lohnt sich endlich wieder!« ist seitdem häufig zu lesen. Auch an den Kapitalmärkten versuchen Unternehmen und Staaten mit deutlich gestiegenen Zinskupons die Ersparnisse von Haushalten und Investoren anzulocken. Ob Porsche, Katjes oder BASF, viele Firmen zahlen ihren Geldgebern im Winter 2023/2024 wieder 4 % und mehr. Gute Nachrichten für Sparer, oder?

Auf den ersten Blick scheint es so zu sein. Mussten Privathaushalte hierzulande in den Jahren vor 2022 teils sogar »Strafgebühren« zahlen, wenn sie ihr Erspartes bei der Bank parkten, erhalten sie inzwischen wieder Zinsen auf ihre Guthaben. Das ist aus ihrer Sicht zweifellos eine gute Nachricht. Aber stimmt deswegen auch, was seit der Zinswende oft zu lesen ist? Lohnt sich Sparen wirklich wieder?

Das ist die Frage, um die sich der vorliegende Beitrag im Kern dreht. Kapitel 2.2 blickt dafür zunächst in die Vergangenheit zurück und zeigt, wie sich die Zinsen bisher (Dezember 2023) genau entwickelt haben. Dabei wird auch geklärt, was Leitzinsen überhaupt sind und warum die Bank- und Kapitalzinsen steigen, wenn die Leitzinsen steigen. Das dritte Unterkapitel fragt sodann, warum es überhaupt dazu gekommen ist. Um zu beurteilen, ob der Zinsanstieg wirklich eine so gute Nachricht für Sparer ist, wie es bisweilen in der öffentlichen Diskussion behauptet wird, ist es nämlich zentral, die Ursachen dieses Zinsanstiegs zu verstehen. Ist das geklärt, widmet sich Kapitel 2.4 der oben genannten Kernfrage, bevor Kapitel 2.5 die Diskussion mit einem Fazit abschließt.

2.2 Zeitenwende bei den Zinsen: Was bisher geschah

Seit dem Ausbruch der Finanzkrise im Euroraum in den späten 2000er Jahren kannte die Zinsentwicklung in Europa (und weltweit) im Grunde nur eine Richtung: nach unten. Mit Ausnahme des Jahres 2011 sanken die hiesigen Leitzinsen seit 2008 kontinuierlich, ab 2014 sogar in den negativen Bereich (▶ Dar. 10). Im Zuge dessen gingen auch die Zinsen von Banken und auf den Kapitalmärkten stetig zurück – unabhängig davon, ob man sich Geld leihen oder anlegen wollte, wer dies vorhatte, wofür es geschah und ob es nur vorübergehend oder längerfristig erfolgen sollte.

Nach über einem Jahrzehnt sinkender Zinsen kam es dann im Sommer 2022 zu einer Wende: Das Eurosystem – also die nationalen Zentralbanken im Euroraum mit der Europäischen Zentralbank (EZB) an der Spitze – begann mit einer Serie von Zinserhöhungen, deren Umfang und Tempo ihresgleichen sucht. Binnen kürzester Zeit gehörten Null- und Negativzinsen der Vergangenheit an. Bis Ende 2022 stiegen die Leitzinsen um satte 2,5 Prozentpunkte, bevor sie im Spätsommer 2023 – ein gutes Jahr nach Beginn der Zinswende – ein Niveau erreichten, das es seit Einführung des Euro noch nicht gegeben hat.

Vor diesem Hintergrund drehte sich auch die Entwicklung von Bank- und Kapitalmarktzinsen. Erhielten Sparer hierzulande für ihr Tagesgeld Anfang 2022 noch durchschnittlich 0,05 % und damit quasi nichts, stieg der mittlere Zinssatz dieser Anlageform bis zum Winter 2023/2024 auf rund 2,2 % (vgl. Biallo 2023). Das entspricht einem Anstieg von über 4.000 %! Einzelne Institute bieten ihren Kunden sogar 4 % und mehr, zumindest vorübergehend. Auch Spar- und Termineinlagen, umgangssprachlich häufig als Festgeld bezeichnet, werden mit bis zu 4 % mittlerweile wieder deutlich höher verzinst als im Jahrzehnt zuvor.

Neben den Haben- stiegen allerdings auch die Sollzinsen. Hauskredite sind kaum noch unter 3,5 % zu haben, und dies auch nur, wenn die Bonität der Schuldner entsprechend hoch und die Kreditlaufzeit kurz ist. Ende 2021 waren noch Zinssätze von unter 1 % üblich. Auch zweckfreie Ratenkredite kosteten im Winter 2023/2024 im Mittel über 9 % und damit deutlich mehr als noch vor wenigen Jahren. Neben den Zinsen erhöhten Banken auch die sogenannten Kreditstandards, also die Bedingungen, zu denen potenzielle Schuldner einen Kredit aufnehmen können (vgl. Deutsche Bundesbank 2023a). Letzteres ist damit nicht nur deutlich teurer als vor wenigen Jahren, es ist auch spürbar schwieriger geworden, Kreditzusagen zu erhalten.

Höhere Leitzinsen ziehen also offenbar höhere Bank- und Kapitalmarktzinsen nach sich, was wiederum Folgen für Sparer (und Schuldner) hat. Doch warum ist das so? Oder anders gefragt: Was sind »Leitzinsen« eigentlich genau?

Hinter diesem umgangssprachlichen Begriff verbergen sich im Euroraum drei Schlüsselzinssätze: die Einlage-, die Hauptrefinanzierungs- und die Spitzenrefinanzierungsfazilität. Was im Einzelnen mit diesen technisch anmutenden Begriffen gemeint ist, wird weiter unten erläutert. Gemeinsam ist allen drei Zinssätzen, dass sie letztlich den Preis für Zentralbankgeld beschreiben. Was Zentralbankgeld wiederum ist, lässt sich vielleicht am eingängigsten anhand eines stark vereinfachenden Beispiels erläutern (▶ Dar. 11).

Angenommen, ein Haushalt interessiert sich für den Kauf einer Immobilie. Übersteigt der Preis dieser Immobilie die verfügbaren Mittel des Haushalts, benötigt er einen Kredit. Typischer Kreditgeber in solchen Fällen ist eine Bank. Wenn eine Bank dem Haushalt einen Kredit für diesen Zweck gewähren möchte, kann sie das im Rahmen ihrer üblichen Geschäftstätigkeit tun – sofern sie über ausreichend Zentralbankgeld verfügt. Denn: Für jeden Kredit, den eine Bank ihren Kunden gewährt, benötigt sie eine bestimmte Menge an Zentralbankgeld, unabhängig vom Kunden oder dem Verwendungszweck des Kredits. Wie viel das ist, wird von der Zentralbank festgelegt, meist in Form eines Prozentsatzes; Ökonomen sprechen von der sogenannten Mindestreserve.[13]

---

13 Darüber hinaus benötigen Banken auch Zentralbankgeld, um ihren Kunden deren Kontoguthaben auf Wunsch bar auszahlen zu können. Bargeld ist nämlich ein Teil des Zentralbankgeldes, es kann und darf im Euroraum ausschließlich von einer Zentralbank geschaffen bzw. gedruckt werden. Möchte eine Bank also einem solchen Kundenwunsch jederzeit entsprechen können (was aus verschiedenen Gründen in ihrem ureigenen Interesse liegt), benötigt sie auch dafür Zentralbankgeld in Form von Bargeld.

2 Zeitenwende für Sparer?

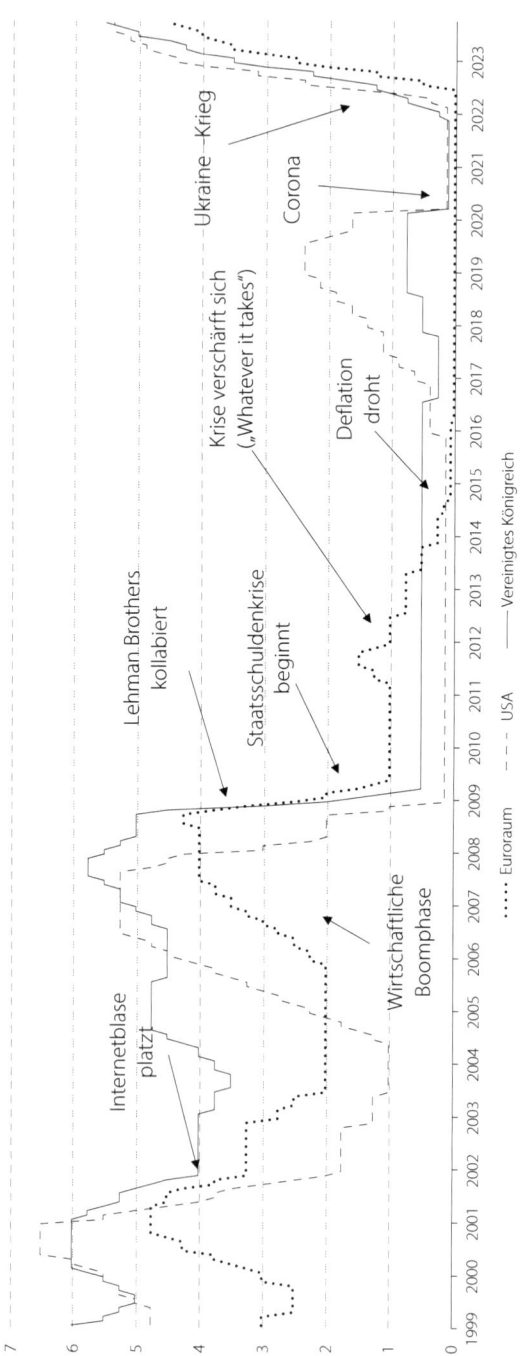

Dar. 10: Entwicklung ausgewählter Leitzinsen seit 1999 (in %; Euroraum: Hauptrefinanzierungssatz, USA: Federal Funds Rate, VK: Official Bank Rate; Quelle: Bank für Internationalen Zahlungsausgleich 2023. Stand: Dezember 2023)

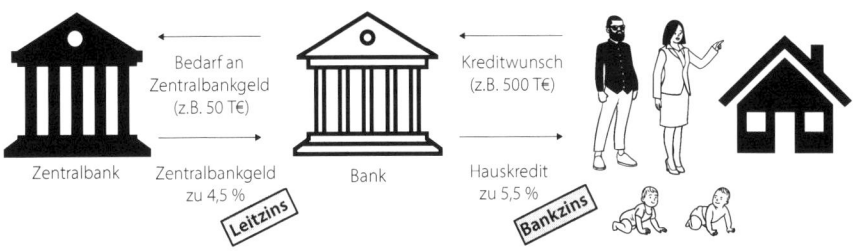

Dar. 11: Zusammenhang zwischen Leit- und Bankzinsen – vereinfachte Darstellung

Liegt der Prozentsatz für die Mindestreserve bspw. bei 10 % und möchte sich der Haushalt 500.000 € leihen, benötigt die Bank 50.000 € Zentralbankgeld, um den Kreditwunsch erfüllen zu können. Hat sie kein oder zu wenig Zentralbankgeld, muss sie sich dieses Geld zuvor beschaffen – z. B. bei der Zentralbank selbst. Die Zentralbank wiederum stellt der Bank dieses Geld in der Regel nicht einfach so zur Verfügung. Sie verlangt dafür zum einen Sicherheiten (z. B. Staatsanleihen), und zum anderen einen Preis: den Leitzins. Im Jargon des Eurosystems entspricht dieser im Regelfall dem Zinssatz der Hauptrefinanzierungsfazilität. Im September 2023 wurde dieser erstmals auf 4,5 % erhöht. Aus Sicht der Bank sind dies Kosten, die ihr durch die Kreditgewährung an den Haushalt entstehen. Um trotzdem mit dem Kredit Geld zu verdienen, wird die Bank vom Haushalt daher einen höheren Zins verlangen, z. B. 5,5 %. Die Differenz zwischen beiden Zinssätzen (auch »Zinsmarge«) ist dann die Grundlage für den Gewinn der Bank.

Da Zentralbankgeld allein und ausschließlich von der Zentralbank selbst geschaffen werden kann, hat sie bei der Festlegung des Preis- bzw. Zinsniveaus eine Monopolstellung. Infolgedessen kann sie die Leitzinsen nach eigenem Ermessen verändern, jederzeit. Warum sie dies tun sollte oder könnte, wird in Kapitel 2.3 erläutert. Doch unabhängig davon gilt: Wenn sich die Leitzinsen ändern, ändern sich auch die Kosten der Banken für die Beschaffung von Zentralbankgeld.

Alternativ können sich Banken dieses Zentralbankgeld auch auf dem Kapitalmarkt beschaffen, z. B. indem sie es sich von anderen Banken leihen. Es kann ja sein, dass eine Bank – nennen wir sie Bank A – über zu viel Zentralbankgeld verfügt, etwa weil sie bei der Kreditvergabe an Hauskäufer wegen einer Wirtschaftskrise vorsichtiger geworden ist. Hat sie sich vorher bereits Zentralbankgeld beschafft, muss sie dafür trotzdem Zinsen zahlen (meist in Höhe des Hauptrefinanzierungssatzes), verdient damit aber nichts. Das ist aus ökonomischer Sicht nicht attraktiv für Bank A. Sie wird daher versuchen, das Geld anderweitig zu verwenden.

Eine Möglichkeit besteht darin, dieses Zentralbankgeld bei der Zentralbank selbst anzulegen oder zu »parken«. Dafür steht ihr die sogenannte Einlagefazilität zur Verfügung, was vereinfacht gesprochen einem Girokonto der Bank A bei der Zentralbank entspricht. Auf das Guthaben dieser Einlagefazilität bekäme Bank A im Winter 2023/2024 immerhin 4 % Zinsen von der Zentralbank. Bis Juni 2022 musste die Bank der Zentralbank noch 0,5 % zahlen, da der Zinssatz dieser Fazilität bei -0,5 % lag, was wiederum die eingangs genannten »Strafgebühren« für Privatkunden begünstigte.

Alternativ könnte Bank A dieses Zentralbankgeld über den Kapitalmarkt einer anderen Bank leihen, z. B. der Bank B. Diese Bank B hätte für sich genommen dann einen Anreiz, sich das Geld bei Bank A anstelle bei der Zentralbank zu leihen, wenn Bank A dafür einen geringeren Zins als die Zentralbank selbst verlangt; im Winter 2023/2024 also weniger als 4,5 %. Bank A wiederum hätte nur dann Interesse an diesem Geschäft, wenn sie dafür zumindest annähernd so viel Zinsen erhält, wie sie von der Zentralbank in der Einlagefazilität erhalten würde (4 %). Der Zinssatz darf durchaus etwas geringer sein, weil Kapitalmarktgeschäfte für Banken in der Regel mehr Flexibilität bedeuten als Transaktionen mit der Zentralbank. Für diese Flexibilität »zahlen« Banken dann in Form eines etwas geringeren Zinssatzes.

Steigende Leitzinsen führen also nicht nur zu höheren Bankzinsen, sondern auch zu höheren Kapitalmarktzinsen. So stieg der Zinssatz für die skizzierten Interbankgeschäfte – im Eurosystem auch als »Euro short-term rate« (€STR) bezeichnet – von -0,5 % Anfang Juli 2022 auf 3,9 % im Dezember 2023 (vgl. Deutsche Bundesbank 2023b). Damit lag er, wie zu erwarten, knapp unter der 4-%-Marke der Einlagefazilität. Im Zuge dessen stiegen auch alle anderen Zinsen am Kapitalmarkt deutlich an. Unternehmen und Staaten müssen nun ebenfalls wieder deutlich höhere Zinsen zahlen, wenn sie sich Finanzmittel beschaffen möchten. Das konkrete Zinsniveau hängt zwar von vielen weiteren Aspekten ab, z. B. von der Bonität des Schuldners. Der Trend ist aber überall gleich.

Für dessen Entwicklung spielen neben den tatsächlichen Leitzinsen übrigens auch die Erwartungen an den Märkten hinsichtlich der künftigen Leitzinsentwicklung eine Rolle. Wird allseits mit weiteren Zinssteigerungen durch die Zentralbank gerechnet, werden private Akteure diese bereits vorwegnehmen, wenn sie mit ihren Kunden über Kreditverträge etc. verhandeln. Werden hingegen Zinssenkungen erwartet, können Bank- und Kapitalmarktzinsen bereits sinken, obwohl die Leitzinsen sich (noch) gar nicht verändert haben.

Die skizzierten Zusammenhänge gelten in allen sogenannten Mischgeldsystemen, in denen es mit »normalem« Geld und Zentralbankgeld letztlich zwei Geldarten gibt. Und sie gelten unabhängig davon, ob Zinsen steigen oder fallen.

Bei der im Sommer 2022 eingeleiteten Zinswende gibt es hingegen eine Besonderheit: Die Banken im Euroraum benötigen im Aggregat, also über alle Banken hinweg, gar kein zusätzliches Zentralbankgeld. Sie haben bereits sehr viel davon. Konkret verfügten alle Banken im Euroraum zusammengenommen im November 2023 über rund 3.500 Milliarden Euro an Zentralbankgeld, das sie nicht zur Erfüllung der oben erläuterten Mindestreservepflicht verwendeten (vgl. Deutsche Bundesbank 2023c, S. 26). Das ist so viel wie nie zuvor seit Einführung des Euro; Ökonomen sprechen auch von der sogenannten Überschussliquidität (▶ Dar. 12). Dieses Geld liegt überwiegend in der Einlagefazilität. Warum das so ist, würde den Rahmen dieses Beitrags sprengen; es hat zuvorderst mit der Geldpolitik zu tun, die das Eurosystem zur Bewältigung der diversen Krisen in den 2010er Jahren und zu Beginn der 2020er Jahre durchgeführt hat (insbesondere Finanzkrise, Staatsschuldenkrise und Corona-Krise).

Fest steht, dass Banken dafür die oben erläuterten Zinsen von den Zentralbanken erhalten, im Winter 2023/2024 also 4 %. Für ihre Entscheidungen über das Zinsniveau für ihre Kunden, z. B. für Hauskredite, ist in dieser Situation daher nicht der Zinssatz der Hauptrefinanzierungsfazilität relevant, sondern jener der Einlagefazilität. Banken müssen sich das Zentralbankgeld, das sie für einen Kredit benötigen, ja (im Aggregat) nicht extra bei der Zentralbank leihen und dafür 4,5 % Zinsen zahlen. Sie können das Geld einfach der Einlagefazilität entnehmen. Da sie damit auf 4 % Guthabenzins verzichten, ist dieser Zinssatz – anders als normalerweise üblich – der eigentlich relevante Leitzins im Winter 2023/2024.[14]

Nachdem nun erläutert wurde, wie sich die verschiedenen Zinsen seit Sommer 2022 entwickelt haben und welche Zusammenhänge zwischen ihnen bestehen, stellt sich die Frage: Warum sind die Zinsen eigentlich gestiegen?

2.3 Ursache der Zinswende: die Rückkehr der Inflation

Hintergrund dieser historisch einmaligen Zinswende ist eine Entwicklung, die es in dieser Form seit Bestehen des Euro ebenfalls noch nicht gegeben hat. Gemeint ist die Inflation, also die durchschnittliche Veränderung des Preisniveaus der Produkte, die private Haushalte typischerweise kaufen. Über viele Jahre hinweg stiegen die Preise kaum, die jährliche Inflationsrate pendelte zwischen 0 % und 1 %. Im Herbst 2021 änderte sich dann der Trend, die Inflationsrate zog an. Ein Jahr später wurde sie erstmals zweistellig (vgl. Rupprecht 2023, S. 35 ff.). Nach europäischer Berechnungsmethode betrug sie im Oktober 2022 10,6 % im Euroraum und sogar 11,6 % in Deutschland. Das bedeutet, dass die hiesigen Privathaushalte für die von ihnen erworbenen Produkte im Oktober 2022 im Mittel 11,6 % mehr ausgeben mussten als ein Jahr zuvor. Andernorts in Europa fiel der Preisauftrieb sogar noch stärker aus, z. B. in Belgien (13,1 %), den Niederlanden (16,8 %) oder Estland (22,5 %). Seitdem sind die Inflationsraten zwar wieder gesunken, waren im Winter 2023/2024 vielerorts aber immer noch deutlich höher als in den Jahren zuvor (▶ Dar. 13).

Was haben diese beiden Entwicklungen – Zinsen und Inflation – nun miteinander zu tun? Kurz gesagt: sehr viel. In Kapitel 2.2 klang schon an, dass Zentralbanken aufgrund ihrer Monopolstellung die Leitzinsen nach eigenem Ermessen verändern können. Ausschlaggebend für die Zins- oder auch Geldpolitik der Zentralbanken ist nun die Entwicklung der Inflation, denn: Es ist ihre gesetzliche Pflicht, für Preisstabilität zu sorgen.

---

14 Der dritte Zinssatz, die sogenannte Spitzenrefinanzierungsfazilität, entspricht vereinfacht gesprochen einem Dispositionskredit von Banken bei der Zentralbank. Sollte eine Bank kurzfristig Bedarf an Zentralbankgeld haben und diesen nicht am Kapitalmarkt decken können, kann sie sich spontan an die Zentralbank wenden, um den Bedarf zu decken. Für diese Geschäfte außerhalb des regulären Verfahrens verlangt die Zentralbank einen Zinszuschlag. Im Euroraum lag der Zinssatz der Spitzenrefinanzierungsfazilität im Winter 2023/2024 bei 4,75 %.

2 Zeitenwende für Sparer?

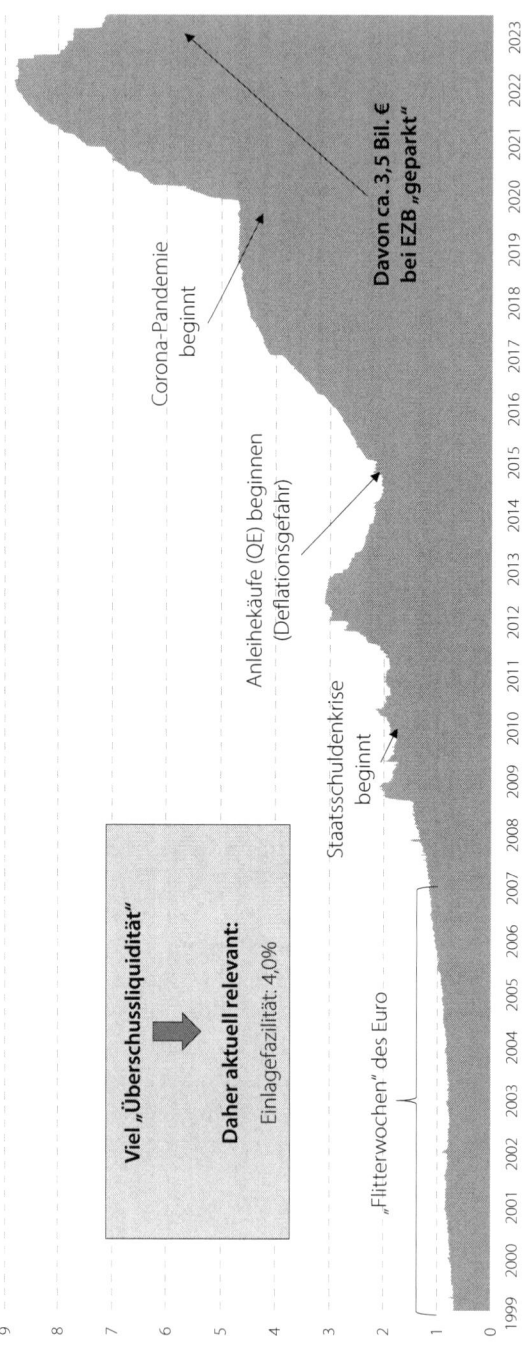

Dar. 12: Wie viel Zentralbankgeld gibt es Ende 2023? (Bilanzsumme des Eurosystems, konsolidiert, in Billionen Euro; Quelle: Eigene Darstellung auf Basis von Angaben der Europäischen Zentralbank)

2.3 Ursache der Zinswende: die Rückkehr der Inflation

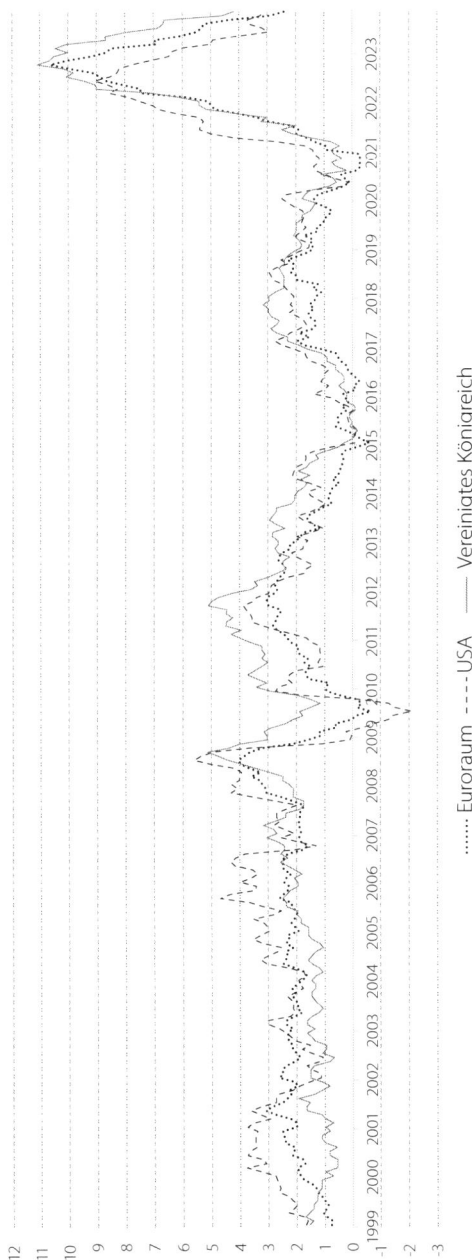

Dar. 13: Inflation in ausgewählten Ländern im Zeitverlauf (in %, Veränderung des Verbraucherpreisindex gegenüber Vorjahr; Quelle: Bank für Internationalen Zahlungsausgleich 2023)

Im Vertrag über die Arbeitsweise der Europäischen Union (AEUV) heißt es in Artikel 127: »Das vorrangige Ziel des Europäischen Systems der Zentralbanken ist es, die Preisstabilität zu gewährleisten.« Was konkret unter »Preisstabilität« zu verstehen ist, sagt das Gesetz nicht. Hier besteht für die Zentralbanken also ein gewisser Interpretationsspielraum. Die Zentralbanken im Euroraum haben sich zuletzt im Juli 2021 darauf verständigt, dass Preisstabilität dann gewährleistet ist, »wenn mittelfristig ein Inflationsziel von 2 % angestrebt wird.« (Europäische Zentralbank 2021a). Eine Diskussion darüber, warum genau dieser Wert und nicht etwa 0 % erreicht werden soll, was ja im wörtlichen Sinne am Ehesten einer Stabilität entspricht (sprich: keine Preissteigerungen), würde an dieser Stelle zu weit führen. Das hat neben der Messung der Inflationsrate (vgl. dazu Rupprecht 2023, S. 37 ff.) auch mit den Auswirkungen von Preissteigerungen auf das wirtschaftliche Miteinander sowie der geldpolitischen Handlungsfähigkeit zu tun (vgl. Europäische Zentralbank 2021b). Fest steht, dass das Eurosystem seine gesetzlich vorgegebene Aufgabe dann als erfüllt ansieht, wenn die Preise im Euroraum mittelfristig um 2 % steigen. Dabei steht stets der Euroraum als Ganzes im Fokus, nicht einzelne Länder, wie medial immer wieder zu hören ist. Nationale Abweichungen von dieser Zielmarke sind also möglich; solange im Euroraum insgesamt mittelfristig 2 % erreicht werden, erfüllt das Eurosystem seine Aufgabe.

Wie können die Zentralbanken nun die Preisentwicklung beeinflussen? Direkte Preiseingriffe, also z. B. Vorgaben zu zulässigen Preiserhöhungen oder -veränderungen, sind nicht möglich. Das ist verboten. Sie können die Inflation aber indirekt beeinflussen, indem sie Anbietern und Nachfragern wirtschaftliche Anreize geben, sich anders zu verhalten. Von diesem Verhalten hängt nämlich ab, wie sich Preise entwickeln, denn in einer Marktwirtschaft ergeben sich Preise primär aus dem Zusammenspiel von Angebot und Nachfrage. Wenn es ihnen also beispielsweise gelingt, Privathaushalte dazu zu bringen, weniger Produkte nachzufragen, wird sich dies früher oder später – bei gleichbleibendem Angebot – auf den Preis dieser Produkte auswirken; er wird sinken.

Inwieweit eine Zentralbank auf diesem Weg erfolgreich dazu beitragen kann, hohe Inflationsraten zu reduzieren, hängt allerdings wesentlich davon ab, warum es überhaupt zu diesen hohen Preissteigerungen kam. Deren Ursachen sind nämlich vielfältig, nicht zuletzt, weil sie über unterschiedliche Zeiträume zum Tragen kommen.[15] Entscheidend ist, dass eine Zentralbank mit ihren Instrumenten, also vor allem den Leitzinsen, in der Regel nur die Nachfrage auf den Märkten beeinflussen kann.[16] Auf das Angebot hat sie keinen unmittelbaren Einfluss. Wenn also

---

15 Eine ausführliche Diskussion der Ursachen von Inflation findet sich in Rupprecht (2023).
16 In (makro-)ökonomischen Modellen wird dieser Zusammenhang in der Regel mit der sogenannten Phillipskurve beschrieben. Diese beschreibt vereinfacht gesprochen den – in der Regel negativen – Zusammenhang zwischen der Inflationsrate und der Arbeitslosigkeit in einer Volkswirtschaft, wobei letztere einen mehr oder weniger direkten Einfluss auf die gesamtwirtschaftliche Nachfrage hat (je höher die Arbeitslosigkeit, desto

die Inflation dauerhaft höher ausfällt als angestrebt, wird die Zentralbank über Leitzinsänderungen versuchen (müssen), die Nachfrage so weit zu reduzieren, bis das Inflationsziel erreicht ist. Denn mit diesen Leitzinsänderungen beeinflusst sie die wirtschaftlichen Anreize der Nachfrager – mit dem Ziel, dass sich deren Verhalten infolgedessen ändert, die Nachfrage also sinkt.

Zu diesen Anreizen gehört zuvorderst die in Kapitel 2.2 bereits erläuterte Erhöhung der Bank- und Kapitalmarktzinsen infolge vorangegangener Leitzinssteigerungen. Der dort exemplarisch genannte Haushalt, der sich mittels eines Bankkredits ein Haus kaufen wollte, wird sich dies vermutlich noch mal überlegen oder zumindest Abstriche an seinen ursprünglichen Plänen machen müssen, wenn der Zins nicht bei 1 % (wie bis Ende 2021), sondern bei 3,5 % liegt (wie Ende 2023) – unveränderte Immobilienpreise etc. vorausgesetzt. Gleiches gilt für die Käufer von anderen Konsum- und Investitionsgütern, die ihre Nachfrage mit einem Kredit finanzieren wollten. Die höheren (Leit-)Zinsen ziehen also über eine sinkende Kreditnachfrage (genauer: Fremdkapitalnachfrage) einen Rückgang der Konsum- und Investitionsausgaben und damit der Güternachfrage nach sich, unabhängig davon, wer diese Ausgaben letztlich tätigen wollte (ob also private Haushalte, Unternehmen oder auch der Staat) und wofür das Geld verwendet werden sollte.

Doch selbst dann, wenn zur Finanzierung der Nachfrage gar keine Kredite nötig sind (bzw. kein Fremdkapital), weil der Käufer über ausreichende Finanzmittel verfügt (z. B. ein hohes Einkommen), können höhere Zinsen zu einer Kaufzurückhaltung führen. Gestiegene Zinsen bedeuten nämlich auch, dass es für Nachfrager möglicherweise attraktiver wird, ihr Einkommen anders zu verwenden, konkret: es zu sparen. Höhere Zinserträge können schließlich die Konsum- oder Investitionsmöglichkeiten in der Zukunft verbessern, so dass es aus Sicht des Käufers sinnvoller sein kann, in der Gegenwart weniger und stattdessen in der Zukunft mehr nachzufragen. Gegenwartskonsum wird sozusagen »teurer«, da man damit auf die erweiterten Konsummöglichkeiten in der Zukunft verzichtet. Ökonomen sprechen hier von relativen Preisen und dem sogenannten Substitutionseffekt (vgl. Fellermann und Rupprecht 2019, S. 46).

Ganz so einfach ist es jedoch nicht. Diesem Substitutionseffekt wirkt nämlich ein anderer Effekt entgegen, der sogenannte Einkommenseffekt. Dabei führen höhere Zinsen für sich genommen nicht etwa zu weniger, sondern unter Umständen sogar zu mehr Nachfrage in der Gegenwart, denn: Wenn die Zinsen und damit die Zinserträge steigen, wird es für sich genommen leichter, ein bestimmtes Sparziel (z. B. Betrag X bis zum Jahr Y) zu erreichen. Sofern schon Vermögen vorhanden ist, muss also gar nicht unbedingt mehr gespart werden. Im Gegenteil, es ist sogar möglich, weniger zu sparen und über die höheren Zinserträge des vorhandenen Vermögens trotzdem am Sparziel festzuhalten.

---

geringer die Nachfrage, desto geringer dann auch die Inflationsrate). Für weitere Details und jüngere Schätzungen zur Ausprägung dieses Zusammenhangs im Euroraum vgl. Ciccarelli und Osbat (2017).

Welcher dieser beiden Effekte nun dominiert, ist aus theoretischer Sicht nicht eindeutig.[17] In der Praxis hängt es erfahrungsgemäß von verschiedenen Aspekten ab, z. B. vom vorhandenen Vermögen, der Gegenwartspräferenz, dem Alter oder der Einkommenshöhe der Nachfrager. Auf gesamtwirtschaftlicher Ebene beobachtet man in der Regel eine gewisse Dominanz des Substitutionseffekts, d. h. steigende Zinsen dämpfen die (aus Eigenmitteln finanzierte) Nachfrage (vgl. exemplarisch Geiger et al. 2016). Die Stärke des Zusammenhangs variiert aber durchaus über die Zeit und auch von Land zu Land. So einfach und eindeutig, wie medial bisweilen dargestellt, ist es in der Realität leider nicht.

Insgesamt gilt aber, dass eine Zentralbank über die skizzierten Zusammenhänge grundsätzlich einen indirekten Einfluss auf die Preisentwicklung ausüben kann. Wann und wie genau Leitzinsänderungen wirken, lässt sich allerdings meist erst im Nachhinein konkret beurteilen, da viele verschiedene Märkte und Akteure involviert sind. Dies gilt vor allem im Euroraum, dem Ende 2023 immerhin 20 Länder mit unterschiedlichsten Charakteristika angehörten (allen Beitrittskriterien zum Trotz). Hinzu kommt, dass Leitzinsänderungen nicht nur über veränderte Bank- und Kapitalmarktzinsen preisdämpfend wirken, obwohl dies in der öffentlichen Diskussion meist im Mittelpunkt steht. Weitere Effekte entstehen über Veränderungen beim Wechselkurs oder dem Angebotsverhalten von Banken, Anpassungen in der Risikoeinstellung von Kapitalmarktakteuren oder veränderte Erwartungen von Haushalten und Unternehmen hinsichtlich der künftigen Zins- und Inflationsentwicklung. Vor allem Letzteres erweist sich bei der Inflationsbekämpfung immer wieder als besonders bedeutsam (vgl. Amatyakul et al. 2023, S. 4), weswegen Zentralbanken auch besonderen Wert auf eine sogenannte »Verankerung« von Inflationserwartungen in der Nähe ihres geldpolitischen Ziels (also 2 %) legen.

Insgesamt werden die verschiedenen Mittel und Wege (auch »Kanäle«), über den eine Leitzinsänderung letztlich die Preisentwicklung beeinflusst, von Ökonomen als geldpolitische Transmission bezeichnet (vgl. Görgens et al. 2008, S. 287 ff.). Diese möglichst gut zu verstehen, ist ein wesentliches Ziel von Zentralbanken und Voraussetzung für eine erfolgreiche Geldpolitik. Darstellung 14 zeigt eine sehr vereinfachte Darstellung dieser Zusammenhänge.

Unstrittig ist, dass die Inflationsraten im Euroraum seit ihrem Hochpunkt im Herbst 2022 wieder deutlich gesunken sind (▶ Dar. 14). Erste Studien zeigen, dass dies nicht zuletzt auf die Zinserhöhungen des Eurosystems zurückzuführen ist

---

17 Hinzu kommt grundsätzlich auch noch ein dritter Effekt, der sogenannte Vermögenseffekt. Dieser beschreibt, wie sich der Wert des vorhandenen Vermögens auf die Nachfrage auswirkt. Der Zusammenhang ist dabei stets eindeutig: Ein sinkendes (steigendes) Vermögen führt für sich genommen zu einer sinkenden (steigenden) Nachfrage. Der Einfluss der Zinsen bzw. von Zinsänderungen ist vergleichbar mit dem des Substitutionseffekts: Höhere Zinsen führen über sinkende Vermögenspreise (z. B. zurückgehende Wertpapierkurse) zu einem Nachfragerückgang. In der Realität spielt dieser Effekt aber in der Regel eine eher untergeordnete Rolle (vgl. Deutsche Bundesbank 2015 sowie Fellermann und Rupprecht 2019).

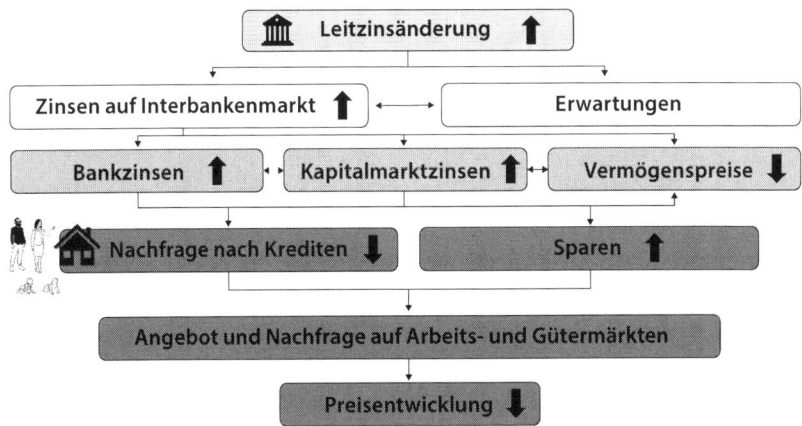

Dar. 14: Transmission einer Leitzinserhöhung – stark vereinfachte Darstellung

(vgl. Amatyakul et al. 2023, S. 5). Was genau bedeuten diese Zinserhöhungen denn nun vor diesem Hintergrund für die Sparer hierzulande? Lohnt sich Sparen wieder, wie allenthalben zu hören ist?

2.4 Folgen der Zinserhöhungen: Lohnt sich Sparen wieder?

Die Antwort auf diese Frage hängt wesentlich davon ab, warum Privathaushalte sparen. Aus ökonomischer Sicht lassen sich im Wesentlichen drei Motive unterschieden. Erstens können Haushalte sparen, um für »schlechte Zeiten« vorzusorgen oder einer Krise vorzubeugen. Zu denken ist hier beispielsweise an eine mögliche Arbeitslosigkeit, Krankheit oder Pflegebedürftigkeit. In jedem dieser Fälle wäre (früher oder später) das Einkommen des Haushalts negativ betroffen. Ein zuvor angesparter finanzieller Puffer gäbe dem Haushalt zumindest vorübergehend einen gewissen Handlungsspielraum, d. h. die eigenen Lebensumstände (Wohnung, Hobbies, Ernährungsgewohnheiten etc.) müssten nicht unmittelbar mit dem Eintreten des Ereignisses geändert werden. Ökonomen sprechen hier vom sogenannten Vorsichtssparen (vgl. Annuß und Rupprecht 2016, S. 105). Umfragen zeigen regelmäßig, dass hierzulande rund ein Drittel aller Sparbemühungen auf dieses Motiv zurückzuführen ist (vgl. Deutsche Bundesbank 2023d, S. 42).

Zweitens sparen Haushalte häufig, um in Zukunft ein Gut erwerben zu können, das aufgrund seines Preises nicht direkt aus dem laufenden Einkommen finanziert werden kann. Dies gilt allen voran für den (geplanten) Erwerb einer Immobilie (▶ Beispiel in Kap. 2.2), aber auch für andere größere Anschaffungen, z. B. ein neues Auto oder einen Urlaub. Im weiteren Sinne zählt auch der Aufbau von Rücklagen für nahe Verwandte dazu, z. B. für die eigenen Kinder oder Enkel. Derartige Absichten machen ebenfalls rund ein Drittel der Ersparnisbildung privater Haushalte aus.

Das dritte und letzte Motiv zielt im Wesentlichen auf die Möglichkeit, in Zukunft einen höheren Lebensstandard zu erreichen. Zu sparen bedeutet ja in jedem Fall, in der Gegenwart auf Konsum zu verzichten. Wenn dies nicht geschieht, um einen finanziellen Puffer für den Krisenfall aufzubauen (Grund 1) oder um ein Gut zu erwerben, dessen Preis das reguläre monatliche Budget übersteigt (Grund 2), dann ist dieser Konsumverzicht in der Gegenwart aus ökonomischer Sicht streng genommen nur dann sinnvoll, wenn er einen höheren Konsum in der Zukunft ermöglicht. Gilt das nicht, könnte der Haushalt mit dem gesparten Geld in Zukunft also »nur« das gleiche oder gar weniger konsumieren, wäre es im ökonomischen Sinne unvernünftig, in der Gegenwart auf Konsum zu verzichten (Motive 1 und 2 ausgenommen), da in der Regel eine gewisse Gegenwartspräferenz besteht.

Ob es sich lohnt zu sparen, ist beim ersten Motiv also zuvorderst eine Frage der individuellen Risikoeinstellung und -situation. Je wahrscheinlicher eine Notsituation aus Sicht des Haushalts ist, desto mehr lohnt es sich, dafür vorzusorgen, um auf diese Weise ein gewisses Maß an Sicherheit zu generieren. Preise, Zinsen und andere Faktoren spielen für dieses Motiv allenfalls eine untergeordnete Rolle.

Dies ist bei den anderen beiden Motiven anders. Sparen lohnt sich aus diesen Gründen nur dann, wenn es auch wirklich realistisch ist, durch den Konsumverzicht in der Gegenwart ausreichend Kapital für den Kauf eines relativ teuren Gutes in Zukunft anspraren (Motiv 2) oder durch eine steigende Kaufkraft den eigenen Lebensstandard in Zukunft erhöhen zu können (Motiv 3). Ob Sparen vor diesem Hintergrund sinnvoll ist, ist also nicht allein – wie häufig suggeriert – eine Frage des Zinsniveaus. Es hängt vielmehr auch von der Entwicklung der Güterpreise ab.

Ein Beispiel: Angenommen, ein Haushalt kann zu Jahresbeginn 100 Euro zu 4 % Zinsen anlegen. Am Jahresende erhält er dann 104 Euro zurück. Ob sich dies aus Sicht der Motive 2 und 3 für ihn »lohnt«, hängt davon ab, wie sich die Preise der Güter entwickeln, die er mit diesem Betrag erwerben kann bzw. möchte. Angenommen, diese Güter kosten Anfang des Jahres ebenfalls 100 Euro. Bleibt der Preis im Jahresverlauf unverändert, könnte der Haushalt am Jahresende 4 % mehr Güter kaufen als zu Jahresbeginn. Dann lohnt sich Sparen aus ökonomischer Sicht in jedem Fall. Auch wenn die Preise geringfügig steigen, z. B. auf 102 Euro, lohnt es sich zu sparen, denn auch dann nimmt die Kaufkraft des Haushalts durch das Zinseinkommen zu (plus ca. 2 %). Steigen die Preise allerdings kräftig, z. B. um 8 % auf 108 Euro, lohnt sich das Sparen nicht, da die Kaufkraft des Haushalts im Jahresverlauf sinkt – allen (vermeintlich hohen) Zinsen zum Trotz (minus ca. 4 %).

Die Schlussfolgerung, dass allein die Rückkehr der Zinsen dazu führt, dass sich Sparen »endlich wieder lohnt«, wie dies von Banken und anderen Finanzinstituten seit der Zinswende gern kommuniziert wird (vgl. exemplarisch Nassauische Sparkasse 2023), greift also zu kurz. Relevant ist schlussendlich nicht der Zins allein, also der sogenannte Nominalzins, sondern dessen Zusammenwirken mit den Güterpreisen. Ökonomen sprechen hier vom Realzins (vgl. Deutsche Bundesbank 2015, S. 14). Dieser berücksichtigt neben den Nominalzinsen auch die Preisentwicklung und gibt damit Auskunft darüber, wie sich die Kaufkraft eines Geldbetrags im Zeitverlauf entwickelt. Wenn also, wie oben erläutert, der Nominalzins einer einjährigen Geldanlage bei 4 % liegt und sich die Preise innerhalb dieses Jahres um 2 % erhöhen, steigt die Kaufkraft des gesparten Geldes (= Realzins) näherungsweise um 2 %.[18] Liegt die Inflationsrate hingegen bei 8 %, beträgt der Realzins näherungsweise -4 %.

Ob es sich (wieder) lohnt zu sparen, hängt damit maßgeblich davon ab, wie private Haushalte sparen bzw. anlegen.[19] Darstellung 15 zeigt, wie sich das gesamte finanzielle Vermögen der deutschen Privathaushalte – im Herbst 2023 waren dies insgesamt knapp 7.500 Milliarden Euro – auf verschiedene Anlageformen aufteilt. Mit knapp 42 % entfiel der mit Abstand größte Anteil auf Einlagen bei Banken (einschl. Bargeld). Dazu gehören Einlagen aller Art, neben den Guthaben auf Girokonten (auch Sichteinlagen) also auch Sparbücher, Sparbriefe und Termineinlagen (häufig auch »Festgeld« genannt). Diese Anlageform ist bei den Deutschen traditionell besonders beliebt. Auch in den Jahren und Jahrzehnten zuvor spielte sie aus gesamtwirtschaftlicher Sicht stets die größte Rolle (Vgl. Rupprecht 2020, S. 295 ff.). Das bedeutet nicht, dass einzelne Haushalte oder Haushaltsgruppen dieser Anlageform nicht auch eine andere Bedeutung beimessen können. So zeigt sich z. B., dass Einlagen bei Haushalten mit eher geringem Vermögen eine (relativ) höhere Bedeutung haben als bei vermögenden Haushalten (vgl. Andreasch et al. 2020, S. 449). Insgesamt gesehen ist diese Anlageform aber die bedeutendste.

An zweiter Stelle folgen mit einem Anteil von gut 30 % die Ansprüche gegenüber Versicherungen, z. B. in Form von (kapitalbildenden) Lebensversicherungen. Auch die Ansprüche, die Privathaushalte z. B. aus einer versicherungsbasierten Riesterrente oder einer privaten Krankenversicherung an die Leistungsträger haben, zählen dazu. Erst auf Platz drei kamen Anlageformen, die sich insgesamt zur Gruppe der Wertpapiere zusammenfassen lassen. Auf Aktien und Anteile an Investmentfonds entfiel jeweils rund ein Achtel des Vermögens, während Anleihen (auch Schuldverschreibungen oder Renten) mit knapp 2,5 % aus gesamtwirtschaftlicher Perspektive letztlich unbedeutend waren.[20]

---

18 Konkret lässt sich der Realzins r in Prozent mit dieser Formel berechnen: $r = \left(\frac{1+i}{1+\pi}-1\right) \times 100$, wobei i dem Nominalzins und π der für den Anlagezeitraum erwarteten Inflationsrate entspricht. Bei hinreichend kleinen Werten und einer konstanten Inflationsrate lässt sich der Realzins näherungsweise mit $r = i-\pi$ ermitteln.

19 Der Ausdruck »Sparen« bezeichnet streng genommen allein die Entscheidung, das laufende Einkommen nicht vollständig für den Konsum zu verausgaben, sondern einen Teil einzubehalten – zu sparen. »Anlegen« zielt hingegen auf die konkrete Verwendung der gesparten Einkommen, also auf die Verteilung der Mittel auf verschiedene Formen der Geldanlage. Da beide Begriffe umgangssprachlich häufig synonym verwendet werden, wird dies auch nachfolgend so gehandhabt.

20 Zu den Anteilen an Investmentfonds zählen alle Arten von Investmentfonds, die für Privathaushalte zugänglich sind (sogenannte Publikationsfonds). Dazu zählen z. B. Aktienfonds, Rentenfonds oder Mischfonds. Auch Fonds, die lediglich einen bestimmten Index nachbilden (sogenannte ETF), sind enthalten.

2 Zeitenwende für Sparer?

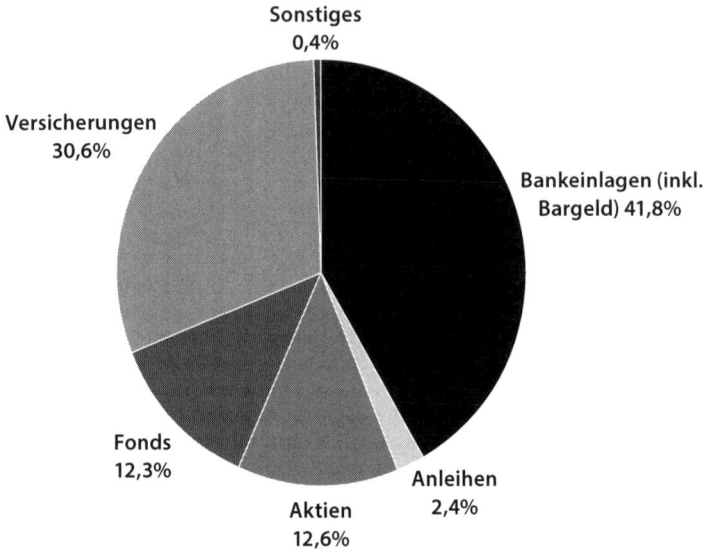

Dar. 15: Das Finanzvermögen deutscher Privathaushalte im Jahr 2023 (Quelle: Eigene Darstellung auf Basis von Angaben der Deutschen Bundesbank. Aktien enthalten auch sonstige Anteilsrechte. Unter »Sonstiges« sind Finanzderivate, Kredite und übrige Forderungen zusammengefasst. Stand der Angaben: Ende September 2023)

Wie steht es nun um die reale Verzinsung dieser Anlageformen?[21] Darstellung 16 zeigt zunächst, wie sich diese zwischen den Jahren 1999 und 2022 entwickelt hat. Schon auf den ersten Blick werden erhebliche Unterschiede deutlich, etwa in Bezug auf die Schwankungsbreite: Während sich die reale Verzinsung von Bankeinlagen und Versicherungsansprüchen im Zeitverlauf vergleichsweise stabil entwickelte, schwankten die Erträge bei den Wertpapieren über die Zeit zum Teil erheblich. So haben Privathaushalte etwa mit Aktien in guten Jahren 25 % Kaufkraftgewinn erzielt, mussten in schlechten Jahren allerdings auch einen Verlust von 40 % und mehr verkraften. Im Durchschnitt haben sie mit dieser Anlageform eine reale Verzinsung von jährlich 6,7 % erzielt; keine Anlageform hat sich mehr »gelohnt«.

Bei Bankeinlagen verlief die Entwicklung dagegen deutlich stetiger. Deren Realverzinsung schwankte von 1 % in der Spitze bis zu -7,8 % im schlechtesten Jahr (2022). Im obigen Sinne gelohnt hat sich das Sparen mit dieser Anlageform im Durchschnitt aber nicht. Im Gegenteil: Mit einer realen Verzinsung von durch-

---

21 Aus Vereinfachungsgründen wird nachfolgend weiterhin von »Verzinsung« gesprochen. Die dargestellten Größen enthalten aber neben den Vermögenseinkommen in Form von Zinsen auch andere Erträge, darunter Dividenden (insbesondere bei Aktien und Fonds relevant) und Kursgewinne bzw. -verluste (bei allen Wertpapieren von Bedeutung). Ökonomen sprechen daher etwas allgemeiner auch von einer »Rendite« (vgl. Deutsche Bundesbank 2015, S. 15).

2.4 Folgen der Zinserhöhungen: Lohnt sich Sparen wieder?

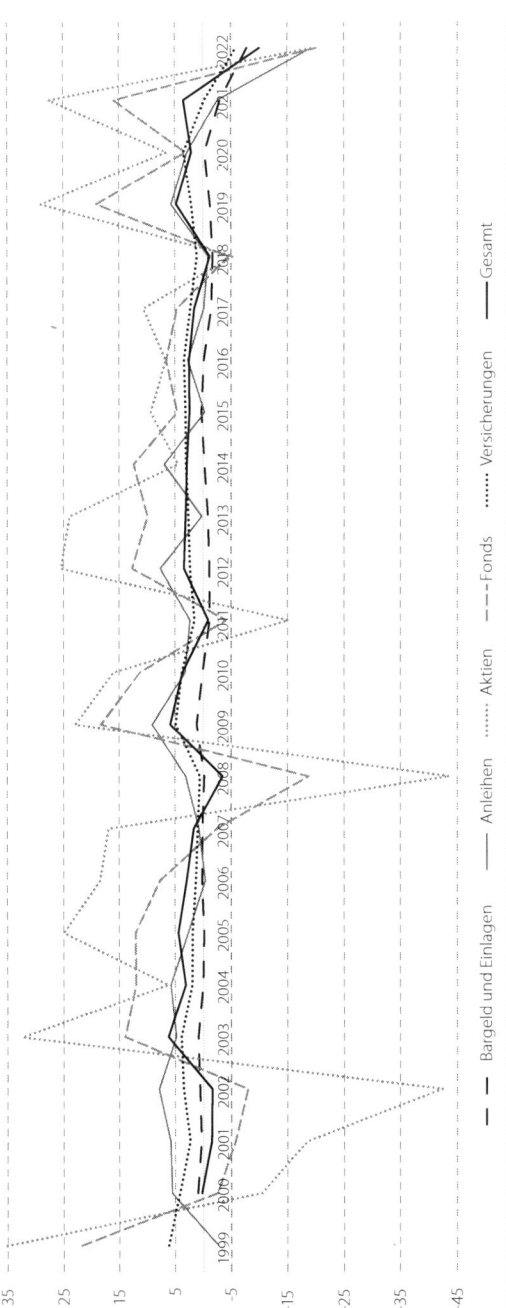

Dar. 16: Reale Verzinsung des Finanzvermögens deutscher Privathaushalte (Angaben in %, Gesamtrendite gewichtet auf Basis der jeweiligen Portfolioanteile; Quelle: Eigene Berechnungen auf Basis von Radke und Rupprecht 2021. Die Anlageformen sonstige Anteilsrechte, Kredite und sonstige Forderungen sind in der Darstellung nicht berücksichtigt.)

schnittlich -0,6 % haben Privathaushalte mit dieser Anlageform zwischen 1999 und 2022 sogar Kaufkraft verloren! Keine andere Anlageform hat sich über die Zeit diesbezüglich schlechter entwickelt. Das hat, wie man unter Umständen vermuten könnte, auch nichts mit der Einführung des Euro zu tun. Auch in den Jahrzehnten vor der Währungsunion, also noch zu DM-Zeiten, war die reale Verzinsung von Bankeinlagen in Deutschland häufig negativ (vgl. Deutsche Bundesbank 2017). Umso erstaunlicher ist ihre konstant hohe Bedeutung am Vermögen. Dies deutet u. a. darauf hin, dass Bankeinlagen gern für das Vorsichtssparen genutzt werden (Motiv 1); angesichts der Tatsache, dass zumindest Sichteinlagen jederzeit in vollem Umfang verfügbar (oder auch liquide) sind, ist dies nachvollziehbar. Darüber hinaus spricht es dafür, dass die reale Verzinsung nur ein Bestimmungsfaktor von mehreren ist, die Privathaushalte bei der Aufteilung ihrer Ersparnisse auf die verschiedenen Anlageformen berücksichtigten (für eine ausführlichere Diskussion dieser Überlegungen vgl. Annuß und Rupprecht, 2016).

Die Entwicklungen der Realverzinsung bei den anderen Anlageformen liegen im Großen und Ganzen zwischen den Aktien und Bankeinlagen. Anleihen und Versicherungsansprüche waren hinsichtlich ihrer realen Erträge demnach ähnlich stabil wie Bankeinlagen, im Niveau aber durchschnittlich spürbar höher (knapp 1 % bzw. über 2 %). Fonds entwickelten sich im Vergleich dazu deutlich dynamischer, schwankten aber nicht so stark wie Aktien. Mit einer mittleren realen Verzinsung von rund 2,7 % war das Sparen mit dieser Anlageform dafür vergleichsweise rentierlich. Darstellung 17 fasst die durchschnittlichen Realzinsen übersichtlich zusammen.

Und wie sieht nun die Situation nach der Zinswende aus? Hat diese zu merklichen Veränderungen bei den Erträgen geführt? Auch dazu enthält Darstellung 17 aufschlussreiche Angaben. Wie sich zeigt, war die reale Verzinsung bei fast allen Anlageformen im Jahr 2023 negativ. Nur mit Aktien ließ sich – von den unterjährigen Schwankungen einmal abgesehen – die Kaufkraft spürbar steigern. Demgegenüber erzielten die – vermeintlich – wieder attraktiven Bankeinlagen auch in diesem Jahr die geringste reale Verzinsung von allen. Im Durchschnitt haben Privathaushalte mit dieser Anlageform im Jahr eins nach der Zinswende knapp 6 % an Kaufkraft verloren – allen anderslautenden Botschaften zum Trotz. Im Vergleich dazu war es sogar in der Niedrigzinsphase attraktiver, Ersparnisse in Form von Bankeinlagen zu bilden.

Verantwortlich für diese verhaltene Entwicklung war im Wesentlichen die weiterhin hohe Inflation. Diese ging zwar im Jahresverlauf 2023 zurück, fiel Ende des Jahres jedoch immer noch höher aus als die mittlere nominale Verzinsung der meisten Anlageformen. Doch während sich nahezu überall ein deutlicher Trend zurück zur positiven Realverzinsung abzeichnet (Aktien haben diese Schwelle schon im zweiten Quartal 2023 genommen), ist dieser bei den Bankeinlagen nur mit Mühe zu erkennen (vgl. Deutsche Bundesbank 2024). Natürlich ist nicht ausgeschlossen, dass sich das Verhältnis zwischen Nominalzins und Inflationsrate auch bei dieser Anlageform in Zukunft wieder umdreht, so dass sich auch mit Bankeinlagen eine positive reale Verzinsung erzielen lässt. Dass diese nennenswert oder gar dauerhaft höher ausfällt als die der anderen Anlageformen, ist aber angesichts der Entwicklungen in der Vergangenheit nicht zu erwarten.

Dar. 17: Reale Verzinsung des finanziellen Vermögens deutscher Privathaushalte (Angaben in %, Daten für 2023 bis einschließlich September; Quelle: Eigene Berechnungen auf Basis von Radke und Rupprecht 2021 sowie anhand von Angaben der Deutschen Bundesbank)

	1999–2022	2023
Aktien	5,4	3,6
Anleihen	0,8	-5,1
Bankeinlagen	-0,4	-5,8
Investmentfondsanteile	2,7	-5,1
Versicherungsansprüche	2,4	-4,3
Gesamt (gewichtet)	1,6	-4,4

Um die reale Verzinsung ihrer Ersparnisse zu erhöhen, dürfte für deutsche Privathaushalte damit auch in Zukunft vor allem eine Stellschraube von Bedeutung sein: die Struktur ihres finanziellen Vermögens. Wenn es z. B. gelingt, die Bedeutung der wenig einträglichen Bankeinlagen zugunsten von Wertpapieren zu reduzieren, spricht vieles dafür, dass sich das Sparen nach der Rückkehr der Zinsen tatsächlich wieder lohnt – nämlich dann, wenn infolge eben dieser Rückkehr die Inflationsrate wieder auf das in Kapitel 2.3 erläuterte Zielniveau von 2 % gesunken ist. Dass dies gelingen kann, zeigt ein Blick in andere Länder, z. B. nach Frankreich. Deren Privathaushalte haben auch in Niedrigzinszeiten zum Teil eine nennenswert höhere reale Verzinsung mit ihrem Finanzvermögen erzielt als ihre Pendants hierzulande, was nicht zuletzt mit einer Struktur zugunsten einträglicherer Anlageformen zusammenhing (vgl. Rupprecht 2018 sowie Radke und Rupprecht 2021).

2.5 Fazit

Mit der Rückkehr der Inflation kamen auch die Zinsen zurück. Nach langen Jahren mit Null- und Negativzinsen führten die Leitzinserhöhungen ab dem Sommer 2022 allerorten zu kräftigen Steigerungen von Bank- und Kapitalmarktzinsen. Mit Termingeldern lassen sich inzwischen wieder Nominalzinsen von bis zu 4 % erzielen, und auch die bei vielen beliebten Tagesgeldkonten erscheinen inzwischen wieder lukrativ. Aber sind sie das auch? Allgemeiner gefragt: Lohnt sich Sparen jetzt »endlich wieder«, wie seit der Zinswende vielfach behauptet wird?

Die obigen Erläuterungen haben gezeigt, dass die isolierte Betrachtung der Nominalzinsen für eine Beantwortung dieser Frage kaum ausreicht, um sie zu fundiert zu beantworten. Dies gilt insbesondere dann, wenn Haushalte das Ziel haben, durch den Konsumverzicht in der Gegenwart (= Sparen) einen höheren Konsum bzw. Lebensstandard in der Zukunft zu erreichen. In diesem Fall ist neben den Nominalzinsen nämlich (mindestens) noch eine andere ökonomische Größe zentral: die Inflationsrate. Deren aktuelle Ausprägung und ihre für die Zukunft erwartete Entwicklung entscheidet letztlich zusammen mit dem Nominalzinsniveau darüber, ob sich Sparen aus ökonomischer Sicht lohnt – oder eben nicht. Dass Inflationsrate und (Leit-)Zinsen dabei eng miteinander verbunden sind, weil Letztere zur Steuerung der ersten Größe eingesetzt werden, macht die Sache für den ökonomischen Laien nicht unbedingt leichter.

Die Darstellung hat gezeigt, dass die Zinswende – anders als oft zu hören – nicht zu einem für Sparer völlig anderen Umfeld im Vergleich zu den Jahren und Jahrzehnten zuvor geführt hat. Im Gegenteil: Die bei den Deutschen besonders beliebte Anlageform der Bankeinlagen war weder vor noch nach der Zinswende geeignet, das oben genannte Sparziel zu erreichen. Tatsächlich erzielten Privathaushalte im Jahr 2023 sogar ungewöhnlich hohe Kaufkraftverluste mit ihren Sparguthaben, allen anderslautenden Botschaften der Finanzinstitute zum Trotz. Bis auf Aktien war dies zwar auch bei anderen Anlageformen der Fall. Zum einen galt dies aber nur in geringerem Umfang, und zum anderen ist überall sonst ein deutlicher Aufwärtstrend zu erkennen.

Um lukrativ zu sparen, sind Privathaushalte also auch nach der ungewöhnlich kräftigen und schnellen Zinswende gut beraten, auf die Struktur ihres Finanzvermögens zu achten und – je nach Sparmotiv – wenig rentierliche durch lohnenswertere Anlageformen zu ersetzen. Dass das zum gewünschten Erfolg beitragen kann, zeigen die Erfahrungen anderer Länder. Neu ist diese Erkenntnis über den Vorteil eines gut gestreuten Vermögens nicht. Sie scheint jedoch bei Vielen im Lichte der zuletzt erheblichen Veränderungen in der Wirtschafts- und Finanzwelt in Vergessenheit geraten zu sein.

Literatur

Amatyakul, P., De Fiore, F., Lombardi, M., Mojon, B., Rees, D.: The contribution of monetary policy to disinflation, BIS Bulletin Nr. 82, 2023.

Andreasch, M., Radke, M. P., Rupprecht, M.: Renditen privater Haushalte nach Vermögensgruppen – Deutschland versus Österreich, in: Wirtschaftsdienst, 100 (6), S. 446–453.

Annuß, C., Rupprecht, M.: Anlageverhalten privater Haushalte in Deutschland: Die Rolle der realen Rendite, in: Vierteljahreshefte zur Wirtschaftsforschung, 85 (1), S. 95–109.

Biallo: Zinsentwicklung der Kredit- und Sparzinsen, online im Internet, 24.11.2023, URL: https://www.biallo.de/dienste/biallo-index/nc/, Abruf am 30.11.2023.

Ciccarelli, M., Osbat, C.: Low inflation in the euro area: Causes and consequences. ECB Occasional Paper Nr. 181, 2017.

Deutsche Bundesbank: Das Spar- und Anlageverhalten privater Haushalte in Deutschland vor dem Hintergrund des Niedrigzinsumfelds, in: Monatsbericht Oktober 2015, S. 13–32.

Deutsche Bundesbank: Realzinssätze auf Bankeinlagen, online im Internet, 24.07.2017, URL: https://www.bundesbank.de/de/statistiken/geld-und-kapitalmaerkte/zinssaetze-und-rend iten/realzinssaetze-auf-bankeinlagen, Abruf am 15.01.2024.

Deutsche Bundesbank: Oktober-Ergebnisse der Umfrage zum Kreditgeschäft (Bank Lending Survey) in Deutschland – Banken strafften Kreditrichtlinien, online im Internet, 24.10.2023a, URL: https://www.bundesbank.de/de/presse/pressenotizen/oktober-ergebnisse-der-umfrage-zum-kreditgeschaeft-bank-lending-survey-in-deutschland-914066, Abruf am 24.11.2023.

Deutsche Bundesbank: Euro Short-Term Rate (€STR), online im Internet, ohne Datum, URL: https://www.bundesbank.de/de/statistiken/geld-und-kapitalmaerkte/zinssaetze-und-renditen/euro-short-term-rate, Abruf am 08.12.2023b.

Deutsche Bundesbank: Geldpolitik und Bankgeschäft, in: Monatsbericht November 2023c, S. 25–37.

Deutsche Bundesbank: Vermögen und Finanzen privater Haushalte in Deutschland: Ergebnisse der Vermögensbefragung 2021, in: Monatsbericht April 2023d, S. 25–58.

Deutsche Bundesbank: Geldvermögensbildung und Außenfinanzierung in Deutschland im dritten Quartal 2023, Pressenotiz, online im Internet, 18.01.2024, URL: https://www.bundesbank.de/de/presse/pressenotizen/geldvermoegensbildung-und-aussenfinanzierung-in-deutschland-im-dritten-quartal-2023-922024, Abruf am 19.01.2023.

Europäische Zentralbank: EZB-Rat verabschiedet neue geldpolitische Strategie, Pressemitteilung, online im Internet, 08.07.2021a, URL: https://www.ecb.europa.eu/press/pr/date/2021/html/ecb.pr210708~dc78cc4b0d.de.html, Abruf am 08.12.2023.

Europäische Zentralbank: An overview of the ECB's monetary policy strategy, in: Economic Bulletin 5 / 2021b, S. 75–89.

Fellermann, J.-L., Rupprecht, M.: Zinsänderungen und Konsumverhalten privater Haushalte, in: WiSt – Wirtschaftswissenschaftliches Studium, 7-8, 2019, S. 45–48.

Geiger, F., Muellbauer, J., Rupprecht, M.: The housing market, household portfolios and the German consumer, ECB Working Paper Nr. 1904, 2016.

Görgens, E., Ruckriegel, K., Seitz, F.: Europäische Geldpolitik, 5. Auflage, Stuttgart 2008.

Nassauische Sparkasse: Sparen und Anlagen, online im Internet, 30.11.2023, URL: https://www.naspa.de/de/home/privatkunden/sparen-und-anlegen/tagesgeld.html, Abruf am 20.12.2023.

Radke, M. P., Rupprecht, M.: Household wealth: low-yielding and poorly structured?, in: Journal of Risk and Financial Management, 14 (3), 2021, S. 1–40.

Rupprecht, M.: Low interest rates and household portfolio behaviour in Euro Area countries, in: Intereconomics, 53 (3), 2018, S. 174–178.

Rupprecht, M.: Income and wealth of euro area households in times of ultra-loose monetary policy: stylised facts from new national and financial accounts data, in: Empirica, 47, 2020, S. 281–302.

Rupprecht, M.: Die Rückkehr der Inflation – gekommen, um zu bleiben?, in: M. Rupprecht (Hrsg.), Wirtschaft für morgen – Inflation, Bitcoin, Bürgergeld, Stuttgart 2023, S. 34–59.

3 Decoupling, Derisking, Friendshoring: Ist Deutschlands wirtschaftliche Zusammenarbeit mit China ein Auslaufmodell?

Britta Kuhn

> **Zusammenfassung**
>
> Was haben die Begriffe »Decoupling«, »Derisking« und »Friendshoring« gemeinsam? Es sind Anglizismen. Gut, und was noch? Sie beschreiben unterschiedliche Formen der wirtschaftlichen Loslösung eines Landes bzw. einer Region von einem anderen Land bzw. einer Region. Was genau damit jeweils gemeint ist und wie sich die einzelnen Konzepte unterscheiden, ist allerdings unklar. In der öffentlichen Diskussion werden diese und ähnliche Begriffe dennoch gern synonym genutzt – vor allem, wenn es um die Ver- oder besser Entflechtung Deutschlands und Chinas geht. Dabei meinen sie tatsächlich Unterschiedliches. Britta Kuhn nimmt diesen Faden auf und zeigt zunächst den Status quo hinsichtlich der wirtschaftlichen Verbindungen zwischen beiden Ländern auf. Anschließend erläutert sie, was sich hinter diesen Anglizismen genau verbirgt, wie sie sich jeweils auf Deutschlands Wirtschaft auswirken würden und was die Bundesregierung konkret plant. Dabei zeigt sich, dass nicht alles, was politisch plausibel und erstrebenswert erscheint, auch aus ökonomischer Sicht sinnvoll ist.

3.1 Veränderter deutsch-chinesischer Beziehungsstatus

Jahrzehntelang bestaunte die Welt Chinas wirtschaftlichen Aufstieg. In atemberaubendem Tempo stieg die kommunistisch regierte Volksrepublik zur zweitgrößten Volkswirtschaft der Welt hinter den Vereinigten Staaten von Amerika auf. Deng Xiaoping hatte das Land ab 1978 wirtschaftlich Schritt für Schritt geöffnet, was im Westen mit großen Hoffnungen einher ging. Speziell Deutschland versprach sich davon steigenden materiellen Wohlstand in beiden Ländern, aber auch eine Demokratisierung Chinas nach westlichem Vorbild. Sämtliche Bundesregierungen seit Helmut Schmidt förderten die deutsch-chinesische Wirtschaftskooperation dementsprechend maßgeblich. Der bilaterale Handel expandierte jahrzehntelang. DAX-Konzerne wie Volkswagen setzten immer stärker auf den preisgünstigen Produktions- und Beschaffungsmarkt China, aber auch auf die dort wachsende Mittelschicht. Sie schien das Reich der Mitte zu einem attraktiveren Absatzmarkt als »Old

Europe« zu machen. Dabei half maßgeblich Chinas Beitritt zur Welthandelsorganisation (WTO) im Jahr 2001. Der Beitritt baute Handelsschranken ab, so dass sich die Volksrepublik noch schneller als zuvor zur »Werkbank der Welt« entwickelte. Daneben konnten sich immer mehr Chinesen westliche Konsumgüter leisten. Vor allem »Made in Germany« genoss einen ausgezeichneten Ruf. Politische Rückschläge wie die brutale Niederschlagung der Studentenproteste im Jahr 1989 verdrängte oder ignorierte Deutschlands politische und wirtschaftliche Elite weitgehend erfolgreich.[22]

»Wandel durch Handel« blieb auch in den sechzehn Jahren unter Bundeskanzlerin Merkel das herrschende Dogma im Umgang mit der Volksrepublik. Xi Jinpings Machtübernahme in den Jahren 2012/2013 änderte daran zunächst nichts. Nach und nach setzte sich jedoch auch in Deutschland die Erkenntnis durch, dass der neue Partei- und Staatschef aus einem anderen Holz als sämtliche Vorgänger seit Deng Xiaoping geschnitzt war. Seine »Belt and Road Initiative«, ein weltumspannendes Infrastrukturprojekt, schreckte den Westen zunehmend auf (vgl. Kuhn 2021). Chinas Sozialkreditsystem, das auf vollständige Überwachung der Bevölkerung und Unternehmen setzt, verdeutlichte auch dem größten China-Versteher, dass dort von einem Wertewandel in Richtung einer pluralistischen Gesellschaft keine Rede sein konnte (vgl. Kuhn 2019b). Der Konflikte mit Taiwan spitzte sich immer weiter zu, obwohl daran wegen der global integrierten Chipfertigung vernünftigerweise niemand ein Interesse haben konnte (vgl. Kuhn 2022). Schließlich nahm der Westen allmählich zur Kenntnis, dass China mit »Made in China 2025« und ähnlich gelagerten Strategien seit längerem von der Werkbank zum führenden Technologieanbieter der Welt aufsteigen will (vgl. Kuhn 2019a).

Die USA reagierten auf diese Entwicklungen ab 2016 hart. Zunächst schockierte Präsident Trumps brachialer »America First«-Ansatz mit allerlei Maßnahmen, die Chinas wirtschaftlichen und geopolitischen Einfluss eindämmen sollten. Auch sein Nachfolger Biden verfolgte von Anfang an einen in der Sache harten Kurs gegenüber der Volksrepublik. Nur Deutschlands politische und wirtschaftliche Führung wollte von all dem weiterhin wenig wissen. Zu viele Wirtschaftsinteressen standen auf dem Spiel. Erst durch Russlands Ukraine-Invasion drehte sich der Wind: Die neue Bundesregierung begann, die Volksrepublik als Sicherheitsrisiko wahrzunehmen und geriet seitens ihrer Schutzmacht USA, aber auch innerhalb der Europäischen Union zunehmend unter Druck. Ein »weiter so« erschien angesichts der einschneidenden geopolitischen Verschiebungen der Zeitenwende weder angemessen noch möglich. Der westliche Haltungswechsel beschleunigte sich daneben durch Chinas hausgemachte Probleme. Sein Wachstumsmodell hat seit der Corona-Pandemie deutlich an Glanz verloren. Die strukturellen Probleme des Landes

---

22 Eine gleichzeitig kompakte, verständliche und differenzierte Analyse über Chinas Aufstieg seit 1978 bietet die Sinologin Spakowski (2021). Speziell die herausragende Bedeutung des chinesischen WTO-Beitritts vertieft Jungbluth (2021). Im vorliegenden Beitrag dienen »Volksrepublik China« und »China« als Synonyme. Hongkong, Macao und Taiwan sind ausdrücklich nicht gemeint.

traten zunehmend zu Tage, was seine Attraktivität als Beschaffungs-, Produktions- und Absatzmarkt künftig schmälern dürfte. Erwähnt seien nur Chinas alternde Bevölkerung (vgl. Kuhn und Neusius 2022) und seine andauernde Immobilienkrise (vgl. Internationaler Währungsfonds 2023c, S. xvi).

Doch was tun? Ist eine politisch gesteuerte Risikodiversifizierung, wie sie der EU-Kommission und der Bundesregierung vorschweben, ein gangbarer Weg? Oder bedeutet dieser Ansatz nur zusätzliche Bürokratie, Protektionismus und fehlgeleitete Industriepolitik? Wie stark hängt die deutsche Wirtschaft tatsächlich von China ab? Gibt es eventuell unterschiedlichen Handlungsbedarf je nachdem, ob von Rohstoffen, Vorleistungen oder Absatzmärkten die Rede ist? Um diese Fragen zu beantworten, fasst Kapitel 3.2 zunächst die bisherige deutsch-chinesische Wirtschaftskooperation zusammen. Kapitel 3.3 erläutert anschließend, wie der Westen derzeit auf die veränderte geopolitische Großwetterlage reagiert. Der Schwerpunkt liegt dabei auf den Reaktionen der EU und der Bundesregierung. Kapitel 3.4 schätzt Deutschlands konkrete China-Risiken auf Basis wichtiger Studien ein und leitet daraus volkswirtschaftliche Handlungsempfehlungen ab. Kapitel 3.5 schließt mit einem Fazit und Ausblick.

3.2 Bisherige deutsch-chinesische Wirtschaftskooperation

Die ökonomische Partnerschaft Deutschlands und Chinas erweiterte und vertiefte sich ab 1980 in großen Schritten. Chinas wirtschaftliche Öffnung verschaffte dem Westen Zugang zu hunderten Millionen junger, fleißiger und preisgünstiger Arbeitskräfte. Daneben konnten sich im aufstrebenden Land immer mehr Menschen westliche Konsumgüter leisten. Aufgrund dieser Kombination war die Volksrepublik gerade für die exportorientierte deutsche Wirtschaft als Beschaffungs-, Produktions- und Absatzmarkt überaus attraktiv. Der bilaterale Handel boomte ebenso wie die Direktinvestitionen, also die wechselseitige Ansiedlung ausländischer Unternehmen, z. B. um neue Standorte zu eröffnen.

3.2.1 Wirtschaftliche Entwicklung im Vergleich

Um Chinas wachsenden Reichtum einzuordnen, wird typischerweise das »reale BIP« oder sogar das »kaufkraftbereinigte BIP« herangezogen. Während das nominale Bruttoinlandsprodukt (BIP) die Wertschöpfung eines Landes, also die Menge an neu hergestellten Gütern und Dienstleistungen, zu laufenden Preisen misst, rechnet das reale BIP die Inflation heraus. Kaufkraftparitäten gehen einen Schritt weiter, indem sie die Kaufkraft dieser Wertschöpfung berücksichtigen. Beispielsweise lassen sich mit umgerechnet 100 US-Dollar chinesischer Wirtschaftsleistung in der Volksrepublik durchschnittlich mehr Haarschnitte oder Mahlzeiten erwerben als mit 100 US-Dollar amerikanischer Wirtschaftsleistung in den USA. Reale und kaufkraftbereinigte Maßstäbe vermitteln daher ein realistischeres Bild der tatsächlichen ökonomischen Stärke eines Landes, vor allem im internationalen Vergleich.

3.2 Bisherige deutsch-chinesische Wirtschaftskooperation

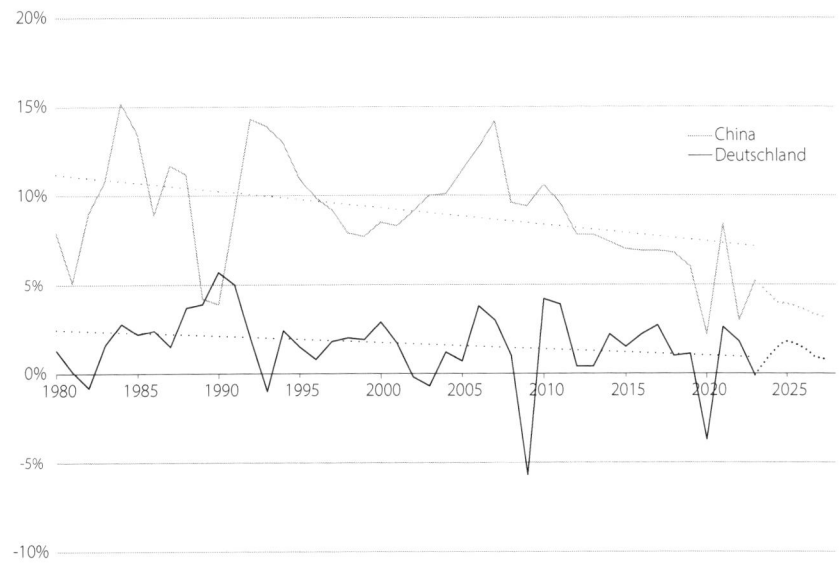

Dar. 18: Reale jährliche Wachstumsraten des Bruttoinlandsprodukts (Geschätzte Angaben ab 2023; Quelle: Eigene Darstellung auf Basis des Internationalen Währungsfonds 2023a)

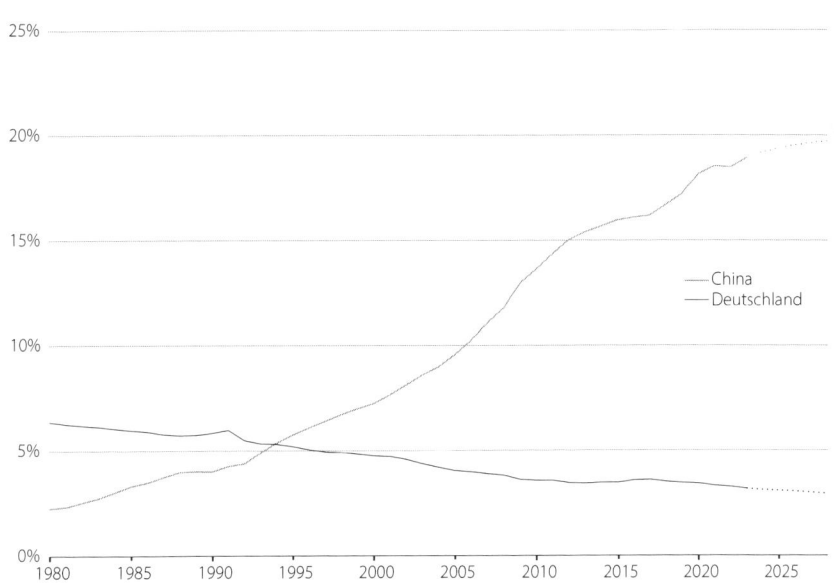

Dar. 19: Kaufkraftbereinigte Anteile an der weltweiten Wertschöpfung (Geschätzte Angaben ab 2023; Quelle: Eigene Darstellung auf Basis des Internationalen Währungsfonds 2023b)

China erzielte ab 1980 ausnahmslos ein positives Realwachstum seines BIPs von bis zu 15,2 % in der Spitze (▶ Dar. 18). 2022 stellte mit nur 3 % das zweitschwächste Wachstumsjahr seit Beginn der wirtschaftlichen Öffnung dar – es lag nur geringfügig über dem Coronajahr 2020. Zum Vergleich: Die Bundesrepublik brachte zwischen 1980 und heute in der Regel reale BIP-Wachstumsraten im niedrigen einstelligen Bereich hervor. Sechsmal kam es sogar zu einem »Minus-Wachstum« – nämlich 1982, 1993, 2002, 2009, 2020 und voraussichtlich 2023. Der absolute Spitzenwert seit 1980, nämlich 5,7 % BIP-Wachstum im Jahr 1990, war der »Sonderkonjunktur« der deutsch-deutschen Wiedervereinigung geschuldet. Der absolute Tiefpunkt im Jahr 2009 mit minus 5,7 % folgte aus der Finanzkrise. Entsprechend Deutschlands jahrzehntelanger Wachstumsschwäche halbierte sich sein Anteil an der weltweiten Wertschöpfung zwischen 1980 und 2023 kaufkraftbereinigt von 6,4 % auf 3,2 % (▶ Dar. 19). Die Volksrepublik arbeitete sich umgekehrt von 2,3 % auf 18,9 % hoch – verachtfachte also ihren realen Beitrag zur Weltwirtschaft.

3.2.2 Bilateraler Handel

Ist von »Handelspartnern« die Rede, werden Importe aus und Exporte in das Partnerland addiert. Nach dieser Definition war China ab 2016 sieben Jahre in Folge Deutschlands wichtigster Handelspartner (vgl. Statistisches Bundesamt 2023d). Als Zielmarkt, also für die Exporte, waren im Gesamtjahr 2022 zwar die USA wesentlich wichtiger für die deutsche Wirtschaft (▶ Dar. 20). Als Beschaffungsmarkt, also für die Importe, ragte allerdings China deutlich heraus – fast 13 % der deutschen Einfuhren stammten aus der Volksrepublik gegenüber knapp 7 % der deutschen Ausfuhren. Deutschland verzeichnete somit ein hohes Handelsbilanzdefizit gegenüber der Volksrepublik.

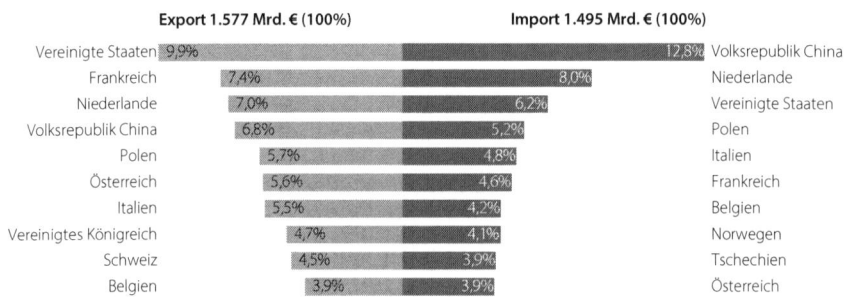

Dar. 20: Deutschlands wichtigste Handelspartner 2022 (100 %: Alle Länder; Quelle: Eigene Darstellung auf Basis des Statistischen Bundesamtes 2023a)

Die wichtigsten Warengruppen, die Deutschland nach China exportierte, waren im ersten Quartal 2023 Fahrzeuge und Fahrzeugteile mit 26 % aller Ausfuhren in die Volksrepublik. Es folgten Maschinen mit 20 %, IT-Geräte und optische Produkte mit 13 %, ebenso Elektrotechnik mit 13 % Exportanteil. Chemische Erzeugnisse und

Pharmaprodukte erreichten dagegen einstellige Werte mit 7 % bzw. 5 %. Umgekehrt betrafen 32 % der deutschen Importe aus China IT- und optische Geräte sowie 19 % elektrotechnische Produkte (vgl. Statistisches Bundesamt 2023b). Dabei handelte es sich vor allem um Produkte des täglichen Bedarfs. Zum Beispiel stammten 86 % aller nach Deutschland importierten tragbaren Computer aus der Volksrepublik. Auch 68 % der ausländischen Smartphones und Telefone sowie 28 % der eingeführten E-Autos kamen von dort. Im ersten Quartal 2022 hatte der Anteil chinesischer E-Auto-Importe nur 8 % betragen. Leicht zurückgegangen war allerdings Deutschlands Abhängigkeit von Seltenerdmetallen aus China. Ihr Importanteil sank zwischen dem ersten Quartal 2022, das weitgehend vor der Zeitenwende vom 24.02.2022 verlief, und dem Vergleichsquartal 2023 von 98 % auf 92 % (vgl. Statistisches Bundesamt 2023c). Diese Rohstoffe werden in technologischen Schlüsselindustrien wie der Elektromobilität oder der Windkraft benötigt.

3.2.3 Bilaterale Direktinvestitionen

Der Umsatz deutscher Unternehmen in China ergibt sich aus der Summe ihrer Exporte und der Güter, die vor Ort gefertigt und verkauft werden. Deutschlands wirtschaftliche Aktivitäten im chinesischen Binnenmarkt spiegeln sich in den so genannten Outbound-Direktinvestitionen nach China ab. Umgekehrt zeigt die Statistik der Inbound-Direktinvestitionen, wie viel Kapital China in Deutschland einsetzt, um hierzulande Waren und Dienstleistungen zusätzlich zu den chinesischen Importen zu erzeugen und/oder abzusetzen. Direktinvestitionen stellen grundsätzlich eine sinnvolle Ergänzung zu Ein- und Ausfuhren dar: Sie machen beispielsweise unabhängiger von (neuen) Handelsschranken und Wechselkursschwankungen, erhöhen die Liefersicherheit, können attraktive Standortfaktoren wie preiswerte bzw. produktive Arbeitskräfte nutzen und erleichtern es, lokale Kundenwünsche schnell und gut zu bedienen. Direktinvestitionen spielen im China-Geschäft eine wesentlich wichtigere Rolle als andere Kapitalanlagen, beispielsweise Wertpapierkäufe von Versicherungen oder Kleinanlegern. Diese so genannten Portfolio-Investitionen werden deshalb im Folgenden nicht weiter erwähnt.

Ende 2021 lag der Bestand deutscher Auslandsinvestitionen in aller Welt, bereinigt um Sondereffekte, bei 1,4 Bio. Euro. Davon befanden sich 29 % in den USA. Mit großem Abstand und fast gleichauf folgten auf den Plätzen zwei bis vier Luxemburg mit 8 % sowie China und das Vereinigte Königreich mit jeweils 7 %. Alle weiteren Zielländer erreichten nochmals deutlich niedrigere Werte, z. B. Frankreich auf Platz fünf nur 4 %. Über zwei Drittel der deutschen China-Investitionen dienten dem verarbeitenden Gewerbe (vgl. Deutsche Bundesbank 2023b). Auffällig entwickelten sich die deutschen Kapitalzuflüsse in die Volksrepublik, also Beteiligungen und Kredite an Unternehmen in China: Sie nahmen trotz Corona und Zeitenwende im Trend deutlich zu, nämlich von nominal 3,4 Mrd. Euro im Jahr 2019 auf 11,5 Mrd. Euro im Jahr 2022 (vgl. Deutsche Bundesbank 2023a, S. 10 ff.).

Zwischen 2008 und 2017 stammten durchschnittlich 34 % aller europäischen Direktinvestitionen in China aus Deutschland. Zwischen 2018 und 2021 erhöhte sich dieser deutsche Anteil auf 43 %. Davon gingen 34 Prozentpunkte auf nur vier DAX-Konzerne zurück: Volkswagen, BMW, Daimler (vor der Aufspaltung) und BASF. Auch bei den Direktinvestitionen kleiner Unternehmen lag Deutschland von 2018 bis 2021 neben Schweden und Finnland auf den vorderen Plätzen. Allerdings repräsentierten die Investitionen kleiner Unternehmen nur 11 % aller Vereinbarungen und 3 % des Kapitals (vgl. Kratz et al. 2022).

Die gesamten Direktinvestition der restlichen Welt in Deutschland lagen Ende 2021 weit unter 1,4 Bio. Euro, nämlich bei 852 Mrd. Euro. 2022 kamen 44 Mrd. Euro dazu, von denen allein 21 Mrd. Euro vom amerikanischen Kontinent stammten, vor allem aus den USA. Weitere 13 Mrd. Euro kamen aus dem europäischen Ausland und 4 Mrd. Euro aus China. Damit investierte die Volksrepublik hierzulande zwar mehr als Japan mit 3 Mrd. Euro, aber deutlich weniger als umgekehrt Deutschland in China (vgl. Deutsche Bundesbank 2023b). Die chinesischen Gelder flossen zunehmend in Greenfield-Investitionen, also Neugründungen, und immer weniger in M&A-Aktivitäten, womit der Kauf ganzer Firmen oder Firmenteile gemeint ist. Deren Volumen sank zwischen 2019 und 2022 von 3,5 auf 0,7 Mrd. Euro. Ursächlich dafür war auch die restriktivere Politik der Bundesregierung beim Verkauf deutscher Technologieunternehmen. Zuletzt untersagte bzw. blockierte sie zum Beispiel den Verkauf von Heyer Medical bzw. ERS Electronic nach China (vgl. Kratz et al. 2023, S. 17 f). In der gesamten EU zuzüglich dem Vereinigtem Königreich übertrafen im Jahr 2022 die chinesischen Ausgaben für Neugründungen erstmals seit 2008 diejenigen für Firmenkäufe. Dabei richteten sich Chinas Greenfield-Investitionen vor allem auf die Batterieproduktion. Hier sind sehr große Fabriken notwendig, um rentabel zu fertigen. Entsprechend standen 2022 allein fünf chinesische Investoren für 72 % aller chinesischen Direktinvestitionen in Europa. Die mit Abstand größten chinesischen Batteriefabriken dürften aber nicht in Deutschland, Frankreich oder dem Vereinigte Königreich entstehen, die ansonsten die Top-Investitionsziele Chinas darstellen. Vielmehr soll Ungarn allein vom chinesischen Batteriehersteller CATL 7,6 Mrd. Euro Direktinvestition erhalten. Zum Vergleich: Für ein neues Batteriewerk in Deutschland wollte CATL ursprünglich rund 2 Mrd. Euro einsetzen (vgl. ibid, S. 3, 6 und 12 f.). Ungarn verfügt nicht nur über niedrigere Löhne als Deutschland. Vor allem verfolgt die ungarische Regierung eine wesentlich Russland- und China-freundlichere Politik als Deutschland.

3.3 Westliche Wirtschaftsreaktionen auf die geopolitischen Änderungen

Das Ziel, die öffentliche Ordnung und Sicherheit zu gewährleisten, nimmt inzwischen einen herausragenden Platz in der Außenwirtschaftspolitik der USA, ihrer westlichen Verbündeten im Rahmen der G7, in der Europäischen Union und in Deutschland ein. Um dieses Ziel insbesondere im Verhältnis zu China zu wahren, ist neuerdings von zahlreichen Anglizismen die Rede, die sich oftmals überschneiden oder ergänzen: Decoupling, Derisking, Multiple Sourcing, Re-, Near- und Friendshoring sowie In- und Outbound Investment Screening. Auch Deutschland nutzt diese Instrumente im Umgang mit China in unterschiedlichem Maße oder denkt über ihren künftigen Einsatz nach. Aber was genau bedeuten sie? Prägnante Beispiele sollen im Folgenden ihre praktische Relevanz verdeutlichen – wohl wissend, dass die jeweiligen Begriffe mitunter unterschiedliche Deutungen und Schreibweisen erfahren.

3.3.1 Decoupling und weitere Anglizismen

Decoupling steht für eine wirtschaftliche Abkopplung von der Volksrepublik, soweit es um sicherheitsrelevante Bereiche wie zum Beispiel die Fertigung hochleistungsfähiger Chips oder den Ausbau der IT-Infrastruktur geht. Diesen Ansatz verfolgen vornehmlich die USA verstärkt. Sie versuchen beispielsweise seit Oktober 2022, China davon abzuhalten, mithilfe westlicher Spitzentechnologie hochmoderne Microchips zu entwickeln. Entsprechenden Exportrestriktionen schlossen sich auch die Niederlande und Japan an (vgl. Alper und Shepardson 2023). Deutschland lehnt diesen Weg dagegen ausdrücklich ab – allein in seiner aktuellen China-Strategie dreimal (vgl. Die Bundesregierung 2023b, S. 10, 25, 52). Jedoch erscheint die Grenze zum Derisking insoweit fließend, als die Entkopplungsbestrebungen nicht sämtliche Handelsbereiche betreffen, sondern eben »nur« sicherheitsrelevante. Hier eröffnen sich allerdings erhebliche Interpretationsspielräume, wie das Beispiel der so genannten Dual-Use-Güter verdeutlicht: Sie lassen sich sowohl für zivile als auch für militärische Zwecke einsetzen und unterliegen deshalb zunehmend scharfen Exportrestriktionen. Aber was lässt sich letztlich nicht militärisch nutzen? Auch ein Kühlschrank enthält Mikrotechnologie, die sich ausbauen und damit zweckentfremden lässt.

Derisking bedeutet schlicht Risikosenkung. Hierbei geht es vor allem um Klumpenrisiken, also wirtschaftliche Abhängigkeit von China, die politisch erpressbar macht. Nicht nur sicherheitsrelevante Beschaffungs- und Produktionsprozesse sollen hierbei weg von China in Richtung weiterer Länder diversifiziert werden. Dasselbe gilt für übermäßige Absatz-Risiken. Diesen Ansatz verfolgt die Bundesregierung ganz offiziell in ihrer China-Strategie. Auch Privatunternehmen beschreiten diesen Weg. So plant der US-Konzern Apple, in Indien neben iPhones künftig iPads und AirPods fertigen zu lassen, um weniger von China abzuhängen (vgl. Das und Mehta 2023).

Multiple Sourcing ergibt sich aus Derisking, beschränkt sich jedoch auf die Beschaffung. Es gilt, möglichst viele Alternativen zu chinesischen Anbietern aufzubauen. Das können zusätzliche ausländische, aber auch neue inländische Lieferanten sein. Beispielsweise bezieht die Europäische Union derzeit 69 % ihres Galliums allein aus China und strebt an, weitere Lieferanten aus- und aufzubauen (▶ Kasten). Das Beispiel Gallium, ein kaum ersetzbarer Rohstoff z. B. in der Chipproduktion, illustriert auch weitere der hier erläuterten Strategien.

Reshoring bedeutet zum einen, dass die Beschaffung sicherheitsrelevanter Rohstoffe und Vorleistungen komplett ins Inland verlagert wird. So könnte Deutschlands Gallium-Produktion, die 2016 eingestellt wurde, bald wieder starten (▶ Kasten). Daneben spielt die inländische Ansiedlung im Rahmen der Industriepolitik eine erhebliche Rolle: Staatliche Subventionen versuchen hierbei, Produktionsprozesse ins Inland zu holen, die von der Politik als strategisch wichtig eingestuft wurden. In der EU und Deutschland gehören dazu inzwischen beispielsweise Batterie- und Chipwerke.

Nearshoring bezeichnet die Beschaffung und Produktion im nahen Ausland zulasten Chinas. Hierbei spielen weniger politische als logistische Risiken eine Rolle. Um beim Gallium-Beispiel zu bleiben: Bisher trägt die Ukraine nur 2 % zur EU-Versorgung bei (▶ Kasten). Zwar birgt der dortige Krieg eigene logistische Gefahren. Dafür ist jedoch der Lieferweg im Vergleich mit China viel kürzer und frei von Meerengen, Kanälen oder sonstigen geografischen Engpässen.

Friendshoring meint, dass die Beschaffung und Produktion bei »Wertepartnern« (vgl. Die Bundesregierung 2023b, S. 52) zunehmen soll. Demnach streben Deutschland und die EU in sensiblen Bereichen eine intensivere Technologiekooperation unter anderem mit den USA und Japan an, denn: »Die EU darf in Schlüsselbereichen nicht abhängig werden von Technologien aus Drittstaaten, die unsere fundamentalen Werte nicht teilen.« (vgl. ibid, S. 36).

Inbound Investment Screening prüft und verbietet gegebenenfalls chinesische Direktinvestitionen im Zielland. Das Instrument spielt in den USA, der EU und Deutschland seit 2016 eine wachsende Rolle. Beispielsweise prüft das deutsche Wirtschaftsministerium seit Herbst 2023, ob MAN Energy Solutions sein Gasturbinengeschäft an einen chinesischen Staatskonzern verkaufen darf, der eng mit der Rüstungsindustrie verknüpft zu sein scheint (vgl. Heide et al. 2023).

Outbound Investment Screening stellt umgekehrt auf Kapitalabflüsse nach China ab. Die Regierung des Herkunftslandes untersucht, ob sensible Technologien in die falschen Hände geraten könnten und deshalb untersagt werden sollten. Hier herrscht derzeit besondere Dynamik. Seit August 2023 gelten zum Beispiel in den USA entsprechende Investitionskontrollen, soweit Halbleiter, bestimmte Systeme Künstlicher Intelligenz und das Quantencomputing involviert sind (vgl. The White House 2023).

> **Kritische Rohstoffe – das Beispiel Gallium**
>
> Chinesische Exporteure der Industriemetalle Gallium und Germanium benötigen seit August 2023 eine Ausfuhrlizenz (vgl. Möbius 2023). Beide Rohstoffe werden unter anderem bei der Herstellung von Halbleitern und in der Photovoltaik eingesetzt. Sie entstehen als Beiprodukte bei der Fertigung von Industriemetallen wie Aluminium oder Zink. China hat seine Gallium-Produktionskapazitäten seit 2009 drastisch ausgebaut. In Deutschland gibt bzw. gab es lediglich einen Hersteller in Stade (vgl. Bundesanstalt für Geowissenschaften und Rohstoffe 2018, S. 2 ff.), der seine Arbeit 2016 beendete (vgl. Europäische Kommission 2023c, S. 10). Derzeit stellt Deutschland dank Vorräten nur noch 0,3 % des globalen Angebots,

China dagegen 94 % (▶ Dar. 21). Ein chinesisches Exportverbot träfe die EU insofern stark: Sie ist zu 98 % auf Gallium-Einfuhren angewiesen und bezieht allein 69 % ihres Bedarfs aus China. Die USA und das Vereinigte Königreich steuern weitere 10 % bzw. 9 % bei. Aus der EU selbst stammen nur 2 %, die aus Deutschlands Reserven resultieren (▶ Dar. 22).

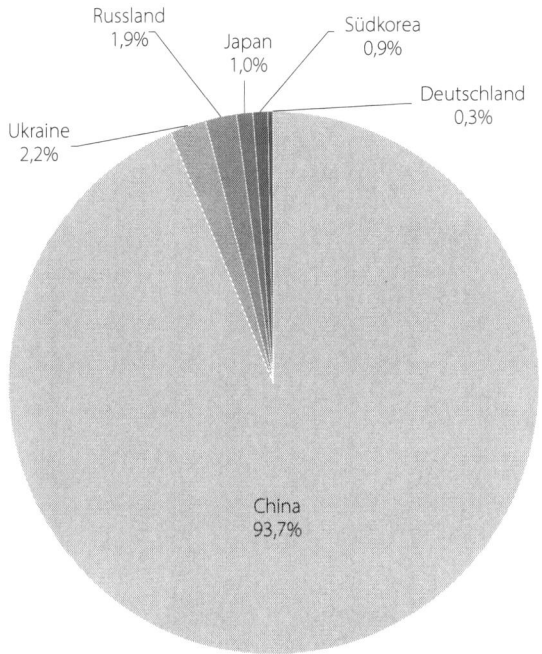

Dar. 21: Gallium-Weltproduktion (Anteile in %; Quelle: Eigene Darstellung auf Basis der Europäischen Kommission 2023c, S. 82 f., Verarbeitungsstufe)

Im März 2023 schlug die EU-Kommission ein Gesetz über kritische Rohstoffe vor. Es wird im Falle seiner Verabschiedung auch Europas künftige Gallium-Versorgung verändern. Insbesondere soll die EU künftig mindestens 10 % ihres Verbrauchs durch den Ausbau eigener geologischer Förderkapazitäten gewinnen, mindestens 40 % aus erhöhten Verarbeitungskapazitäten entlang der Wertschöpfungskette und mindestens 15 % durch Recycling. Bis 2030 sollen höchstens noch 65 % eines Rohstoffs aus einem einzigen Drittland stammen (vgl. Europäische Kommission 2023a).

Deutschlands Gallium-Anteil am europäischen Verbrauch könnte sich allerdings schon aufgrund der aktuellen Marktdynamik erhöhen. Zwar ist der US-Dollar-Preis je Kilogramm recht volatil, stieg aber seit 2020 tendenziell stark (vgl. Strategic Metals Invest 2023). Das könnte die Produktion in Stade perspektivisch wieder wettbewerbsfähig machen – jenseits sämtlicher Initiativen der EU-Kommission, die zum Derisking von China beitragen.

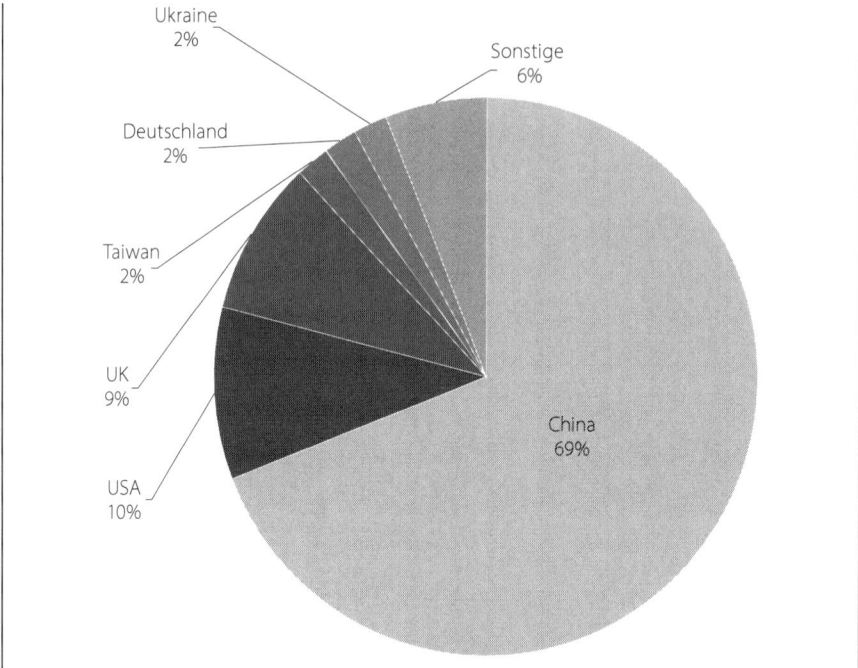

Dar. 22: Gallium-Quellen der EU (Anteile in %; Quelle: Eigene Darstellung auf Basis der Europäischen Kommission 2023c, S. 109, Verarbeitungsstufe)

3.3.2 China-Strategie der USA, G7 und EU

Die Vereinigten Staaten von Amerika haben die Ablösung von China bisher am weitesten vorangetrieben. Neben dem bereits erwähnten Outbound Investment Screening technologisch sensibler Bereiche werden dort Exportkontrollen, Importrestriktionen, inländische Investitionsbeschränkungen und weitere Instrumente konsequenterweise als Decoupling eingeordnet (vgl. Bateman 2022, S. 15 f.). Auf ihre Verbündeten üben die USA daneben Druck mittels internationaler Gesprächsformate aus, China stärker als Gefahrenherd wahrzunehmen.

Innerhalb der G7 und damit gemeinsam mit Deutschland, Frankreich, Italien, Japan, Kanada und dem Vereinigte Königreich einigten sich die USA beispielsweise im Mai 2023 auf eine gemeinsame Erklärung zur wirtschaftlichen Sicherheit. Sie verspricht mit Blick auf China unter anderem, einem Technologietransfer entgegenzuwirken und umschreibt ein potenzielles Outbound Investment Screening, soweit die nationale Sicherheit bedroht sei. Mehrfach betont die G7, dass die beteiligten Länder auch künftig mit China kooperieren wollen. Gleich zu Beginn erklärt sie, dass Risikominderung statt Entkoppelung das Ziel sei (vgl. Die Bundesregierung 2023a). Das Kommuniqué erscheint bemerkenswert, da sich damit erstmals Länder wie Japan und Deutschland auf eine gemeinsame China-Erklärung einigten. Japan war bereits 2010 mit chinesischen Lieferrestriktionen bei Seltenen Erden konfrontiert, nachdem es im Ostchinesischen Meer zu einem politischen Zwischenfall beider Länder gekommen war (vgl. Ueki 2020, S. 60). Deutschland erlitt dagegen bisher keine chinesischen Wirtschaftssanktionen. Japan ist zudem im Gegensatz zu Deutschland seit Jahrtausenden durch eine intensive und wechselvolle Beziehung mit China verbunden (vgl. Vogelsang 2020).

Auf EU-Ebene existiert noch keine ausdrückliche China-Strategie, sondern ein komplexes Bündel aus bereits verabschiedeten Maßnahmen, Gesetzesinitiativen und Zukunftsplänen. Im März 2019 bot die EU-Kommission einen ersten strategischen Ausblick auf die Beziehung zur Volksrepublik, die sie als »Kooperationspartner«, »wirtschaftlichen Wettbewerber« und »systemischen Rivalen« einstufte (vgl. Europäische Kommission 2019, S. 1). Ebenfalls seit 2019 gilt ein europäischer Rechtsrahmen für die Überprüfung ausländischer Direktinvestitionen in der EU, auf dessen Grundlage die Mitgliedsregierungen sicherheitsrelevante chinesische Kapitalanlagen in ihren Ländern verbieten dürfen (vgl. Die Bundesregierung 2023b, S. 39).

Zwei Wochen nach Russlands Ukraine-Invasion detaillierten die Staats- und Regierungschefs der EU unter anderem, dass und wie sie die Abhängigkeit der EU bei Energie, kritischen Rohstoffen, Halbleitern, im Gesundheitswesen und bei Nahrungsmitteln senken und ihre wirtschaftliche Basis robuster gestalten wollten (vgl. Europäischer Rat 2022, S. 5 ff.). Insbesondere die EU-Kommission betont seither das strategische Ziel, die Risiken mit Blick auf die Volksrepublik zu senken, sich jedoch keinesfalls zu entkoppeln (vgl. Huld 2023). Ihre Initiativen enthalten umfangreiche industriepolitische Elemente. Damit sind wirtschaftspolitische Maßnahmen wie insbesondere Subventionen gemeint, die bestimmte Branchen oder Einzelunternehmen erhalten, ansiedeln oder anderweitig fördern sollen. Das bereits erwähnte Gesetz über kritische Rohstoffe (▶ Kasten) soll beispielsweise nicht nur Europas Rohstoff-Versorgung von China weg diversifizieren. Daneben verfolgt es umfangreiche Nachhaltigkeits- und Autarkieziele. Mit einem europäischen Chip-Gesetz will die EU-Kommission daneben die Erforschung, Entwicklung und Herstellung von Halbleitern innerhalb der Europäischen Union fördern. Eine Netto-Null-Industrie-Verordnung möchte schließlich dazu beitragen, den EU-Bedarf an grünen, insbesondere erneuerbaren Energien stärker heimisch zu decken. All dies sollen umfangreiche öffentliche Investitionen und Subventionen ermöglichen. Diese trügen erheblich dazu bei, »das mit innovativen Vorhaben verbundene Risiko zu verringern und Marktversagen zu beheben« (vgl. Europäische Kommission 2023b). Um in diesem Geiste mehr Subventionen »von gemeinsamem europäischem Interesse« (vgl. Die Bundesregierung 2023b, S. 37) zu ermöglichen, will die Europäische Kommission das EU-Beihilferecht flexibilisieren. Daneben plant sie, »Maßnahmen zur Bewältigung von Sicherheitsrisiken im Zusammenhang mit Investitionen in Drittstaaten« (vgl. ibid, S. 41) zu prüfen. Ihr schwebt damit ein Outbound Investment Screening vor.

Ausgewählte weitere Initiativen der Europäischen Kommission, die auch China stark betreffen dürften, seien hier nur kurz erwähnt: Das EU-Gesetz über Künstliche Intelligenz; der EU-Grenzausgleichsmechanismus für Kohlenstoffdioxid (CBAM); die EU-Richtlinie über die Sorgfaltspflichten von Unternehmen im Hinblick auf Nachhaltigkeit; schließlich diverse geopolitische Instrumente wie die Möglichkeit globaler Menschenrechtssanktionen bei schweren Menschenrechtsverletzungen oder die geplante EU-Verordnung für ein Verbot von Produkten aus Zwangsarbeit (vgl. ibid, S. 36, 28, 24). Unmittelbar auf die Volksrepublik zielt schließlich die jüngste Initiative der EU-Kommission, Chinas Subventionen für Hersteller von E-Autos zu prüfen. Betroffen wären eventuell auch westliche Hersteller wie insbesondere Tesla oder BMW. Sie fertigen in China nicht nur für den dortigen Inlandsmarkt, sondern exportieren einen Teil ihrer Fahrzeuge in die Europäische Union (vgl. Jahn und Koch 2023).

3.3.3 China-Strategie der Bundesregierung

Deutschlands China-Strategie ließ bis Juli 2023 auf sich warten, da neben Interessenvertretern deutscher Unternehmen und Verbänden mehrere Bundesministerien in ihre Erarbeitung eingebunden waren. Neben umfangreichen Erörterungen und Absichtserklärungen allgemeiner Art bietet die Strategie deutliche Hinweise, dass die deutsch-chinesischen Wirtschaftsbeziehungen künftig eher zurück- als ausgebaut werden dürften. Die nachfolgend in Klammern gemachten Seitenangaben beziehen sich stets auf diese Quelle (vgl. Die Bundesregierung 2023b).

In klarer Abgrenzung zur wirtschaftlichen Abkopplung beschreibt das Papier geradezu gebetsmühlenartig die beabsichtigte Risikodiversifizierung.[23] Manch eine Passage scheint direkt von der EU übernommen zu sein – etwa die Einordnung Chinas als »Partner, Wettbewerber, systemischer Rivale« (S. 10 f.) oder der Hinweis, dass Deutschland an Chinas Wirtschaftsentwicklung weiter teilhaben, aber kritische Abhängigkeiten reduzieren will (S. 13). Hier eine Auswahl wichtiger und konkreter Maßnahmen.

Das EU-China-Investitionsabkommen von 2020, das Bundeskanzlerin Merkel als eine ihrer letzten Amtshandlungen mitunterzeichnet hatte, wird die Bundesregierung nicht ratifizieren (S. 17 f.). Das handelspolitische Instrumentarium der EU, also Handelshemmnisse gegenüber Drittstaaten, will sie überall dort ausbauen, wo es derzeit Wettbewerbsverzerrungen zugunsten Chinas gibt. Ein reformiertes europäisches Wettbewerbsrecht soll europäische Unternehmen in die Lage versetzen, mit subventionierten chinesischen Unternehmen zu konkurrieren. Sie sollen durch flexiblere Regeln selbst verstärkt in den Genuss staatlicher Beihilfen kommen (S. 38 f.). Im inländischen Rahmen der Ausfuhrkontrolle möchte die Regierung verhindern, dass deutsche Güter »für Menschenrechtsverletzungen und interne Repression in China missbraucht werden« (S. 24). Keine Kooperation mit Deutschland sei hinsichtlich Chinas »Politik der zivil-militärischen Fusion« (S. 30) möglich. Die Bun-

---

23 Insgesamt in unterschiedlichen Worten 27-mal, nämlich auf S. 10, 13, 27, 30, 33, 42, 47, 48, 52, je zweimal auf S. 36 und 37, je dreimal auf S. 25 und 34, je viermal auf S. 35 und 50.

desregierung bezieht sich damit auf Chinas Praxis, zivile Forschungsprojekte inklusive der Grundlagenforschung hinsichtlich ihrer militärischen Nutzbarkeit zu betrachten. Die Freiheit der Forschung in Deutschland dürfte folglich eingeschränkt werden, soweit ein militärisch relevanter Technologietransfer nach China droht. In punkto Lieferketten will die Bundesregierung aktiv zu einer Diversifizierung beitragen, unter anderem durch die Instrumente der Außenwirtschaftsförderung und strategischen Rohstoffpartnerschaften (S. 35 f.). Die aktuellen europäischen Subventionsmöglichkeiten bei »Vorhaben von gemeinsamem europäischem Interesse« will sie in sicherheitsrelevanten Bereichen »aktiv ausschöpfen« (S. 35 ff., Zitate S. 37).

Relativ detailliert regelt die Strategie privatwirtschaftliche Klumpenrisiken, die vor allem durch die Unternehmen selbst anzugehen und zu reduzieren seien (S. 37 f., alle wörtlichen Zitate auf S. 38): »Wir streben daher an, mit marktwirtschaftlichen Instrumenten die Anreizstruktur für deutsche Unternehmen so zu verändern, dass ein Abbau von einseitigen Abhängigkeiten attraktiver wird.« Hierzu senkt die Bundesregierung ihre Investitionsgarantien für das China-Geschäft deutscher Unternehmen. Investitionsgarantien dienen der Außenwirtschaftsförderung mit Ländern, in denen der Bund politische Risiken sieht. Typischerweise handelt es sich hierbei um Entwicklungs- und Schwellenländer. Bis zur Ukraine-Invasion erhielt aber zum Beispiel auch das deutsche Russland-Geschäft entsprechende Risikoübernahmen durch den Staat (vgl. Bundesministerium für Wirtschaft und Klimaschutz 2023, S. 3). In der Regel beläuft sich die Investitionsgarantie auf maximal drei Mrd. Euro pro Land und Unternehmen. Dieser so genannte Deckungsplafond kann jedoch in einzelnen Ländern drei Mrd. Euro überschreiten, was in China der Fall war. Mit der China-Strategie sinkt der Deckungsplafond auf die andernorts üblichen drei Mrd. Euro. Auch prüft die Regierung vertieft, ob das Unternehmen »Nachhaltigkeits-, Umwelt-, Arbeits- und Sozialstandards sowie die Vermeidung von Zwangs- und Kinderarbeit in Lieferketten« einhält. Daneben erwartet sie, dass sich Unternehmen im Rahmen ihres Risikomanagements mit chinabezogenen Risiken beschäftigen und sich die »besonders exponierten Unternehmen« mit Blick auf »Klumpenrisiken« vertraulich mit der Bundesregierung austauschen. Bestehende Instrumente könnten in diesem Zusammenhang weiterentwickelt werden. Exportkreditgarantien wird die Regierung ebenfalls verschärft prüfen, soweit es um zivilmilitärisch nutzbare Güter, Überwachungstechnologie oder Unternehmen mit übermäßigen Abhängigkeiten von China geht.

Hinsichtlich ausländischer Direktinvestitionen in Deutschland betont die Strategie, wie wichtig die Investitionsprüfung in Sektoren sei, die für die innere öffentliche Ordnung oder Sicherheit besonders relevant seien. Ausdrücklich nennt sie die Telekommunikations-, Daten-, Energie- und Verkehrsinfrastruktur, daneben die Medienwirtschaft. Auch werde das Investitionsprüfungsrecht novelliert und in einem Gesetz gebündelt. Wesentlich nebulöser formuliert die Strategie den Plan, deutsche Direktinvestitionen in China zu prüfen: »Wir erkennen in diesem Kontext an, dass angemessene Maßnahmen, die darauf ausgerichtet sind, mit **Auslandsinvestitionen** verbundenen Risiken entgegenzutreten, wichtig sein könnten« (S. 39–41, Zitat S. 40).

Speziell für »Kritische Infrastrukturen« (S. 42) plant die Regierung ein Dachgesetz, das definiert, was überhaupt als kritisch gilt. Für kritische Produkte jenseits der IT soll dabei ein schützendes Regelwerk entstehen, das schnell und wirksam vor Einflussnahme und Abhängigkeit schützt. Insbesondere kritische IT-Komponenten sollen schließlich vor ihrem erstmaligen Einsatz angezeigt, geprüft und eventuell verboten werden. Die Bundesregierung strebt an, sie in der EU vorzuhalten. Dieser Passus lässt sich als direkte Reaktion auf die Huawei-Beteiligung am deutschen 5G-Netz auslegen, die sich derzeit nur unter großen Schwierigkeiten rückabwickeln lässt (vgl. Alvares de Souza Soares et al. 2023).

Abschließend seien drei weitere Vorschläge bzw. Statements der Bundesregierung hervorgehoben. Sie drängt erstens darauf, Handelsabkommen schneller und mit mehr Partnerländern und -regionen zu schließen. Potenzielle Partner sind im Einzelnen genannt (S. 51). Sie wirbt zweitens dafür, dass China seinen privilegierten Status als Entwicklungsland aufgibt (S. 53). Zum Beispiel in der Welthandelsorganisation genießt die Volksrepublik aufgrund dieser Einordnung bislang zahlreiche Handelsvergünstigungen. Drittens bekennt sich die Strategie eindeutig zu Taiwan. Die Ein-China-Politik bleibe die Grundlage deutscher Politik. Erklärt wird sogar, was das konkret bedeutet: Deutschland werde weiterhin nur zur Volksrepublik offizielle diplomatische Beziehungen unterhalten und im Gegenzug ein faktischer Partner Taiwans bleiben. Mehrfach betont die Strategie, dass und wie sie die Beziehungen zu Taiwan ausbauen will (S. 13, 23, 51, 55 f.).

Alles nur geduldiges Papier? Nein. Schon im August brachte das Wirtschaftsministerium die angekündigte Novellierung und Bündelung der Investitionsprüfung ausländischer Direktinvestition in Deutschland auf den Weg. Der Gesetzesentwurf soll grundsätzlich mehr Beteiligungen als kritisch einstufen, die Kontrollschwellen senken, insgesamt strenger prüfen und rechtliche Lücken schließen, die China bisher nutzte, um die deutsche Investitionskontrolle zu umgehen. Beispielsweise könnte die Bundesregierung künftig eventuell auch Neugründungen und Forschungskooperationen untersuchen. Der Vorschlag sieht insbesondere strengere Regeln für hochentwickelte Chips, Künstliche Intelligenz, Quantentechnologie und Rohstoffe vor. Daneben will er die Beweislast in entsprechenden Sektoren umkehren. Die Regelannahme läge dann darin, dass eine Investition sicherheitskritisch wäre. Investitionswillige Unternehmen müssten das Gegenteil beweisen (vgl. Heide und Olk 2023).

Im September 2023 prüfte das Wirtschaftsministerium zwölf geplante Beteiligungen Chinas in Deutschland. Vier davon bezogen sich auf Maschinenbau-Unternehmen, jeweils zwei auf die Informations- und Kommunikationstechnologie bzw. die Luft- und Raumfahrt. Die weiteren Prüffälle betrafen die Sektoren Gesundheit, Metall- und Stahl, Medien und Energie (vgl. Heide et al. 2023, S. 9). Wirtschaftsminister Habeck befürwortet daneben die Absicht der EU-Kommission, ein Outbound-Investment-Screening einzuführen. Dessen Schwerpunkt könnte zunächst auf Sektoren liegen, deren Güter sich zivil und militärisch nutzen lassen. Sein Ministerium scheint diese Pläne jedoch skeptisch zu sehen (vgl. Gusbeth et al. 2023, S. 6).

3.4 Volkswirtschaftliche Einschätzung der deutschen China-Abhängigkeit

Schütten USA, G7, EU und Bundesregierung das Kind mit dem Bade aus? Werden also Entkopplung und Risikosenkung maßlos übertrieben und als Einfallstor für sämtliche industriepolitischen Ansätze unter der Sonne missbraucht? Oder zeigen die oben aufgezeigten Klumpenrisiken, dass eine Risikodiversifizierung aus marktwirtschaftlicher Sicht längst überfällig ist, damit sich Unternehmen mit starkem China-Engagement nicht länger auf staatliche Rettungspakete verlassen können?

3.4.1 Wichtige Studienergebnisse

Eine genaue Analyse der deutschen China-Abhängigkeit stellt bereits bei einzelnen Unternehmen oder Rohstoffen ein schwieriges Unterfangen dar. Beispielsweise enthält der BASF-Bericht 2022 zwar überaus optimistische Annahmen hinsichtlich der Entwicklung des chinesischen Geschäfts. Es fehlt jedoch eine Analyse des Risikos, das schlimmstenfalls für den deutschen Steuerzahler mit den umfangreichen China-Aktivitäten des Chemiekonzerns verbunden wäre (vgl. BASF 2023). Ungleich komplexer gestaltet sich die Risikobewertung für die gesamte deutsche Volkswirtschaft. Deshalb konzentrieren sich die tiefer schürfenden und damit aussagekräftigeren ökonomischen Studien auf einzelne Aspekte wie zum Beispiel den Warenhandel, Vorleistungen, Rohstoffe oder Direktinvestitionen – von Deutschland bzw. Europa nach China oder umgekehrt. Keine Studie ist in der Lage, das gesamte Bild zu erfassen, jede trägt ein mehr oder weniger großes Puzzleteil bei. Im Folgenden werden wichtige volkswirtschaftliche Befunde gezeigt, die nach der russischen Ukraine-Invasion veröffentlicht wurden. Darstellung 23 fasst die wesentlichen Erkenntnisse in chronologischer Reihenfolge zusammen.

Eine Studie des Münchener ifo-Instituts von April 2022 beschäftigte sich mit der Abhängigkeit des deutschen verarbeitenden Gewerbes von Importen aus bzw. Exporten nach China. Zum Thema Vorleistungsimporte enthielt sie die Ergebnisse einer repräsentativen Umfrage von Februar 2022. Danach hingen 46 % der Unternehmen des Verarbeitenden Gewerbes in Deutschland von wichtigen Vorleistungen aus China ab. Von diesen Unternehmen planten wiederum 45 %, ihre Einfuhren aus der Volksrepublik zu senken – also aus eigenem Antrieb und somit marktwirtschaftlich motiviert ihre Importquellen zu streuen. Die Befragung zeigte daneben, dass 54 % der Großunternehmen im Fertigungsbereich auf chinesische Vorleistungen und 16 % auf eigene Produktionsstätten in der Volksrepublik angewiesen waren. Bei den mittleren Unternehmen hingen nur 38 % von Vorleistungen bzw. 5 % von Produktionsstätten in China ab, bei Klein- und Kleinstunternehmen 28 % bzw. 2 % (vgl. Baur und Flach 2022, S. 61 f.). Insgesamt schlussfolgerte die Studie, dass China für die deutsche Wirtschaft ein wichtiger, aber kein dominanter Zulieferer sei (vgl. ibid, S. 56).

Dar. 23: Volkswirtschaftliche Studien im Überblick (Quellen: Eigene Darstellung auf Basis Baur und Flach, 2022; Fuest et al., 2022; Busch et al., 2023; Sandkamp et al., 2023; Jungbluth et al., 2023; Matthes, 2023; Matthes und Puls, 2023)

Studie	Schwerpunkt	Kernbotschaften
Ifo München, 4/2022	Deutsche Industrie China-abhängig?	Nein bei Vorleistungsimporten / Wertschöpfungsexporten, Ja bei Rohstoffen
Ifo München, 8/2022	BIP-Verluste DE div. Derisking-Optionen?	Reshoring -9,7 %; Nearshoring -4,2 %; Langfristige Entkopplung billiger (je Variante -0,52 % bis -0,81 %)
IfW Kiel, 2/2023	China-Beitrag zu Wertschöpfung DE kritisch?	Nein: Anteil DE-Produktion 1,5 % & DE-Konsum 2,7 %; Vereinzelte Abhängigkeiten (Import Laptops etc.)
Bertelsmann, 4/2023	Direktinvestitionen DE in China gut für DE-BIP?	Gewinne v. a. reinvestiert; ↑ Lokalisierung (auch F&E, Hightech); Risiko: ↓ Exporte → ↓ BIP-Beitrag in DE!
IW Köln, 5/2023 & 9/2023	Risiken wo? Staatlich oder privat senken?	5/23: Fokus Rohstoffe, Elektronik, Pharma/Chemie; v. a. Aufgabe der Unternehmen & binnen 10 Jahren 9/23: Bisher wenig Derisking (v. a. nicht, wo nötig)

Zur Frage der Ausfuhrabhängigkeit untersuchte das ifo-institut den China-Anteil deutscher Wertschöpfungsexporte. Vereinfacht gesagt bereinigte die Studie hierfür die Handelsstatistiken derart, dass ausländische Wertschöpfung, zum Beispiel in Form von Vorleistungen, aus Deutschlands Ausfuhren herausgerechnet wurde. 2018 habe dieser China-Anteil deutscher Wertschöpfungsexporte bei 9 % gelegen. Das sei wesentlich weniger gewesen als in Deutschlands Zielmärkten EU und USA, die für 39 % bzw. 12 % der deutschen Wertschöpfungsexporte gestanden hätten. Der chinesische Absatzmarkt sei jedoch insgesamt für Deutschland wichtiger als für die anderen europäischen G20-Länder gewesen, da 2,7 % der deutschen Wertschöpfung von ihm abhing (vgl. ibid, S. 57 f.). Schließlich problematisierte das ifo-Institut, dass Deutschland insbesondere auf chinesische Rohstoffe angewiesen sei. So kämen beispielsweise rund 65 % der Rohstoffe für Elektromotoren allein aus der Volksrepublik. Eine schnelle Abkopplung würde Deutschland folglich vor erhebliche Lieferkettenprobleme stellen. Insgesamt riet die Studie daher vor allem zu einer schnellen Diversifizierung (sprich: Streuung) der Rohstoff-Beschaffung durch Freihandelsabkommen mit Entwicklungsländern (vgl. ibid, S. 60 ff.).

Ebenfalls das ifo-Institut fasste im August 2022 mögliche Wohlfahrtseffekte verschiedener Risikosenkungs- bis Entkopplungs-Varianten zusammen. Demnach sänke Deutschlands reales BIP durch einer Rückverlagerung der Produktion nach Deutschland um 9,7 %. Bei einer Verlagerung in die EU, Türkei und Nordafrika ginge es um 4,2 % zurück (vgl. Fuest et al. 2022, S. 1). Beide Szenarien erscheinen allerdings unrealistisch, weil sich Deutschland darin auch von G7-Partnern wie den

USA und Japan abkoppeln würde. Eine langfristige Entkopplung der EU von China wirkt wahrscheinlicher. Käme sie einseitig von der EU, ginge das reale BIP Deutschlands langfristig »nur« um 0,5 % zurück, weil die deutschen Handelsbeziehungen umgelenkt bzw. diversifiziert würden. Was aber, wenn China Vergeltungsmaßnahmen ergriffe, es also zu einem Handelskrieg zwischen EU und China käme? In diesem Szenario stiegen die deutschen Wohlstandsverluste auf 0,8 %. Würde sich ein westliches Bündnis aus EU, USA, Japan, Vereinigtem Königreich, Kanada und Australien einseitig von China abwenden, sänke Deutschlands Wohlstand um 0,6 %, bei beidseitiger Abkopplung um 0,8 %. Das wäre für Deutschland fünfmal so viel Verlust wie die geschätzten Folgen des Brexits (vgl. ibid, S. 2 f.).

Chinas Beitrag zu Deutschlands Wertschöpfung thematisierte das Kieler Institut für Weltwirtschaft (IfW) im Februar 2023. Es analysierte unter anderem indirekte Verflechtungen zwischen beiden Volkswirtschaften und kam mit Daten von 2018 bei Deutschlands Produktion auf einen chinesischen Wertschöpfungsanteil von 1,5 % gegenüber 2,7 % im Konsum (vgl. Sandkamp et al. 2023, S. 5). Das bedeutet: China trug mehr zum deutschen Endverbrauch bei als zur deutschen Warenfertigung. Wir importierten, stark vereinfacht gesagt, vergleichsweise eher Fertigprodukte wie Bekleidung und weniger Vorleistungen für deutsche Fabriken. Eine Entkopplung der EU von China würde die deutsche Wirtschaftsleistung dauerhaft um jährlich 36 Mrd. Euro bzw. rund 1 % der Wirtschaftsleistung des Jahres 2021 senken. Bei kurz- oder mittelfristiger Abkopplung lägen die jährlichen BIP-Einbußen deutlich höher (vgl. ibid, S. 7). Daneben hob das IfW die besondere Abhängigkeit von chinesischen Importen in ausgewählten Warengruppen wie Laptops hervor, riet zur Diversifizierung sowie zu (weiteren) Freihandels- und Rohstoffabkommen (vgl. ibid, S. 12).

Eine Gemeinschaftsanalyse der Bertelsmann Stiftung, des Instituts der deutschen Wirtschaft Köln, des Mercator Institute for China Studies und des Bundesverbands der Deutschen Industrie von April 2023 untersuchte, inwiefern Gewinne aus deutschen Direktinvestitionen in China der deutschen Binnenwirtschaft nützen. Demnach flossen 53 bis 80 % der zwischen 2017 und 2021 in China erwirtschafteten Gewinne zurück nach Deutschland. Dieser Rückfluss entsprach 12 bis 16 % aller Gewinne, die deutsche Auslandsinvestitionen insgesamt erzielten. Zwischen 2018 und 2021 wurden praktisch alle Direktinvestitionen in China aus dort erzielten, also reinvestierten Gewinnen finanziert (vgl. Jungbluth et al. 2023, S. 6 f.). Auf eine stärkere Lokalisierung der wirtschaftlichen Aktivitäten deutscher Unternehmen in China wies auch eine nicht repräsentative Befragung hin (S. 25 ff.). Die Studie sah daher das Risiko, dass Deutschlands Exporte nach China künftig deutlich sinken könnten. Daneben problematisierte sie den Plan der allermeisten befragten Unternehmen, auch neueste Technik sowie Forschungs- und Entwicklungstätigkeiten in China anzusiedeln. Die Autoren forderten aus gesamtwirtschaftlichem Interesse von deutschen Großunternehmen mit starker China-Abhängigkeit, Worst-Case-Strategien zum Beispiel für einen Taiwan-Überfall zu entwickeln und ihre China-Risiken transparent zu machen. Sie begrüßten es, staatliche Investitionsgarantien bei hohem geopolitischem Risiko zu überprüfen und Sicherheitslücken der deutschen Exportkontrolle laufend zu untersuchen. Auch diese Studie riet zu einer Risikodiversifizierung auf den Absatz- und Beschaffungsmärkten über weitere Freihandels- und Investitionsabkommen. Daneben sprach sie sich für ein einheitliches EU-Prüfverfahren sämtlicher Direktinvestitionen aus Drittländern aus, also inklusive Neuansiedlungen. Dies könne verhindern, dass EU-Mitglieder gegeneinander ausgespielt würden (vgl. ibid, S. 6 ff.). Schließlich merkte der Report an, wie schwierig es sei, den Beitrag der in China erwirtschafteten und nach Deutschland transferierten Gewinne zu sämtlichen Gewinnen deutscher Unternehmen, also inklusive inländischer Erträge, zu ermitteln. Er schätzte diesen Beitrag auf durchschnittlich bestenfalls 4 % zwischen 2016 und 2020, in einzelnen Sektoren und Unternehmen jedoch deutlich darüber. Es sei weitgehend unklar, inwieweit die ausgeschütteten Gewinne der DAX-Konzerne an ausländische Aktionäre flössen. Oder ob sie umgekehrt ansonsten defizitäre Aktivitäten, neue Investitionen und damit Arbeitsplätze in Deutschland finanzieren würden (vgl. ibid, S. 6, 74).

Im Mai 2023 empfahl das Kölner Institut der deutschen Wirtschaft (IW), insbesondere bei einigen Rohstoffen, wichtigen elektronischen Bauteilen und einigen pharmazeutischen und chemischen Grundstoffen die Abhängigkeit von chinesischen Importen zu reduzieren. Andernfalls bestehe im Konfliktfall Erpressungspotenzial seitens Chinas. Unternehmen sollten besonders problematische Lieferketten-Abhängigkeiten möglichst schnell reduzieren. Dies gelte bei einigen deutschen Firmen auch absatzseitig. Es sei Aufgabe der Politik, dafür zu sorgen, dass die Unternehmen diese Risiken in erster Linie selbst managen würden, also nicht die Allgemeinheit dafür aufkommen müsse. Werde beispielsweise eine Periode von zehn Jahren dafür genutzt, neue Importquellen und Absatzziele zu erschließen, wären längerfristig »die Schäden aufgrund der eher geringen gesamtwirtschaftlichen Abhängigkeiten allerdings überschaubar« (vgl. Matthes 2023, S. 3).

Im September 2023 sah das IW jedoch kaum gesunkene Risiken bei chinesischen Importen (vgl. Matthes und Puls 2023, S. 4). Nur bei 16 % aller Produktgruppen seien im ersten Halbjahr 2023 gegenüber dem Vorjahres-Halbjahr die chinesischen Einfuhranteile um mehr als 20 Prozentpunkte gesunken. Besonders gering seien die Rückgänge gerade dort ausgefallen, wo die Einfuhrwerte hoch waren oder wo es Richtung Industrieproduktion ging. Die Studie wies auch darauf hin, wie aufwändig es sei, konkrete kritische Abhängigkeiten und damit notwendige Maßnahmen zu benennen. »Es ist Aufgabe der Bundesregierung, diese aufwendigen Forschungen auf regelmäßiger Basis zu ermöglichen und damit die China-Strategie mit Blick auf das De-Risking-Ziel mit Leben zu füllen« (vgl. ibid).

3.4.2 Haupt-Empfehlungen aus volkswirtschaftlicher Sicht

Einhellig raten die volkswirtschaftlichen Gutachten dazu, die China-Abhängigkeit in einzelnen Warengruppen und bei kritischen Rohstoffen schrittweise zu reduzieren. Als wichtigstes Instrument sehen sie mehr sowie schnellere Freihandels-, Rohstoff- und Investitionsabkommen der EU mit Ländern und Ländergruppen in aller Welt. Nur vereinzelt sprechen sie die Klumpenrisiken weniger deutscher

Konzerne an. Hier gelte es aus marktwirtschaftlicher Sicht, die China-Strategie der Bundesregierung zu konkretisieren. Staatliche China-Hilfen seien abzubauen und sicherzustellen, dass etwaige China-Risiken durch unternehmensinterne Rückstellungen anstatt vom Steuerzahler getragen würden. Vor allem solle die Bundesregierung Investitionsgarantien und Exporthilfen für besonders exponierte Unternehmen nicht nur senken, sondern einstellen. Keines der Gutachten empfiehlt eine europäische Industrie- und Subventionspolitik, die neben technologischer Spitzenforschung- und Entwicklung zusätzlich die energie- und arbeitsintensive Fertigung in der EU staatlich mitfinanziert. Genau diese Förderung der Industrieproduktion treiben EU und Bundeswirtschaftsministerium jedoch umfassend voran, beispielsweise in der Batterieherstellung.

Was haben die allermeisten Volkswirte nur gegen eine umfassende Industriepolitik, die über die gut begründbare Subventionierung technologischer und naturwissenschaftlicher Grundlagenforschung und -entwicklung hinausgeht? Verlief die politische Breitenförderung so genannter Zukunftsbranchen nicht in Südkorea und China überaus erfolgreich? Im Folgenden soll hierauf eine einfache Antwort gegeben werden, ohne auf die umfangreiche Literatur zum Thema einzugehen. Industriepolitik setzt im Kern viel staatliches Wissen voraus und fördert die ineffiziente Zuteilung knapper Mittel. Denn nur mit Glück wählt die Politik Bereiche aus, die langfristig wettbewerbsfähig sein werden. Daneben fragt sich, ob hier der Markt wirklich kurzsichtiger agiert bzw. etwaiges Marktversagen besser direkt zu korrigieren wäre. Mit Pech erhöht diese Politik lediglich die Bürokratiekosten einer Gesellschaft, die immer mehr Zeit in die Abschöpfung staatlicher Hilfen investiert anstatt in Wertschöpfung. Bei den oft zitierten Beispielen Südkorea oder China ließe sich schließlich fast von einem verhaltensökonomischen Survivorship Bias sprechen. Diese Verzerrung überschätzt die Erfolgswahrscheinlichkeit einer Aktivität systematisch, da erfolglose Aktivitäten weniger bekannt oder sichtbar, gleichwohl zahlreich sind.

Aus Sicht der Verfasserin sei ergänzt: Um mehr und schnellere Freihandels- und Investitionsabkommen zu erreichen, sollten die EU und die Bundesrepublik Deutschland künftig weniger überheblich und naiv agieren. Es mag traurig stimmen, stellt aber eine Tatsache dar: Nicht alle Länder der Welt teilen die westlichen Wert- und Demokratievorstellungen. Hieraus folgt ein Zielkonflikt. Entweder sinkt das Konsumniveau hierzulande, da der Wohlstand künftig stärker durch eigene Anstrengung und ohne die Produktivitätsvorteile der internationalen Arbeitsteilung zu sichern wäre. Oder Deutschland akzeptiert, dass in weiten Teilen der Welt andere und niedrigere Standards als hierzulande existieren, was Arbeits-, Sozial- und Umweltbedingungen sowie das Regierungshandeln betrifft. An einer Änderung bzw. Verbesserung dieser Standards zu arbeiten, erscheint erstrebenswert und möglich, könnte aber durch positive Vorbilder, die für sich selbst sprechen, möglicherweise besser gelingen als durch Belehrungen.

3.5 Fazit und Ausblick

Die deutsch-chinesischen Wirtschaftsbeziehungen sind kein Auslaufmodell. Aber die fetten Jahrzehnte sind vorbei. Denn Chinas Wachstumsraten sind gesunken, seine Machtansprüche dagegen gestiegen. USA, G7, EU und Bundesregierung reduzieren aus geopolitischen Gründen die unternehmerischen Spielräume vor allem in sicherheitsrelevanten Bereichen. Eine volkswirtschaftlich notwendige Risikoverteilung der Liefer-, Produktions- und Absatzmärkte verbinden insbesondere EU und Bundesregierung mit einer umfassenden Industriepolitik.

Stärker und schneller als bisher sollte Deutschland konkrete Klumpenrisiken im China-Geschäft senken, um politisch nicht erpressbar zu sein. Es gilt, exponierte Rohstoffe, Warengruppen und Konzerne weg von China in die restliche Welt zu diversifizieren. Dieses Derisking ist durch Freihandels-, Investitions- und Rohstoffabkommen Deutschlands bzw. der EU in aller Welt zielführender umzusetzen als durch Decoupling, Friendshoring oder ähnlich drastische Einschränkungen der internationalen Arbeitsteilung. Statt einer breiten Industriepolitik sollte sich die Bundesregierung auf die gezielte Förderung technologischer Spitzenforschung und -entwicklung konzentrieren, um Deutschlands Wohlstand zu sichern.

Neben geopolitischen Gründen spricht auch die sozioökonomische Entwicklung innerhalb Chinas für eine verstärkte Zusammenarbeit mit anderen Teilen der Welt. Insbesondere der schnelle demografische Wandel der Volksrepublik und die dortige Immobilienkrise könnten zu einer Entwicklung wie in Japan seit den 1990er Jahren führen, also zu langfristiger Stagnation. Nur mit dem Unterschied, dass Japan zu Beginn dieser Ära bereits pro Kopf der Bevölkerung ein sehr reiches Land war. Auch Chinas »Belt and Road Initiative« (»neue Seidenstraße«) stößt zunehmend auf Schwierigkeiten. Es erscheint insofern offen, wie multipolar sich die Welt künftig darstellen wird. Die Zeit der Hyperglobalisierung (vgl. Rodrik 2011) dürfte allerdings angesichts multipler geopolitischer Krisen erstmal zu Ende sein. Deutschland wird daher verstärkt wieder selbst arbeiten und dennoch auf Wohlstand verzichten müssen – allein, um innovativer und produktiver als die restliche Welt zu bleiben bzw. erneut zu werden.

Literatur

Alper A., Shepardson, D.: U. S. official acknowledges Japan, Netherlands deal to curb chipmaking exports to China, in: Reuters, 01.02.2023, online im Internet, URL: https://www.reuters.com/technology/us-official-acknowledges-japan-netherlands-deal-curb-chipmaking-exports-china-2023-02-01/, Abruf am 10.10.2023.

Alvares de Souza Soares, P., Heide, D., Koch, M., Neuerer, D.: Harte Linie gegen Huawei, in: Handelsblatt, 20.09.2023, Nr. 182, S. 1, 6, 7.

BASF: BASF-Bericht 2022, Integrierter Unternehmensbericht zur ökonomischen, ökologischen und gesellschaftlichen Leistung, 24.02.2023.

Bateman, J.: U. S.-China technological »Decoupling«. A strategy and policy framework. Carnegie Endowment for International Peace, Washington, DC, 2022.

Baur, A., Flach, L.: Deutsch-chinesische Handelsbeziehungen: Wie abhängig ist Deutschland vom Reich der Mitte?, in: ifo Schnelldienst, 75 (4), 13.04.2022, S. 56–65.

Bundesanstalt für Geowissenschaften und Rohstoffe: Gallium. Rohstoffwirtschaftliche Steckbriefe, August 2018, Hannover.

Bundesministerium für Wirtschaft und Klimaschutz: Investitionsgarantien. Jahresbericht 2022, März 2023, Berlin.

Busch, B., Matthes, J., Sultan, S.: Zur Abhängigkeit einzelner Industriezweige von China: Eine empirische Bestandsaufnahme, IW-Report, Nr. 5, 23.01.2023, Institut der deutschen Wirtschaft, Köln.

Das, K. N., Mehta, T: India sees Apple nearly tripling investment, exports in coming years, in: Reuters, 20.04.2023, online im Internet, URL: https://www.reuters.com/world/india/india-confident-apple-can-nearly-triple-investment-exports-coming-years-minister-2023-04-20/, Abruf am 13.10.2023.

Die Bundesregierung: Kommuniqué der Staats- und Regierungschefs der G7 von Hiroshima, 20.05.2023a, Arbeitsübersetzung, online im Internet, URL: 2023-05-20-g7-communique-deu-data.pdf (bundesregierung.de), Abruf am 10.10.2023.

Die Bundesregierung: China-Strategie der Bundesregierung, Stand 2023b, Berlin.

Deutsche Bundesbank: Direktinvestitionsstatistiken, Aktualisierte Ausgabe, Statistische Fachreihe, 28.04.2023a, Frankfurt am Main.

Deutsche Bundesbank: Deutschlands Direktinvestitionsbeziehungen in den Jahren 2021/2022, Pressenotiz, 28.04.2023b, online im Internet, URL: https://www.bundesbank.de/de/presse/pressenotizen/deutschlands-direktinvestitionsbeziehungen-in-den-jahren-2021-2022-908354, Abruf am 10.10.2023.

Europäische Kommission: EU-China – A strategic outlook, Joint communication to the European Parliament, the European Council and the Council, Strasbourg, 12.03.2019.

Europäische Kommission: Kritische Rohstoffe: Sichere und nachhaltige Lieferketten für die grüne und die digitale Zukunft der EU gewährleisten, Pressemitteilung, 16.03.2023a, Brüssel, online im Internet, URL: https://ec.europa.eu/commission/presscorner/detail/de/ip_23_1661, Abruf am 10.10.2023.

Europäische Kommission: Vor dem Granada-Gipfel: Kommission zieht Bilanz des bereits Erreichten und ermittelt Handlungsbereiche für den Aufbau eines resilienteren, wettbewerbsfähigeren und nachhaltigeren Europas, Pressemitteilung, 27.09.2023b, Brüssel, online im Internet, URL: https://ec.europa.eu/commission/presscorner/detail/de/ip_23_4644, Abruf am 10.10.2023.

Europäische Kommission: Study on the Critical Raw Materials for the EU 2023 – Final Report, 2023c, Brüssel.

Europäischer Rat: Erklärung von Versailles, Informelle Tagung der Staats- und Regierungschefs, 10. und 11. März 2022, 11.03.2022.

Fuest, C., Flach, L., Dorn, F., Scheckenhofer, L.: Geopolitische Herausforderungen und ihre Folgen für das deutsche Wirtschaftsmodell, vbw Studie erstellt vom ifo-Institut, August 2022.

Gusbeth, S., Heide, D., Holtermann, F., Olk, J., Volkery, C.: Druck auf China wächst, in: Handelsblatt, 11.08.2023, Nr. 154, S. 3, 6, 7.

Heide, D., Greive, A., Höppner, A., Olk, J.: Bund überprüft Verkauf von MAN-Turbinensparte, in: Handelsblatt, 25.09.2023, Nr. 185, S. 8–9.

Heide, D., Olk, J.: Neues Gesetz: Habeck plant Bollwerk gegen Peking, in: Handelsblatt, 21.08.2023, Nr. 160, S. 8–9.

Huld, A.: The EU's New China Strategy – Understanding the Concept of »De-Risking«, in: China Briefing, 13.07.2023, online im Internet, URL: https://www.china-briefing.com/news/the-eus-china-strategy-understanding-the-concept-of-de-risking/, Abruf am 07.10.2023.

Internationaler Währungsfonds: Real GDP growth, in: World Economic Outlook, October 2023a, online im Internet, URL: https://www.imf.org/external/datamapper/NGDP_RPCH@WEO/CHN/DEU, Abruf am 10.10.2023.

Internationaler Währungsfonds: GDP based on PPP, share of world, in: World Economic Outlook, October 2023b, online im Internet, URL: https://www.imf.org/external/datamapper/PPPSH@WEO/CHN/DEU, Abruf am 10.10.2023.

Internationaler Währungsfonds: World Economic Outlook, October 2023c, Washington, DC.

Jahn, T., Koch, M.: EU-Strafzölle gegen China träfen Tesla hart, in: Handelsblatt, 11.10.2023, Nr. 196, S. 18-19.

Jungbluth, C.: Challenge and Opportunity: China inside the WTO and EU-China Relations, Bertelsmann Stiftung, Policy Brief, Nr. 01, 2021.

Jungbluth, C., Matthes, J., Beer, S., Sebastian, G., Zenglein, M. J., Strack, F., Schaff, F.: Gewinne deutscher Investoren in China – eine erste empirische Bestandsaufnahme; Bertelsmann Stiftung, April 2023, Gütersloh.

Kratz A., Barkin, N., Dudley, L.: The Chosen Few: A Fresh Look at European FDI in China, Rhodium Group, 14.09.2022, online im Internet, URL: https://rhg.com/research/the-chosen-few/, Abruf am 11.10.2023.

Kratz, A., Zenglein, M. J., Sebastian, G., Witzke, M.: EV battery investments cushion drop to decade low. Chinese FDI in Europe: 2022 Update, Mercator Institute for China Studies, Berlin 2023.

Kuhn, B.: Made in China 2025, in: WISU – Das Wirtschaftsstudium, 48 (3), 2019a, S. 291.

Kuhn, B.: Chinas Sozialkreditsystem, in: Wirtschaftsdienst, 99 (10), 2019b S. 673–674.

Kuhn, B.: Chinas Belt and Road Initiative wandelt sich, in: Wirtschaftsdienst, 101 (11), 2021, S. 901–905.

Kuhn, B.: Sichert Taiwans Chipindustrie den Frieden?, in: WiSt – Wirtschaftswissenschaftliches Studium, 51 (1), 2022,S. 36–39.

Kuhn, B., Neusius, T: Will China's three-child policy defuse the demographic time bomb?, in: WIFIN Working Paper, Nr. 14, 2022.

Matthes, J.: Deutsche Direktinvestitionen in China: Kaum Diversifizierung, IW-Kurzbericht, Nr. 35, 17.05.2023, Institut der deutschen Wirtschaft, Köln.

Matthes, J., Puls, T.: Beginnt das De-Risking? Entwicklung des deutschen Außenhandels mit China im ersten Halbjahr 2023 und Weiterentwicklung des IW-Monitorings zu den Einfuhr-Abhängigkeiten von China, IW-Report, Nr. 43, 15.09.2023, Institut der deutschen Wirtschaft, Köln.

Möbius, K.: China beschränkt Ausfuhren von Gallium und Germanium, in: German Trade and Invest (GTAI), 04.07.2023, online im Internet, URL: https://www.gtai.de/de/trade/china/zoll/china-beschraenkt-ausfuhren-von-gallium-und-germanium-1015852, Abruf am 13.10.2023.

Rodrik, D.: The Globalization Paradox, New York 2011.

Sandkamp, A., Stamer, V., Wendorff, F., Gans, S.: Leere Regale made in China: Wenn China beim Handel mauert, Kiel Policy Brief, Nr. 164, 2023, Kiel Institut für Weltwirtschaft.

Spakowski, N.: China seit 1978, Stuttgart 2021.

Statistisches Bundesamt: Außenhandel 2022, Rangfolge der Handelspartner im Außenhandel der Bundesrepublik Deutschland (vorläufige Ergebnisse), Wiesbaden 2023a, online im Internet, URL: https://www.destatis.de/DE/Themen/Wirtschaft/Aussenhandel/Tabellen/rangfolge-handelspartner-xls.xlsx?__blob=publicationFile, Abruf am 11.10.2023.

Statistisches Bundesamt: Datenbank GENESIS-Online, Tabelle 51000-0008, 2023b, online im Internet, URL: https://www-genesis.destatis.de/genesis//online?operation=table&code=51000-0008&bypass=true&levelindex=0 https://www.destatis.de/DE/Themen/Wirtschaft/Aussenhandel/_inhalt.html#sprg229200, Abruf am 11.10.2023.

Statistisches Bundesamt: Außenhandel mit China im 1. Quartal 2023 um 10,5 % gegenüber dem Vorjahresquartal gesunken, Pressemitteilung, Nr. 182, 12.05.2023c, online im Internet, URL: https://www.destatis.de/DE/Presse/Pressemitteilungen/2023/05/PD23_182_51.html, Abruf am 06.10.2023.

Statistisches Bundesamt: Die Volksrepublik China ist erneut Deutschlands wichtigster Handelspartner, 2023d, online im Internet, URL: https://www.destatis.de/DE/Themen/Wirtschaft/Aussenhandel/handelspartner-jahr.html, Abruf am 11.10.2023.

Strategic Metals Invest: Gallium Prices, Gallium Historical Price Movement, 2023, online im Internet, URL: https://strategicmetalsinvest.com/gallium-prices/, Abruf am 13.10.2023.

The White House: Executive Order on Addressing United States Investments in Certain National Security Technologies and Products in Countries of Concern, 09.08.2023, online im Internet, URL: https://www.whitehouse.gov/briefing-room/presidential-actions/2023/08/09/executive-order-on-addressing-united-states-investments-in-certain-national-security-technologies-and-products-in-countries-of-concern/, Abruf am 10.10.2023.

Ueki, C. K.: Japan's China Strategy, in: Security Challenges, Special Issue: The Indo-Pacific: From Concept to Contest, 16 (3), 2020, S. 58–63.
Vogelsang, K.: China und Japan, Stuttgart 2020.

4 Künstliche Intelligenz und digitaler Umbruch – Fluch oder Segen für die Wirtschaft?

Jörn Quitzau

> **Zusammenfassung**
>
> Spätestens seit der Veröffentlichung des Chatbots ChatGPT im November 2022 ist sie in aller Munde: die künstliche Intelligenz. Eigentlich schon Jahrzehnte alt, haben in jüngster Zeit erhebliche Fortschritte der breiten Bevölkerung ihre (mögliche) Relevanz und Präsenz im Alltag verdeutlicht. Dies ruft vielfältige Reaktionen hervor. Dabei sind neben begeisterten, teils gar bewundernden Reaktionen hinsichtlich der Potenziale dieser Technologie auch kritische Stimmen zu hören. Wie wird sich künstliche Intelligenz auf unseren privaten und beruflichen Alltag auswirken? In welchen Bereichen wird sie nutzen, wo könnte sie schaden? Was bedeutet künstliche Intelligenz für die Berufslandschaft von morgen? Könnte sie menschliche Arbeit vielleicht sogar in Gänze ersetzen? Und dann? Diese und ähnliche Fragen greift Jörn Quitzau in seinem Beitrag auf. Um eine Vorstellung von der Welt von morgen zu entwickeln, schaut er u. a. zurück in die Vergangenheit, um zu verstehen, wie sich bahnbrechende, manche sagen auch disruptive, Veränderungen in technologischer oder gesellschaftlicher Hinsicht früher auf das Wirtschaftsgeschehen ausgewirkt haben. Neben den gesamtwirtschaftlichen Folgen beleuchtet er auch die möglichen Auswirkungen auf die Wohlstandsverteilung und die Rolle der Sozialpolitik. Den aus seiner Sicht nötigen kritischen gesamtgesellschaftlichen Diskurs zum Umgang mit dieser Technologie sieht Quitzau im Umfeld der 2020er Jahre indes nicht nur vor wirtschaftlichen Herausforderungen.

4.1 Einleitung

Beginnen wir mit einer Utopie: Es ist das Jahr 2035. Alle Menschen haben alles, was sie sich wünschen – und zwar ohne zu arbeiten. Der technische Fortschritt hat bis dahin die menschliche Arbeitskraft nahezu überflüssig gemacht. Ein Quantensprung bei der künstlichen Intelligenz, der massive Einsatz von vernetzten Computern und Robotern in Kombination mit der Nutzung von »Big Data« ermöglichen es, dass auch ohne menschliches Zutun diejenigen Waren und Dienstleistungen angeboten werden, die sich die Bürger wünschen. Traditionelle Arbeitsverhältnisse sind nur noch absolute Ausnahmefälle. Das Knappheitsproblem ist gelöst. Preise, als Lenkungsinstrument für knappe Güter, sind somit überflüssig. Praktisch alle Waren und Dienstleistungen sind kostenlos. Die Menschen können sich entspannt den ganzen Tag mit Dingen beschäftigen, die ihnen Spaß machen.

Ist das geschilderte Szenario tatsächlich nur eine Utopie oder wird es möglicherweise doch schon bald zur Realität? Genau diese Frage haben wir uns im Jahr 2015 in einer Gemeinschaftsstudie mit dem Hamburgischen WeltWirtschaftsInstitut (HWWI) zur Digitalökonomie gestellt (vgl. Berenberg/HWWI 2015). Wir haben dieses Szenario damals als »Schlaraffenland-Szenario« bezeichnet. Damals stuften wir die Wahrscheinlichkeit, dass uns der digitale Wandel tatsächlich ein Schlaraffenland bescheren wird, als äußerst gering ein. Deshalb haben wir es als Utopie bezeichnet. Auch heute spricht wenig dafür, dass ein solches Szenario in absehbarer Zeit auch nur annähernd Realität werden könnte. Damit wären wir bei den realistischeren Szenarien, die nun etwas ausführlicher diskutiert werden sollen. Die denkbaren unterschiedlichen Verläufe haben wir damals zu zwei Szenarien verdichtet, die auch heute noch recht passend wirken: erstens, das »Strukturwandel-Szenario«; zweitens, das »20:80-Szenario«.

4.2 Das Strukturwandel-Szenario

Unser optimistisches Basisszenario für den digitalen Wandel war damals, dass es sich bei »Industrie 4.0« – der vierten industriellen Revolution, die durch die intelligente Vernetzung mit Hilfe der Informations- und Kommunikationstechnologie geschieht – und beim vermehrten Einsatz Künstlicher Intelligenz lediglich um eine weitere Episode tiefgreifender struktureller Veränderungen handelt. Zwar gehen zahlreiche Arbeitsplätze verloren, aber es entstehen auch neue und höherwertige Arbeitsplätze in ungefähr der gleichen Größenordnung. Per Saldo verändert sich die Anzahl der Arbeitsplätze nicht. Es ändern sich lediglich die Anforderungsprofile an die Arbeitskräfte und somit die Struktur der Arbeitsplätze.

Die Phase, in der sich dieser Wandel vollzieht, würde für viele Beteiligte gleichwohl unbequem. Ihr bisheriger Arbeitsplatz kann bedroht oder gar vernichtet werden. Sie müssten sich deshalb an die neuen Gegebenheiten der Arbeitswelt anpassen. Sobald der Wandel aber abgeschlossen ist, ginge es allen besser, weil der gesellschaftliche Wohlstand auf ein höheres Niveau gehievt wurde. Damit entspräche der digitale Wandel dem Kern eines jeden Strukturwandels: Die Wirtschaft passt sich an die neuen Gegebenheiten an – an die veränderten technologischen Möglichkeiten und an die veränderten Bedürfnisse der Menschen. Dabei gibt es Gewinner und Verlierer; Ökonomen sprechen etwas abstrakt von Verteilungswirkungen. Die Gewinne der Gewinner übertreffen aber die Verluste der Verlierer, sodass nach einer (theoretischen) Kompensation der Verlierer durch die Gewinner ein gesamtwirtschaftlicher Wohlfahrtsgewinn übrig ist. In Deutschland erfolgt die Kompensation über den aktivierenden Sozialstaat. Wer im Strukturwandel seinen Arbeitsplatz verliert, fällt in Deutschland nicht ins Bodenlose, sondern erhält durch temporäre Lohnersatzleistungen und gegebenenfalls Weiterbildungsmaßnahmen finanzielle Unterstützung und auch Zeit, um sich auf neue Tätigkeiten vorzubereiten. Volkswirtschaftlich ist ein solcher digitaler Wandel also positiv zu bewerten.

4.3 Die 20:80-Gesellschaft

Neben dem tendenziell positiven Strukturwandel-Szenario hatten wir auch einen ungünstigeren Verlauf des digitalen Wandels aufgezeigt: In einem Risiko-Szenario endet der digitale Umbruch in einer »20:80-Gesellschaft«. Was bedeutet das? Gesamtwirtschaftlich führen die Digitalisierung und der Einsatz Künstlicher Intelligenz zwar zu deutlich höherer Produktivität; mit den gegebenen Ressourcen können also für sich genommen deutlich mehr Güter produziert werden. Dies wiederum führt zu mehr Wachstum und zu mehr Wohlstand. Aber der technische Fortschritt fällt so rasant aus, dass sich der Wohlstand mit einem Bruchteil der heute benötigten Arbeitskräfte produzieren lässt. In einer 20:80-Gesellschaft würden nur noch 20 % der arbeitswilligen Bevölkerung bezahlte Arbeit finden und die erzielten Einkommen würden sich auf einen sehr kleinen Teil der Bevölkerung konzentrieren. Dabei haben wir das Verhältnis 20:80 symbolisch gewählt. Eine 10:90-, 30:70-, 40:60- oder 50:50-Gesellschaft wäre ebenso denkbar. Was wir mit diesem Szenario zum Ausdruck bringen wollten, ist die Möglichkeit, dass es zu einem massiven Anstieg der Arbeitslosigkeit kommen kann, selbst wenn die Arbeitskräfte maximal veränderungsbereit sind und alles geben, um den neuen Erfordernissen des Arbeitsmarktes zu genügen. Der digitale Wandel vollzieht sich jedoch zu rasant, als dass die meisten Arbeitnehmer Schritt halten können. Wie beim Strukturwandel-Szenario könnte das 20:80-Szenario aus wohlfahrtsökonomischer Sicht positiv ausfallen, weil der gesamtwirtschaftliche Wohlstand steigt. Finanzielle Verlierer wären also die vielen Arbeitnehmer, deren Qualifikationen durch den digitalen Wandel entwertet werden. Finanzielle Gewinner wären die Arbeitnehmer, die weiterhin am Arbeitsmarkt nachgefragt werden und wohl auch die Kapitalgeber, weil die Unternehmensgewinne voraussichtlich steigen würden.

4.4 (Übergangs-)Probleme

Bei diesem gesamtwirtschaftlich positiven Befund kann man es aber nicht belassen. Zu groß dürften die konkreten Veränderungen sein, die ein erheblicher Teil der Arbeitskräfte zu bewältigen hätte. Experten für Künstliche Intelligenz erwarten, dass eine erhebliche Zahl der heutigen Tätigkeiten bzw. Arbeitsplätze – die Rede ist zuweilen von über 50 % – durch den digitalen Wandel perspektivisch vor dem Aus steht. Diese Perspektive klingt dramatisch. Sie wird von den Experten selbst aber eher als optimistisches Szenario eingestuft, weil der Mensch in bestimmten Bereichen auch in Zukunft unverzichtbar sein wird. Die Menschen müssten sich dafür »lediglich« auf die Tätigkeitsfelder und Berufe konzentrieren, die durch den Einsatz von KI nicht gefährdet sind. Dazu gehören u. a. handwerkliche Berufe und solche Tätigkeiten, bei der Zwischenmenschliches und Einfühlungsvermögen eine große Rolle spielen, zum Beispiel im sozialen Bereich. Prozessorientierte Tätigkeiten – insbesondere Tätigkeiten mit wiederkehrenden, automatisierbaren Abläufen – gelten hingegen als besonders gefährdet. Arbeitsplätze, die kognitive Fähigkeiten erfordern und die heute oft mit hohen Gehältern honoriert werden, können unter Druck geraten. Somit zeichnet sich ab, dass nicht nur einfache Jobs dem Wandel zum Opfer fallen werden – wie es in öffentlichen Diskussionen immer noch häufig zu hören ist –, sondern dass auch Arbeitsplätze, die bisher von höher Qualifizierten besetzt werden, gefährdet sind (▶ Dar. 24).

Die Arbeitskräfte werden sich wie schon bei früheren Umbrüchen mithilfe der richtigen Aus- und Weiterbildung an die neuen Rahmenbedingungen anpassen müssen. Dies mag nach wirtschaftspolitischer Routine klingen, doch die daraus resultierenden Herausforderungen könnten gewaltig sein. Zu Ende gedacht birgt das Szenario nämlich erheblichen sozial- und gesellschaftspolitischen Zündstoff. Bemerkenswert ist dies, weil der insgesamt erwirtschaftete Wohlstand im Vergleich zu heute ja sogar stiege. Auch wenn struktureller Wandel den Wohlstand insgesamt hebt, wird er doch von den Betroffenen oft als Belastung empfinden, weil er zur Veränderung zwingt.

Natürlich sind alle Prognosen für den digitalen Umbruch mit erheblichen Unsicherheiten behaftet. Da es aber wichtig ist, auch auf mögliche negative Szenarien vorbereitet zu sein, sollen nachfolgend exemplarisch einige Herausforderungen skizziert werden.

4.4.1 Verteilung der Wertschöpfungsgewinne

Wenn es für die Menschen zu der skizzierten Verschiebung von hochbezahlten Arbeitsplätzen zu niedriger entlohnten (Service-)Jobs kommt, hieße dies, dass die heutigen Arbeitsplätze mit hoher Wertschöpfung künftig verstärkt von Computern bzw. Robotern erledigt werden. Da die Produktionsfaktoren (also Arbeitskräfte, Maschinen etc.) typischerweise gemäß ihrem Beitrag zur Wertschöpfung entlohnt werden, würden in der neuen Welt Computer und Roboter (bzw. die dahinterstehenden Unternehmen) fürstlich entlohnt, während die im Servicebereich tätigen Menschen mit vergleichsweise geringen Einkommen zurechtkommen müssten. Die Berufe, die aus Sicht vieler KI-Experten als besonders zukunftsträchtig gelten (Service, Handwerk, Sozialberufe), gehören vielfach schon heute nicht zu den hochbezahlten Tätigkeiten. Wenn künftig auch noch Anwälte, Steuerberater, Hochschullehrer oder Kapitalmarktexperten gezwungen wären, sich beruflich umzuorientieren und im Handwerk oder Sozialbereich ihr neues Glück suchen müssen, würden die Löhne in diesen Bereichen noch weiter unter Druck geraten. Hinzu kommt: Momentan (d. h. im Winter 2023/2024) ist die Nachfrage nach Handwerkern, Gärtnern und Dienstleistungen auch deshalb hoch, weil die gute Arbeitsmarktlage vielen Arbeitnehmern finanziell ermöglicht, diese Arbeiten bzw. Dienstleistungen einzukaufen, anstatt sie in Eigenarbeit zu erledigen. In der neuen Arbeitswelt würde hingegen möglicherweise wieder »do it yourself« in Mode kommen.

Wie stark die daraus resultierenden verteilungspolitischen Spannungen potenziell ausfielen, hängt maßgeblich von einer Frage ab: Müssen die mithilfe Künstlicher Intelligenz produzierten Dienstleistungen vom Verbraucher teuer bezahlt werden oder werden sie künftig als freies Gut der Allgemeinheit kostenlos zur Verfügung gestellt? Falls sich letztere Variante durchsetzt, würden viele Menschen zwar weniger Einkommen haben, aber sie würden über die Ausgabenseite deutlich entlastet, weil die Kosten für Steuerberater, Anwälte etc. nicht mehr anfielen.

Eine offene Frage ist, inwieweit der digitale Umbruch zu Arbeitsplatzverlusten führen wird (die Frage wird in Abschnitt 4.5 erneut aufgegriffen). Der Haupteffekt des Einsatzes Künstlicher Intelligenz könnte sein, dass Berufsbilder nicht verschwinden, sondern dass innerhalb der bestehenden Berufsbilder die Arbeit erleichtert wird, weil sich bestimmte Teilaufgaben automatisieren lassen. Wäre das der Fall, dann wäre die nächste offene Frage, in welchem Maß die so geschaffenen Freiräume für andere Tätigkeiten genutzt werden (wodurch die Produktivität stiege) und in welchem Maße die Freiräume schlichtweg den Arbeitskräften zugutekommt (wodurch die Produktivität nicht stiege). Es spricht viel dafür, dass nicht alles in höherer Produktivität mündet. Die Arbeitswelt dürfte durch diese neue Technologie zumindest etwas bequemer und angenehmer werden – so wie technologische Innovationen auch in der Vergangenheit das Arbeitsleben insgesamt angenehmer gemacht hat.

4.4.2 Verlustpotenzial

Die Folgen des digitalen Umbruchs werden häufig relativiert, indem Vergleiche zu früheren strukturellen Umbrüchen gezogen werden. Solche Vergleiche sind grundsätzlich sinnvoll, weil sie zeigen, dass Fortschritt noch nie schmerzfrei zu haben war. Strukturwandel ist grundsätzlich mit dem Verlust von Arbeitsplätzen in sterbenden Industrien verbunden, während in den aufstrebenden Branchen und Unternehmen neue Arbeitsplätze entstehen. Gleichwohl lassen sich die Erfahrungen vergangener Umbrüche nicht eins zu eins übertragen. So sind auf dem heute erreichten Wohlstandsniveau die potenziellen Verluste, die dem Einzelnen drohen, viel höher als in früheren Strukturwandel-Episoden. Die finanzielle Fallhöhe ist für die Betroffenen deutlich gestiegen.

Besonders brisant könnte es werden, wenn sich die betroffenen Hochqualifizierten zum Widerstand formieren. In der Vergangenheit waren sie vom Strukturwandel kaum negativ betroffen, vielmehr gehörten sie meist zu den Gewinnern des Wandels, die für den Strukturwandel öffentlich Partei ergriffen. Sollte der Einsatz von KI wie oben skizziert tatsächlich den Höherqualifizierten ihren Arbeitsplatz und damit auch ihren Lebensstandard streitig machen, würde der Widerstand gegen den digitalen Wandel sicher auf einem höheren argumentativen Niveau erfolgen als dies bei früheren Umbrüchen der Fall war.

4.4.3 Anpassungsgeschwindigkeit

Viel hängt davon ab, ob und wie schnell es den betroffenen Arbeitskräften gelingt, sich an die neuen Gegebenheiten anzupassen. Aus wirtschafts- und sozialpolitischer Sicht ist es seit jeher wichtig, dass die Arbeitskräfte ausreichend flexibel, lernwillig und veränderungsbereit sind, sodass sie sich schnell auf neue Arbeitsmarktbedingungen einstellen können. Ein aktivierender Sozialstaat, der die Verlierer des Strukturwandels für eine gewisse Zeit finanziell auffängt und bei der Weiterqualifizierung unterstützt, sichert die Betroffenen in der Übergangsphase ab. Was passiert aber, wenn die Geschwindigkeit des Fortschritts zu hoch ist und die Arbeitskräfte trotz Weiterbildung und Veränderungsbereitschaft nicht mehr Schritt halten können? Wir wären dann eher im 20:80- als im Strukturwandel-Szenario. Für den Einzelnen wäre dies gleichbedeutend mit einer persönlichen Dauerkrise und der Sozialstaat wäre auf ein solches Szenario ebenfalls nicht vorbereitet. Da der digitale Wandel mit hohem Tempo voranschreitet, ist die Gefahr nicht unerheblich, dass die Arbeitskräfte künftig tatsächlich überfordert werden.

4.4.4 Sozialpolitik

Der Sozialstaat sichert Lebensrisiken wie Arbeitslosigkeit, Krankheit oder Invalidität ab. Zudem verteilt er Einkommen um und sorgt damit für eine gleichmäßigere Einkommensverteilung. Damit er diese Leistungen erbringen kann, braucht der Sozialstaat eine starke wirtschaftliche Basis mit vielen Steuer- und Beitragszahlern. Sollte es durch den digitalen Wandel – zumindest temporär – zu technologischer Massenarbeitslosigkeit kommen, würde erstens der Bedarf an staatlichen Sozialleistungen in die Höhe schießen und zweitens würde die Finanzierungsbasis ausgehöhlt. Der Staat müsste seine Einnahmen notgedrungen stärker beim Faktor Kapital bzw. bei den Unternehmen eintreiben, weil die Summe der Arbeitseinkommen drastisch sinken würde. Hierfür stehen die Chancen nicht gut, weil das Kapital international mobil ist und weil die zu Beginn der 2020er Jahre erfolgreichen Technologieunternehmen mehrheitlich in den USA und in China ihren Sitz haben. Für die Digitalökonomie ist das Prinzip »The winner takes all« charakteristisch. Das heißt: Erfolgreiche Unternehmen der Digitalwirtschaft haben Aussicht auf ein globales Monopol oder zumindest auf einen sehr großen Marktanteil. Ob ein Staat nach dem digitalen Umbruch künftig noch eine angemessene Sozialpolitik anbieten kann, könnte also maßgeblich davon abhängen, ob es in dem betreffenden Land international erfolgreiche Technologieunternehmen gibt, die für die Finanzierung des Sozialstaates herangezogen werden können. Da Deutschland in der Digitalökonomie nicht als Innovationsführer gilt und deutsche Unternehmen bisher eher selten in der ersten Reihe stehen, müssten die Grundlagen des deutschen Sozialstaatsmodells überdacht werden.

4.4.5 Psychologische Aspekte

Selbst wenn es gelingt, den digitalen Wandel sozialpolitisch erfolgreich zu gestalten und allen Bürgern – mit oder ohne Arbeitsplatz – ein Einkommen zu garantieren, das die Grundbedürfnisse abdeckt, bleiben trotzdem drängende Fragen: Woher ziehen die Menschen Selbstbestätigung und Zufriedenheit, wenn sie am Arbeitsmarkt nicht mehr gebraucht werden? Was macht es mit den Menschen, wenn sie von Robotern in Tätigkeiten gedrängt werden, zu denen sie sich nicht berufen fühlen? Die Verlustaversion der Menschen spricht dafür, dass ein solcher Umbruch nicht ohne Reibungen und Spannungen verlaufen würde. Solche Probleme dürften mit steigendem Lebensalter zunehmen. Junge Arbeitskräfte, die bereits in einem solchen Umfeld groß geworden sind, könnten sich hingegen möglicherweise besser arrangieren.

An dieser Stelle darf der – etwas philosophische – Hinweis nicht fehlen, dass schon die heutige Arbeitswelt in vielen Bereichen nicht unbedingt der Natur des Menschen entspricht und dass der digitale Wandel den Menschen deshalb die Möglichkeit gibt, sich wieder auf die wirklich wichtigen und wertvollen Dinge zu konzentrieren. Der heutzutage weit verbreitete Acht-Stunden-Tag, der oft ohne große Abwechslung vor einem Bildschirm verbracht wird, mag aus Sicht früherer und auch künftiger Generationen nicht unbedingt als »artgerecht« eingestuft werden. Was an dieser Überlegung dran ist, soll hier nicht bewertet werden. Sicher ist aber, dass sich die Menschen in dieser für sie bekannten und überschaubaren Welt eingerichtet und ihre Lebenspläne entsprechend ausgerichtet haben. Sie befinden sich gewissermaßen im Gleichgewicht, weil sie in dieser ihr bekannten Welt sozialisiert wurden. Selbst wenn die Welt nach dem digitalen Umbruch – gemessen an irgendwelchen ethischen Standards – eine bessere sein sollte, steht aus heutiger Sicht eine Phase extremer Unsicherheit bevor, welche die bisherigen Lebenspläne durcheinanderwirbelt.

4.5 Gesamtwirtschaftliche Aspekte

Die oben skizzierten Szenarien suggerieren, dass der vermehrte Einsatz digitaler Technologie und Künstlicher Intelligenz in erster Linie eine potenzielle Bedrohung für die heutigen Arbeitskräfte, für deren Qualifikationen und letztlich für den sozialen Frieden sein kann. Doch ist es vielleicht ganz anders? Leidet Deutschland aktuell nicht gleichzeitig unter Arbeitskräftemangel und Wachstumsschwäche? Kommt die Künstliche Intelligenz deshalb nicht gerade rechtzeitig, um an beiden Stellen für Besserung zu sorgen? Ist nicht die Debatte über die potenziellen Arbeitsmarktgefahren eine rein akademische Debatte? Die Antworten hängen von der Zeitperspektive ab.

Kurzfristig wäre der vermehrte Einsatz Künstlicher Intelligenz offenkundig eine Hilfe, die aktuellen Schwierigkeiten am Arbeitsmarkt zu lindern. Der Arbeitskräftemangel könnte gemildert werden, wenn die Arbeitskräfte von Routineaufgaben befreit werden und dadurch die Möglichkeit erhalten, Arbeitszeit für andere Tätigkeiten zu nutzen. Insgesamt ließe sich mit dem bestehenden Arbeitskräftepotenzial dank des Produktivitätsgewinns also mehr Arbeit erledigen.

Auch auf mittlere und längere Sicht spricht viel dafür, dass Künstliche Intelligenz nicht zu einem gesamtwirtschaftlichen Problem wird, sondern vielmehr zur Lösung gesamtwirtschaftlicher Probleme beitragen kann. Denn das deutsche Wachstumspotenzial droht in den nächsten Jahren zu sinken. Die Wirtschaftsforschungsinstitute haben im Frühjahr 2023 in ihrer Gemeinschaftsdiagnose gezeigt (vgl. Gemeinschaftsdiagnose 2023, S. 61 ff.), dass das Wachstum des Produktionspotentials – die Gütermenge, die bei normaler Auslastung der Wirtschaft hergestellt werden kann – in den Jahren 2022–2027 bestenfalls auf durchschnittlich 0,9 % zurückfällt (von 1,2 % im Zeitraum 1996–2022). Der Hauptgrund ist der mittelfristig zu erwartende Rückgang des Arbeitsvolumens um jahresdurchschnittlich 0,5 %. Die Arbeitszeit je Beschäftigten sinkt wegen zunehmender Teilzeitbeschäftigung schon länger. Ab 2024 wird wegen der alternden Gesellschaft auch die Bevölkerung im erwerbsfähigen Alter schrumpfen. Ein sinkendes Arbeitsvolumen ist mit Blick auf die schon jetzt herrschende Arbeitskräfteknappheit ein sehr schlechtes Zeichen. Wenn das Arbeitsvolumen insgesamt sinkt, gleichzeitig aber die Nachfrage nach Waren und Dienstleistungen hoch bleibt, ist das nur durch mehr Kapitaleinsatz und technischen Fortschritt möglich. In der Vergangenheit hat tiefgreifender technischer Fortschritt oft reflexartig zur Sorge vor Massenarbeitslosigkeit geführt. Diese Sorge scheint tief verwurzelt, aber aktuell (noch) nicht angebracht zu sein.

Auch der Sachverständigenrat zur Begutachtung der gesamtwirtschaftlichen Entwicklung (»Wirtschaftsweise«) hat in seinem Jahresgutachten 2023/2024 deutlich auf den Rückgang des Produktionspotenzials hingewiesen (vgl. Sachverständigenrat 2023): Es lag in den Jahren vor der Wiedervereinigung noch bei etwa 2,4 % pro Jahr. Im Zeitraum 2000 bis 2019 betrug das Potenzialwachstum schon nur noch durchschnittlich 1,4 % jährlich. In den bewegten vergangenen fünf Jahren ist es auf deutlich unter 1,0 % gefallen. Doch damit nicht genug. Für die Jahre bis 2033 kommen die Wirtschaftsweisen in ihrer Mittelfristprojektion bei Fortschreibung der bestehenden Dynamiken nur noch auf ein Potenzialwachstum von knapp 0,4 % pro Jahr. Angesichts der aktuell abschätzbaren Trends spricht aus Sicht des Sachverständigenrates viel dafür, dass das Potenzialwachstum in der längeren Frist auf niedrigem Niveau bleibt, wenn wirtschaftspolitisch nicht gegengesteuert wird. Genau wie die Forschungsinstitute weisen die Wirtschaftsweisen darauf hin, dass der Rückgang des Arbeitsvolumens die Wachstumschancen in Deutschland drastisch reduziert. Diese Kalkulationen berücksichtigen noch nicht die Produktivitätseffekte, die vom vermehrten Einsatz Künstlicher Intelligenz ausgehen könnten. Es liegt aber auf der Hand, dass die drohende Wachstumsschwäche durch das KI-Produktivitätspotenzial zumindest abgefedert werden kann.

»Helaba Invest« hat in einer Publikation die makroökonomischen Folgen des Einsatzes generativer KI untersucht (vgl. Helaba Invest 2023). Neben einer eigenen Simulation, die interessanterweise auch mithilfe von ChatGPT erstellt wurde, gibt es einen Überblick über die aktuelle Studienlage. Insgesamt ergibt die Auswertung der Studien ein eher positives Bild: Die Produktivität nimmt zu, Arbeitnehmer können zeitaufwendige und mühselige Teile ihrer Arbeit an die KI delegieren und das Wirtschaftswachstum könnte aufgrund des Einsatzes von KI spürbar erhöht werden. Die Studienergebnisse liefern keine Hinweise auf eine bevorstehende Massenarbeitslosigkeit.

So sollen etwa zwei Drittel aller Jobs in den USA Aufgaben beinhalten, die sich mit Hilfe von generativer KI automatisieren lassen. Laut Schätzungen könnten in entwickelten Volkswirtschaften im Durchschnitt 25 % der Arbeitslast künftig auf die KI übertragen werden. Besonders hoch ist der Anteil mit 46 % im Bereich Administration und Verwaltung und mit 44 % im Rechtswesen. Besonders gering ist der Anteil mit 4 % im Installations-, Wartungs- und Reparaturwesen sowie mit nur 1 % in der Gebäude- und Grundstückswartung/-reinigung. Darstellung 24 zeigt, dass der Effekt der Künstlichen Intelligenz umso größer ist, je höher die formale Bildung ist. Hochgebildete müssen also am ehesten fürchten, durch den Einsatz Künstlicher Intelligenz überflüssig zu werden. Insgesamt deuten die Zahlen und Prognosen aber darauf hin, dass sich lediglich die Aufgaben innerhalb der Berufsbilder verändern – wie es in den meisten Berufen schon immer der Fall war –, dass aber die heutigen Berufsbilder nicht massenweise aussterben werden.

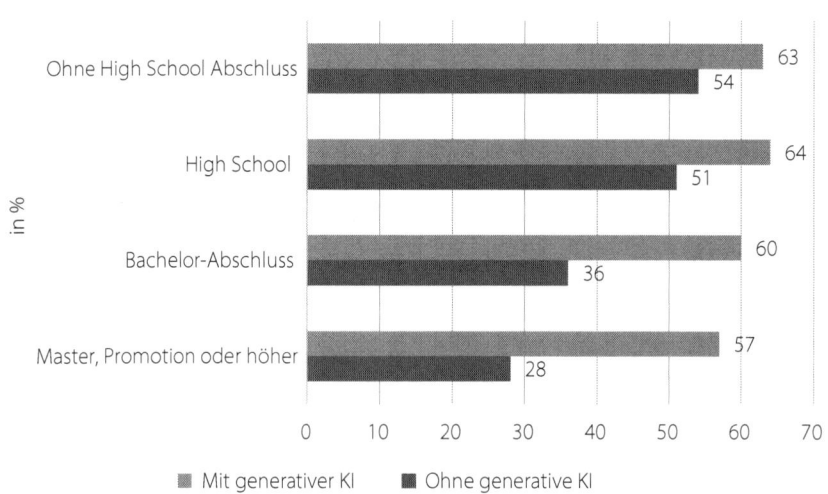

Dar. 24: Automatisierungsgrad nach US-Bildungsabschlüssen (Quelle: Chui et al. 2023, eigene Darstellung)

Um es an einem Beispiel aus meinem eigenen Arbeitsbereich als Bank-Volkswirt konkret zu machen: Es ist sehr gut möglich, dass es schon in absehbarer Zeit zum Standard wird, den Erstentwurf für einen Research-Bericht mithilfe Künstlicher Intelligenz schreiben zu lassen. Der Feinschliff wird aber wohl weiter einen Experten erfordern. Der Experte wird dadurch Zeit gewinnen für andere Aufgaben – zum

Beispiel für persönliche Kundengespräche –, denn statt den Text selbst zu schreiben, wird er sich eben nur noch um den Feinschliff kümmern müssen. Die Entwicklung der Übersetzungsmaschinen zeigt, dass das maschinelle Übersetzen von Texten hinsichtlich Schnelligkeit und Sprachniveau beeindruckend ist. Doch das Sprachniveau ist noch nicht perfekt. Daran hat sich in den letzten Jahren auch nicht mehr viel geändert. Um die maschinell übersetzte Erstversion auf einen publikationsfähigen Standard zu bringen, ist der Mensch nochmal in nennenswertem Umfang gefordert. Es scheint so zu sein, dass die Künstliche Intelligenz bis zu einem bestimmten Niveau erstaunliche Arbeit leisten kann. Um aber das Niveau zu erreichen, mit dem die menschliche Arbeitskraft vollständig ersetzt werden kann, ist es oft noch ein gewisser Weg.

Auch der vom Institut für Arbeitsmarkt- und Berufsforschung (IAB) entwickelte »Job Futuromat« stimmt zunächst hoffnungsvoll. Mithilfe des Online-Tools lässt sich die Zukunftssicherheit einzelner Berufe ermitteln. Der »Job Futuromat« zeigt den potenziellen Automatisierungsgrad konkreter Beruf an. Gibt man stichprobenartig einige Berufe ein, von denen vermutet werden könnte, dass sie aufgrund der Digitalisierung und des Einsatzes der Künstlichen Intelligenz nicht mehr zukunftssicher sind, erlebt man oft positive Überraschungen. So sind die Kernaufgaben einer Lehrkraft an einer Gesamtschule zu nur 13 % automatisierbar. Die Aufgaben von Projektleitern sind zu 33 % automatisierbar. Ebenfalls zu 33 % automatisierbar sind die Kerntätigkeiten von Rechtsanwälten. Bei Volkswirten liegt der Wert bei 21 %. Ärzte, Musiker und Maurer haben eines gemeinsam: ihre Kerntätigkeiten sind zu 0 % automatisierbar (alle Werte wurden am 14.11.2023 abgerufen unter https://job-futuromat.iab.de/). Es darf vermutet werden, dass Berufe, die nur zu einem Drittel automatisierbar sind, nicht verschwinden werden. Vielmehr ist anzunehmen, dass die Teilautomatisierung Freiräume schafft und die frei gewordene Zeit mit anderen Tätigkeiten gefüllt wird.

Nun muss aber doch noch etwas Wasser in den Wein gegossen werden: Es ist zumindest fraglich, wie verlässlich die Angaben des »Job Futuromaten« sind. Während die Kerntätigkeiten von Volkswirten – wie bereits erwähnt – nur zu 21 % automatisierbar sind, ergibt eine Abfrage für den Beruf Ökonom/in eine Automatisierbarkeit von 33 %. Eigentlich sollte man annehmen, dass Volkswirte und Ökonomen ziemlich genau den gleichen Tätigkeiten nachgehen und der Wert somit identisch sein müsste. Hier hilft ein Blick in die Spezifizierung der Tätigkeiten durch den »Job Futuromaten«. Während beim Volkswirt die Themen Wirtschaftstheorie, Mikroökonomie, Makroökonomie und Wirtschaftspolitik zu den Kernaufgaben gehören, sucht man diese Tätigkeiten beim Ökonomen erstaunlicherweise vergeblich. Dafür ist bei beiden Berufen das Thema Handelsrecht zu finden – eine Aufgabe, die für praktizierende Volkswirte bzw. Ökonomen nicht zu den Kernaufgaben gehört. Es ist also fraglich, ob die Berufsbilder beim »Job Futuromaten« überhaupt richtig erfasst bzw. definiert werden.

Auch andere Zahlen machen stutzig: Taxifahrer sind gemäß »Job Futuromat« zu 0 % automatisierbar. Das erstaunt angesichts der intensiven Diskussion über die Fortschritte beim autonomen Fahren. Auch ein Abgleich im zeitlichen Verlauf lässt

Zweifel am »Job Futuromaten« aufkommen. Im Jahr 2018 brauchten sich Dolmetscher keine Sorgen um ihre Zukunft zu machen. Der »Job Futuromat« sah damals eine Automatisierbarkeit von 0 % (!). Heute, also rund fünf Jahre später, wird die Automatisierbarkeit mit 100 % angegeben. Diese Beispiele sollten uns lehren, nicht allzu viel auf konkrete prognostizierte Zahlen zu legen. Alle numerischen Prognosen zu den wirtschaftlichen Effekten des vermehrten Einsatzes Künstlicher Intelligenz sind mit erheblichen Unsicherheiten behaftet. Sinnvoller erscheint es, in Szenarien zu denken und mit Plausibilitätsannahmen zu arbeiten.

4.6 Ausblick und Fazit

Ein Jahr nachdem ChatGPT der Öffentlichkeit vorgestellt wurde, sieht alles danach aus, dass Künstliche Intelligenz eine bahnbrechende Technologie ist. Vielfach wird eine Parallele zum iPhone/Smartphone gezogen, das mit seiner Markteinführung die bis dahin beliebten Mobiltelefone marginalisiert und ehemals erfolgreiche Mobiltelefonanbieter ins Aus gedrängt hat – schöpferische Zerstörung im Sinne des berühmten österreichischen Ökonomens Joseph Alois Schumpeters. Wie zerstörerisch die Künstliche Intelligenz sein wird, bleibt abzuwarten. Schon oft haben technologische Neuerungen Prognosen salonfähig gemacht, deren Kernbotschaft war, schon bald werde kein Stein mehr auf dem anderen bleiben. So war es um die Jahrtausendwende, als mit dem ersten Internet-Hype Finanzportale aus dem Boden schossen und private Anleger plötzlich Zugriff auf Finanzdaten hatten, die bis dahin nur professionellen Vermögensverwaltern oder Fondsmanagern zur Verfügung gestanden hatten. Auch wurde vielfach erwartet, Direktbanken würde das klassische Bankgeschäft obsolet machen. Mehr als zwei Dekaden später lässt sich feststellen, dass das Bankgeschäft noch lange nicht tot ist. Zwar ist die Zahl der Bankfilialen kräftig gesunken und auch die Zahl der Beschäftigten ist – aus ganz unterschiedlichen Gründen – sukzessive gesunken (▶ Dar. 25). Aber viele der Tätigkeiten, die damals totgesagt wurden, erfreuen sich noch immer großer Vitalität und zudem hat sich das Bankgeschäft gewandelt und viele neue Tätigkeiten hervorgebracht.

Auch in anderen Bereichen haben sich böse Vorahnungen nicht bestätigt. Im Oktober 2023 feierte das deutsche Radio seinen einhundertsten Geburtstag. In der Berichterstattung über den Radio-Geburtstag wurde immer wieder auf »Video killed the radio star« hingewiesen. So glaubte man damals, die Verbreitung von Fernsehen und Video würde das Aus des Radios besiegeln. Doch selbst nachdem die Medienvielfalt durch das Internet abermals massiv in die Höhe geschossen ist, hat das Radio seine wichtige Rolle in der Medienlandschaft nicht aufgeben müssen.

Vor etwa zehn Jahren kursierte die These, die »Sharing economy« – also die gemeinschaftliche Nutzung von Gütern (z. B. »Carsharing«) – könnte den Absatz von Konsumgütern massiv begrenzen. Bestätigt hat sich die These bis heute nicht. Mit dem Aufstieg der Musik-Streamingdienste wie Spotify wurde geunkt, das Ende der Musikindustrie sei nahe. Auch wenn Spotify einen kometenhaften Aufstieg hingelegt, den Verkauf physischer Tonträger deutlich negativ beeinflusst und das Einnahmepotenzial vieler Musiker beschnitten hat, hat die Musikindustrie Wege gefunden, mit den neuen, digitalen Strukturen umzugehen. So haben Live-Konzerte massiv an Bedeutung gewonnen. Das persönliche Erleben von Live-Musik hat in Zeiten allgegenwärtiger Verfügbarkeit der Musik einen sehr hohen Stellenwert bekommen.

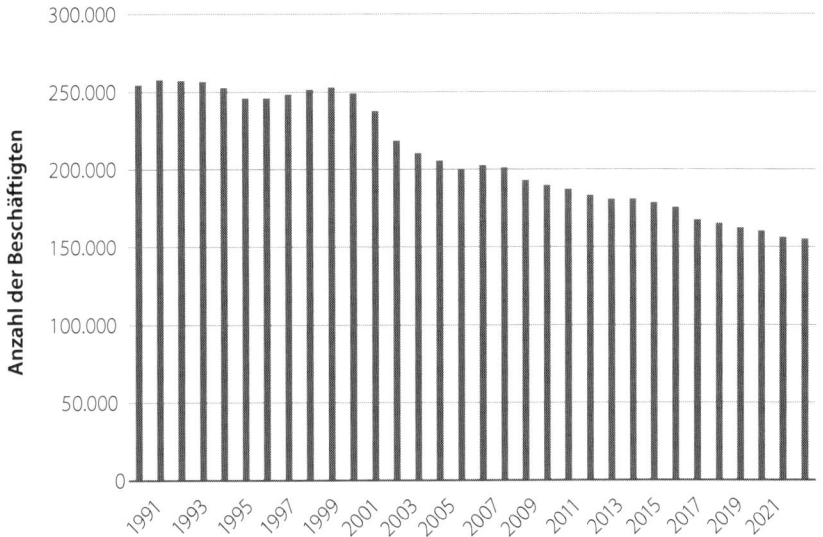

Dar. 25: Anzahl der Beschäftigten bei privaten Banken und Bausparkassen in Deutschland (Quelle: AGV Banken)

Insgesamt zeigt sich, dass Vieles, was zunächst wie eine Revolution aussieht, sich im Rückblick einige Jahre später oft eher wie ein evolutionärer Prozess darstellt. Gemessen an der aktuellen wirtschaftlichen Situation mit einem ausgeprägten Arbeitskräftemangel ist ein vermehrter Einsatz Künstlicher Intelligenz für Unternehmen ein Segen. Die Unternehmen werden die neuen Möglichkeiten wahrscheinlich nutzen, um die Engpässe, die wegen Personalmangel entstanden sind, pragmatisch aufzulösen, und sie werden ihre Geschäftsprozesse optimieren. Damit ist es nach heutigem Stand wahrscheinlich, dass die Künstliche Intelligenz positive Effekte für die Wirtschaft haben wird.

Die gesellschaftlichen Folgen sind dagegen offen. Wie sich der digitale Umbruch letztlich auch vollziehen wird, eines scheint inzwischen wahrscheinlich: Das Leben wird sich in vielerlei Hinsicht grundlegend verändern. Somit drängt sich die Frage auf: Wohin wollen wir als Gesellschaft? Wie gehen wir mit den neuen technischen Möglichkeiten um? Mit Blick auf die aktuellen Spannungen in Politik und Gesellschaft stehen die Chancen auf einen konstruktiven gesellschaftlichen Diskurs allerdings nicht gerade gut, zumal sich der digitale Wandel global vollzieht und die nationalen Steuermöglichkeiten deshalb sehr begrenzt sind.

Literatur

Berenberg/HWWI (2015), Digitalökonomie.

Gemeinschaftsdiagnose (2023), Inflation im Kern hoch – Angebotskräfte jetzt stärken, Gemeinschaftsdiagnose #1, Frühjahr 2023.

Helaba Invest (2023), Die makroökonomischen Auswirkungen von generativer KI: ChatGPT und die Wirtschaft der Zukunft. URL: https://helaba-invest.de/chatgpt-und-die-wirtschaft-der-zukunft/ (Abgerufen am 13.3.2024).

Sachverständigenrat (2023), Wachstumsschwäche überwinden – In die Zukunft investieren, Jahresgutachten 23/24.

5 Wirtschaftssanktionen – Motive, Wirkungen und Nebenwirkungen

Thieß Petersen

> **Zusammenfassung**
>
> Spätestens seit dem völkerrechtswidrigen Einmarsch Russlands in die Ukraine im Februar 2022 sind sie regelmäßiger Gegenstand der öffentlichen Diskussion: wirtschaftliche Sanktionen. Darunter sind letztlich Maßnahmen zu verstehen, mit denen ein Land oder eine Ländergruppe das politische Handeln eines anderen Landes oder einer anderen Ländergruppe beeinflussen, verändern oder gar beenden möchte. Zur Verfügung stehen dafür allerlei Maßnahmen, von Importverboten über eingefrorene Konten bis hin zu völliger wirtschaftlicher Isolation. Ob diese Maßnahmen die intendierte Wirkung entfalten, ist freilich eine andere Frage. Im nachfolgenden Aufsatz erläutert Thieß Petersen das Potpourri der zur Verfügung stehenden Maßnahmen und zeigt, dass deren Wirkung von bestimmten Voraussetzungen abhängt. Sind diese erfüllt, können die Folgen dieser Sanktionen durchaus erheblich sein, zumindest in wirtschaftlicher Hinsicht. Ob sie deswegen aber auch politisch erfolgreich sind, also schlussendlich wirklich eine Verhaltensänderung erzwingen, ist eine andere Frage. Im Falle Russlands ist letzteres bisher leider nicht zu beobachten. Der Krieg dauert zum Zeitpunkt der Drucklegung dieses Buches unverändert an. Das bedeutet aber nicht, dass die bisher verhängten Sanktionen wirkungslos geblieben sind. Im Gegenteil, vieles spricht dafür, dass sie hinter den Kulissen größere Auswirkungen entfalten, als es ein erster Blick auf die typischen ökonomischen Kennzahlen vermuten lässt.

5.1 Einleitung

Seit einigen Jahren setzen Länder immer wieder Wirtschaftssanktionen gegen andere Nationen ein. Ein aktuelles Beispiel dafür sind die im Rahmen des Krieges in der Ukraine gegen Russland ergriffenen Maßnahmen. Das finale Sanktionsziel ist es, die Regierung eines anderen Landes zu einem bestimmten politischen Handeln zu bewegen.

In der Literatur gibt es keine Einigung über eine allgemein anerkannte Definition des Sanktionsbegriffs. Eine mögliche Definition bezeichnet eine Sanktion als einen »Zwangsakt ..., der als Reaktion auf eine bestimmte Handlung oder Unterlassung gesetzt wird« (Hafner 2016, S. 392). Derartige Zwangsakte können unterschiedliche Formen annehmen. Zu denken ist beispielsweise an Einreiseverbote für ausgewählte oder sogar alle Bürger eines Landes, an das Verbot, technisches Wissen weiterzugeben oder technische Unterstützung bei erforderlichen Reparaturen zu leisten, an das Verbot von Finanztransaktionen mit dem sanktionierten Land und an das Einfrieren von Vermögenswerten bis hin zum Export- und Importverbot von Rohstoffen, Waren, Dienstleistungen und Produktionsfaktoren (vgl. Hafner 2016, S. 369, sowie Hefeker, Menck 2002, S. 7). Auch Flugverbote und Hafensperrungen gehören zum Instrumentenkasten der Sanktionspolitik (vgl. Yalçin 2023, S. 15). Der Begriff der Wirtschaftssanktion ist etwas enger definiert. Er bezieht sich auf Maßnahmen, die die wirtschaftlichen Gestaltungsmöglichkeiten des sanktionierten Landes einschränken sollen (vgl. Hefeker, Menck 2002, S. 7).

Besonders häufig sind Interventionen im Bereich des grenzüberschreitenden Handels. Das betrifft sowohl das Verbot, Rohstoffe, Waren und Dienstleistungen in ein sanktioniertes Land zu exportieren, als auch das Verbot, Produkte aus diesem Land zu importieren. Ziel dieser Handelssanktionen ist es, das sanktionierte Land von den ökonomischen Vorteilen der internationalen Arbeitsteilung abzuschneiden (vgl. Smeets 2018, S. 3). So werden die Kosten eines unerwünschten Handels für den sanktionierten Staat erhöht. Damit ist die Erwartung verbunden, dass dessen Regierung ihr Verhalten ändert. Im Fall der Sanktionen gegen Russland wird gehofft, dass Russland seine militärischen Aktionen gegen die Ukraine beendet und die besetzten Gebiete räumt (vgl. Grauvogel, von Soest 2023, S. 33).

Dieser Aufsatz beschreibt im Kapitel 5.2 die zentralen ökonomischen Folgen, die mit Wirtschaftssanktionen verbunden sind. Dabei geht es sowohl um die Konsequenzen für das sanktionierte Land als auch um die Auswirkungen auf das Land, das entsprechende Sanktionen verhängt. Anschließend werden die erhofften politischen Konsequenzen skizziert (▶ Kap. 5.3). Damit Sanktionen die erwünschten Effekte nach sich ziehen, sind zahlreiche Bedingungen erforderlich. Welche das sind, wird im Kapitel 5.4 diskutiert. Das Kapitel 5.5 bewertet die ökonomischen Auswirkungen der aktuellen Sanktionen gegen Russland, sowohl in der kurzen als auch in der langen Frist. Im abschließenden Kapitel 5.6 werden Schlussfolgerungen bezüglich der Sinnhaftigkeit von Wirtschaftssanktionen gezogen.

5.2 Erwartete ökonomische Folgen von Sanktionen

Zentrale Maßnahmen zur Beeinflussung des politischen Handels von Ländern sind Handelssanktionen, d. h. Export- und Importverbote. Beide haben zur Folge, dass das Ausmaß der internationalen Arbeitsteilung zurückgeht. Das hat negative Produktions-, Beschäftigungs- und Einkommenseffekte für alle beteiligten Volkswirtschaften.

5.2.1 Konsequenzen eines Importverbots

Wenn ein Land oder eine Vielzahl von Ländern ein Importverbot gegen ein anderes Land verhängt, dient dies dem Zweck, in dem sanktionierten Land einen wirtschaftlichen Schaden in Form von Einkommensverlusten hervorzurufen.

Wenn beispielsweise die Europäische Union (EU) den Kauf russischer Rohstoffe verbietet, gehen die Umsätze der betroffenen Unternehmen in Russland zurück. Die Unternehmen müssen sich an die geringere Nachfrage anpassen. Folglich reduzieren sie ihre Produktion. Im Normalfall geht das mit einem geringeren Bedarf an Arbeitskräften einher. Es kommt also zu Entlassungen, die bei den betroffenen Personen zu Einkommensverlusten führen. Auch die Eigentümer der Unternehmen müssen Einkommenseinbußen in Form geringerer Gewinne hinnehmen. Und wenn ihr Unternehmen wegen der wegfallenden Umsätze Verluste macht, kommt es sogar zu Vermögensverlusten, denn ein Verlust schmälert das Eigenkapital eines Unternehmens und reduziert so das Nettovermögen der Eigentümer.

Allerdings hat ein Importverbot auch Folgen für das Land, das diese Sanktion verhängt. Wenn die Importe aus dem sanktionierten Land ausbleiben, verringert sich die im sanktionsverhängenden Land zur Verfügung stehende Gütermenge. Eine Angebotsverknappung führt in der Regel zu einem Preisanstieg. Daher ergeben sich für die einheimischen Verbraucher ökonomische Nachteile aus dem Sanktionsverhalten ihrer Regierung: Sie können nur noch eine geringere Gütermenge konsumieren, für die sie einen höheren Preis zahlen müssen. Der höhere Güterpreis schmälert zudem die Kaufkraft der verfügbaren Einkommen. Im Ergebnis gehen die realen Konsummöglichkeiten der Bevölkerung des sanktionsverhängenden Landes zurück.

Falls sich das Importverbot auf Rohstoffe und Vorleistungen bezieht, hat auch dies negative Auswirkungen auf die sanktionsverhängende Volkswirtschaft. Ausbleibende Importe bewirken eine Angebotsverknappung der betroffenen Inputfaktoren. Diese führt zu einem Preisanstieg. Die Produktionskosten für die heimischen Unternehmen, die diese Inputfaktoren benötigen, steigen daher. Das verringert die internationale Wettbewerbsfähigkeit der Unternehmen in den sanktionsverhängenden Ländern. Die Folge sind sinkende Absätze im In- und Ausland, was zu Beschäftigungs- und Einkommensrückgängen führt. Sofern es keinen Ersatz für diese Importe gibt, müssen die betroffenen Unternehmen ihre Produktion im schlimmsten Fall einstellen. Die Folge sind neben weiter steigenden Beschäftigungs- und Einkommensverlusten auch Versorgungsengpässe im Inland.

Wie stark die wirtschaftlichen Schäden in dem sanktionsverhängenden Land ausfallen, hängt davon ab, wie gut oder schlecht das Land auf die Importe verzichten kann. Wenn es sich bei den vom Importverbot betroffenen Gütern um Einzelteile oder Konsumgüter handelt, die leicht durch die Angebote anderer Anbieter aus dem In- oder Ausland ersetzt werden können, hält sich der ökonomische Schaden in Grenzen. Falls es diese Substitutionsmöglichkeiten jedoch nicht gibt und das sanktionsverhängende Land auf die importierten Güter angewiesen ist, sind erhebliche wirtschaftliche Schäden zu befürchten.

Genau dies ist für Deutschland der Fall bei den aus Russland importierten Rohstoffen, allen voran beim russischen Erdgas. Hier hat sich in den letzten Jahren und Jahrzehnten eine hohe Importabhängigkeit ergeben. Ein abruptes Ausbleiben von russischem Erdgas hätte erhebliche Produktionseinbrüche in allen Unternehmen nach sich gezogen, die auf dieses Erdgas angewiesen sind und nicht ohne Weiteres auf andere Erdgaslieferanten ausweichen können. Aus diesem Grund ist Erdgas von den Importverboten der EU ausgenommen.

5.2.2 Konsequenzen eines Exportverbots

Ziel eines Exportverbots ist es, die Versorgungslage in dem sanktionierten Land zu verschlechtern. Dies kann direkt oder indirekt erfolgen. Werden Konsumgüter mit einem Exportverbot belegt, verringert sich das Konsumgüterangebot im sanktionierten Land unmittelbar. Den Bürgern des Landes stehen weniger Produkte zur Verfügung, für die sie einen höheren Preis zahlen müssen. Das verringert den materiellen Lebensstandard der Menschen in dem sanktionierten Land.

Werden Vorleistungen, also z. B. Einzelteile oder auch Rohstoffe, nicht mehr exportiert, stört das die Produktionsprozesse im sanktionierten Land. Sofern die Unternehmen dort keinen Ersatz für die fehlenden Vorleistungen aus dem Ausland finden, müssen sie ihre Produktion einschränken. Die Folge sind wiederum Entlassungen und entsprechende Einkommenseinbußen bei den betroffenen Personen.

Erneut ist zu beachten, dass auch Exportverbote negative Auswirkungen für das sanktionsverhängende Land haben können. Die Unternehmen, die ihre Produkte nun nicht mehr an das sanktionierte Land verkaufen dürfen, müssen ihre Produktion an die geringere Nachfrage anpassen, wenn sie keine anderen Abnehmer finden. Damit kommt es auch im sanktionsverhängenden Land zu Produktions-, Beschäftigungs- und Einkommenseinbußen.

Zusätzlich zu einem Exportverbot kann es ein generelles Verkaufsverbot geben. Wenn sich ein sanktionsverhängendes Land also dazu entschließt, bestimmte Produkte nicht mehr an das sanktionierte Land zu verkaufen, kann sich dieses Verkaufsverbot auch auf die Unternehmen beziehen, die Filialen in dem sanktionierten Land errichtet haben. In diesem Fall kommt es nicht nur zu Umsatzeinbußen und Produktionsverringerungen, sondern möglicherweise auch zu Vermögensverlusten.

Wenn beispielsweise ein deutsches Konsumgüterunternehmen Gebäude in Russland erworben hat, um dort seine Produkte zu verkaufen, verlieren diese Gebäude ihren Wert, wenn diese Konsumgüter unter das deutsche Exportverbot fallen. Noch größer sind die wirtschaftlichen Verluste, wenn das deutsche Konsumgüterunternehmen seine für den russischen Markt produzierten Güter in Russland herstellt. Die Errichtung von Produktionsanlagen verursacht höhere Kosten als der Bau oder Erwerb von Verkaufsräumlichkeiten. Im Fall eines Verkaufsverbots deutscher Konsumprodukte in Russland verlieren diese Produktionsanlagen ihren Wert. Und falls sich keine Käufer für diese Anlagen finden, erleidet das deutsche Unternehmen mit Blick auf diese Produktionsanlagen einen Totalverlust.

5.2.3 Konsequenzen des Verbots eines Technologie- und Kapitaltransfers

Ein weiteres Instrument zur wirtschaftlichen Schädigung eines Landes ist das Verbot, diesem Land moderne Technologien zur Verfügung zu stellen. Konkret bedeutet dies, dass Unternehmen in dem sanktionierten Land keinen Zugang zur Nutzung bestimmter Patente erhalten. Neben diesem direkten Technologietransferverbot gibt es auch noch einen indirekten Weg. Bei ihm wird der Export moderner Maschinen und Geräte verboten. Das schließt das sanktionierte Land von der Nutzung der technologischen Innovationen aus, die in diesen Geräten enthalten sind.

Wird der Zugang zu modernen Technologien verwehrt, schwächt das die Produktivitätsentwicklung. Moderne Technologien erhöhen die Produktivität des gesamtwirtschaftlichen Produktionsapparates, so dass mit gegebenen Ressourcen mehr produziert werden kann. Folglich schmälert der fehlende Zugriff auf diese produktivitätserhöhenden Technologien die gesamtwirtschaftlichen Produktionskapazitäten und mit ihnen das zur Verfügung stehende Güterangebot.

Die Nutzung moderner Technologien kann auch dadurch erfolgen, dass moderne Maschinen aus dem Ausland importiert werden. Das Verbot, entsprechende Produktionsanlagen in ein sanktioniertes Land zu liefern, wirkt sich daher ebenfalls produktivitätsmindernd aus.

Während es sich bei der Lieferung von Maschinen um ein sogenanntes Real- bzw. Sachkapital handelt, geht es bei Finanzmarktsanktionen um Geldkapital. Wenn einer Volkswirtschaft ein entsprechendes Kapital aus dem Ausland zufließt, kann das Land damit Güterkäufe aus dem Ausland finanzieren. Der Kauf von kreditfinanzierten Gütern kann die langfristigen Produktionskapazitäten eines Landes direkt oder indirekt erhöhen:

- Ein direkter Ausbau der gesamtwirtschaftlichen Produktionskapazitäten ergibt sich, wenn das Inland mit dem Geldzufluss aus dem Ausland Maschinen und andere Produktionsanlagen aus anderen Ländern erwirbt und damit die Produktionskapazitäten im eigenen Land ausweitet.
- Eine indirekte Steigerung der Produktionskapazitäten stellt sich ein, wenn das Land Konsumgüter aus dem Ausland kauft. Das Inland kann dann die Produktion von Konsumgütern reduzieren und die damit freigesetzten Produktionskapazitäten für die Herstellung von Investitionsgütern nutzen, also für Maschinen, Produktionsgebäude und Ähnliches.

Wenn sich die Wirtschaftssanktionen auf das Verbot internationaler Kapitaltransaktionen beziehen, kann das sanktionierte Land nicht mehr auf ausländisches Kapital zurückgreifen und damit nicht mehr seine Produktionskapazitäten kreditfinanziert erhöhen. Das schwächt die langfristigen Produktionsmöglichkeiten des sanktionierten Landes.

Auch das Einfrieren – und erst recht die Enteignung – von Auslandsvermögen des sanktionierten Staates hat einen negativen Einfluss auf dessen Finanzierungsmöglichkeiten. Wenn im Ausland angelegte Vermögen (also Geld, aber auch Gold und Devisen, also ausländische Währungen) des sanktionierten Landes eingefroren werden, kann der sanktionierte Staat diese Vermögenswerte vorerst nicht zur Finanzierung von Güter- und Rohstoffkäufen nutzen. Das reduziert die Konsummöglichkeiten der einheimischen Bevölkerung. Bei einer Enteignung sind diese Vermögenswerte sogar komplett verloren.

Die direkten Auswirkungen dieser Sanktionen auf das sanktionsverhängende Land sind – anders als im Fall von Export- und Importverboten – relativ gering. Sollte beispielsweise die Rendite von Kapitalanlagen im sanktionierten Land höher sein als in anderen Ländern, müssen die Anleger des sanktionsverhängenden Staates auf diese Renditedifferenz verzichten. Sie können ihr Geld jedoch in anderen Ländern oder auch im eigenen Land anlegen und dadurch immerhin noch Zinseinnahmen oder Dividendenzahlungen generieren – diese fallen lediglich geringer aus. Im Fall eines Technologietransferverbots müssen die Patenteigentümer des sanktionsverhängenden Landes auf die Zahlung einer Nutzungsgebühr verzichten. Der aus einem Verbot eines Technologie- und Kapitaltransfers resultierende wirtschaftliche Schaden ist für die Wirtschaftsakteure des sanktionsverhängenden Landes also geringer als im Fall eines Exportverbots, das zu Produktionseinbußen führt.

Dennoch sind auch diese Sanktionen nicht vollkommen risikolos. Wenn das sanktionierte Land beispielsweise von Kapitalverkehrsbeschränkungen betroffen ist, kann es als Vergeltungsmaßnahme ebenfalls Beschränkungen des grenzüberschreitenden Kapitalverkehrs ergreifen. Denkbar ist, dass das sanktionierte Land Vermögenswerte von Investoren aus den sanktionsverhängenden Ländern einfriert oder enteignet. Daraus resultieren entsprechende Vermögensverluste.

5.2.4 Konsequenzen für Außenhandel und Wechselkurs

Die sanktionsbedingten Veränderungen der Handelsbeziehungen haben auch Auswirkungen auf den Wert der Währungen der involvierten Länder, also auf den Wechselkurs.

Wenn beispielsweise die Exporte des sanktionierten Landes wegen eines Boykotts zurückgehen, benötigt der Rest der Welt weniger Einheiten der Währung dieses Landes. Grund für diesen Zusammenhang ist, dass die Produkte einer Volkswirtschaft letztendlich in deren Währung bezahlt werden müssen, weil die Unternehmen ihre Löhne, Mieten, Pachten, Steuern etc. in ihrer Landeswährung bezahlen. Wenn viele Länder keine Produkte mehr aus dem sanktionierten Land erwerben, kommt es zu einer geringeren Nachfrage nach der Währung des sanktionierten Landes. Sinkt die Nachfrage nach einer Währung, sinkt auch der Preis, der an den Devisenmärkten gezahlt werden muss. Ein sinkender Preis für die eigene Währung bedeutet, dass der Wert der Währung geringer wird – es kommt also zu einer Abwertung dieser Währung. Diese hat wiederum weiter reichende ökonomische Konsequenzen.

Die Abwertung der eigenen Währung ist gleichbedeutend mit einer Aufwertung der Währungen des Auslands. Das sanktionierte Land muss nun für seine Importe, die in der Währung des Auslands bezahlt werden, mehr bezahlen und daher auch mehr Einheiten der eigenen Währung hergeben. Das bedeutet darüber hinaus, dass das sanktionierte Land mehr Einheiten seiner Exportgüter hergeben muss, um eine Einheit eines Importgutes zu erhalten. Dazu ein Beispiel:

- Angenommen, Deutschland exportiert eine Produktionsmaschine im Wert von 10.000 Euro in die USA. Gleichzeitig importiert Deutschland aus den USA Sportschuhe. Ein Paar hat einen Preis von 100 US-Dollar.
- Bei einem Wechselkurs von einem Euro für einen US-Dollar kann sich Deutschland mit den 10.000 Euro, die aus dem Verkauf der Produktionsmaschine resultieren, 100 Paar amerikanische Sportschuhe leisten.
- Wenn es zu einer Aufwertung des US-Dollars kommt, kann das bedeuten, dass ein Dollar nun z. B. 1,25 Euro kostet. Damit verteuern sich die amerikanischen Sportschuhe. Für eine Maschine im Wert von 10.000 Euro erhält Deutschland nun nur noch 80 Paar Sportschuhe, weil diese nach der Abwertung des Euros nicht mehr 100, sondern 125 Euro kosten.

Das reale Austauschverhältnis des sanktionierten Landes, dessen Währung infolge der Wirtschaftssanktionen abgewertet wird, sinkt also – und damit wird die Menge der Importgüter, die das Inland für eine Einheit seines Exportgutes erhält, geringer. Der einheimischen Bevölkerung stehen deshalb weniger Güter zur Verfügung, ihre Versorgungslage verschlechtert sich.

Die Abwertung der eigenen Währung erhöht also die Preise der importierten Produkte. Dieser Preisanstieg bewirkt einen Anstieg des gesamtwirtschaftlichen Preisniveaus bzw. der Inflationsrate im sanktionierten Land. Dies hat zur Folge, dass die Kaufkraft der einheimischen Bevölkerung sinkt.

Eine Kombination aus Abwertung und steigender Inflation ist ein Motiv, Kapital aus dem sanktionierten Land abzuziehen. Die einheimischen Bürger können sich durch eine Anlage ihrer Ersparnisse im Ausland vor der inflationsbedingten Verringerung ihres Realvermögens – also dem inflationsbereinigten Wert ihres Geldvermögens – schützen und zudem einen aufwertungsbedingten Vermögenszuwachs realisieren. Ausländische Anleger vermeiden durch ihren Kapitalabzug einen abwertungsbedingten Vermögensverlust. Der Kapitalabzug verringert das Kapital- bzw. Kreditangebot im sanktionierten Land und verschlechtert daher die Finanzierungskonditionen. Die Folge sind geringere Investitionen, die sich negativ auf die langfristigen Beschäftigungs- und Einkommenschancen auswirken können.

Zur Verhinderung einer Kapitalflucht kann die Zentralbank des sanktionierten Landes ihren Leitzins erhöhen. Höhere Zinsen können den Abzug des Kapitals verhindern, wenn im Ausland so geringe Zinsen geboten werden, dass die Zinseinnahmen einer Geldanlage im eigenen Land höher sind als die erwarteten inflations-

und abwertungsbedingten Vermögensverluste. Allerdings schwächen höhere Zinsen die Investitionstätigkeiten mit den bereits skizzierten negativen Auswirkungen auf das langfristige Wirtschaftswachstum.

Insgesamt ist somit festzuhalten, dass Handelssanktionen dem sanktionierten Land auch über eine Abwertung dessen Währung sowie über höhere Preise und Zinsen wirtschaftliche Schäden zufügen.

5.3 Erwartete politische Folgen von Sanktionen

Das letztendliche Ziel von Wirtschaftssanktionen ist eine politische Verhaltensänderung in dem sanktionierten Land. In der Regel bezieht sich die erwünschte Verhaltensänderung auf die Entscheidungen der Regierung eines Landes bzw. auf dessen politische Parteien. Adressaten der Sanktionen können aber auch Unternehmen oder nicht staatliche Organisationen sein (vgl. Hefeker, Menck 2002, S. 9).

In der Sanktionsforschung werden verschiedene politische Ziele genannt. Zu den wichtigsten gehören neben dem Wunsch nach einem generellen Politikwechsel im sanktionierten Land die Beendigung oder Vermeidung von Kriegen, eine Schwächung des herrschenden Regimes, die Bekämpfung des Terrorismus, die Stärkung von Demokratie oder von Menschenrechten sowie die Durchsetzung von international erwünschten Umweltstandards (vgl. Yalçin 2023, S. 117, sowie Hefeker, Menck 2002, S. 8 f.).

Der Einsatz von Sanktionen ist motiviert durch die Erwartung, dass die durch die Sanktionen verursachten wirtschaftlichen Schäden zu einer wachsenden Unzufriedenheit der Bevölkerung führen. Diese Unzufriedenheit soll die Regierung des sanktionierten Landes zu einer Verhaltensänderung führen. Der Druck auf die Regierung wird erhöht, wenn die durch die Sanktionen verursachten wirtschaftlichen Schäden soziale Spannungen hervorrufen bzw. verstärken (vgl. Hefeker, Menck 2002, S. 17).

Die Unzufriedenheit in der Bevölkerung wird dadurch verstärkt, dass die staatlichen Handlungsspielräume durch die Wirtschaftsschwäche eingeschränkt werden. Wenn eine wachsende Unzufriedenheit auf schrumpfende finanzielle Möglichkeiten des Staates zur Bekämpfung sozialer Spannungen trifft, erhöht das den Druck auf die Regierung des sanktionierten Landes und kann so die Wahrscheinlichkeit einer Verhaltensanpassung steigern.

Ob Wirtschaftssanktionen die Regierung eines Landes tatsächlich zu einem Politikwechsel bewegen, hängt maßgeblich vom Ausmaß der Demokratie bzw. Autokratie in dem sanktionierten Land ab:

- In einer Demokratie ist zu erwarten, dass die Bevölkerung auf die wirtschaftlichen Schäden mit einer Abwahl der amtierenden Regierung reagiert, sofern diese ihr Verhalten nicht ändert. Das bedeutet, dass die Wirtschaftssanktionen ihr Ziel erreichen – sofern die wirtschaftlichen Schäden hinreichend groß sind.

- In autokratischen oder sogar diktatorischen Staaten führt die Unzufriedenheit der Bevölkerung nicht zu einer Abwahl der Regierung, wenn es gar keine freien Wahlen gibt. Daher muss die Regierung auch nicht zwingend auf die durch Sanktionen entstehenden wirtschaftlichen Schäden im eigenen Land reagieren. Zumindest kurzfristig ist daher nicht zu erwarten, dass die Wirtschaftssanktionen das erwünschte politische Ziel erreichen.

Neben diesem Ziel der politischen Verhaltensänderung gibt es zwei weitere politische Ziele (vgl. Grauvogel, von Soest 2023, S. 36):

- Zum einen sollen die Wirtschaftssanktionen die Handlungsfähigkeit des sanktionierten Staates einschränken. Wenn die heimische Volkswirtschaft durch Sanktionen geschwächt wird, reduziert das die Einnahmebasis des Staates und damit die ihm zur Verfügung stehenden finanziellen Mittel. Zudem wenden Staaten häufig finanzielle Mittel auf, um soziale Spannungen, die mit einem Wirtschaftsabschwung verbunden sind, abzumildern. Höhere Staatsausgaben bei gleichzeitig sinkenden Staatseinnahmen reduzieren die finanziellen Spielräume einer Regierung. Und geringere finanzielle Ressourcen schränken dann auch die politische Handlungsfähigkeit ein.
- Zum anderen haben Sanktionen das Ziel, der gesamten Welt zu zeigen, dass bestimmte politische Handlungen nicht akzeptiert und daher sanktioniert werden. Das soll potenzielle Nachahmer-Länder davon abhalten, politische Entscheidungen zu treffen, die als sanktionswürdig einzustufen sind.

Im Ergebnis zeigen die politischen Ziele von Wirtschaftssanktionen, dass sie die Außenpolitik flankieren und unterstützen sollen. Diese Sanktionen sind dabei in der Regel die »Ultima Ratio«, d. h., sie werden erst eingesetzt, wenn außenpolitische Instrumente nicht zu der erwünschten Verhaltensänderung im sanktionierten Land führen (vgl. Hefeker, Menck 2002, S. 9).

5.4 Bedingungen für erfolgreiche Sanktionen

Bei den Voraussetzungen für einen Erfolg von Wirtschaftssanktionen ist zwischen den ökonomischen und den politischen Effekten dieser Sanktionen zu unterscheiden.

5.4.1 Bedingungen für den wirtschaftlichen Erfolg von Sanktionen

Das wirtschaftliche Ziel von Sanktionen ist es, dem sanktionierten Land hohe ökonomische Schäden zuzufügen, vor allem in Form von Produktions- und Einkommenseinbußen. Ob dieses Ziel erreicht wird, hängt von zahlreichen Rahmenbedingungen ab. Dazu gehören vor allem fünf Aspekte (vgl. Kubbig 2007, S. 7 f., sowie Zweynert 2014, S. 606 f.).

Erstens die Größe der sanktionierten Volkswirtschaft: Je größer eine Volkswirtschaft ist, desto größer ist deren Binnenmarkt und desto weniger ist das Land auf Importe angewiesen. Einem großen Land fällt es somit leichter, fehlende Importe aus dem Ausland durch heimische Produkte zu ersetzen. Zudem ist eine große Volkswirtschaft weniger auf den Exportmarkt angewiesen, sodass sie auch weniger stark von Importboykotten sanktionsverhängender Staaten getroffen ist. Umgekehrt leiden kleine Volkswirtschaften, die in erheblichem Maße auf den Import und Export von Waren, Rohstoffen und Dienstleistungen angewiesen sind, stärker unter Handelsbeschränkungen.

Zweitens die Geschlossenheit der sanktionsverhängenden Staatengemeinschaft: Je mehr Länder sich an den Sanktionen beteiligen, desto geringer sind die Ausweichmöglichkeiten für das sanktionierte Land und desto größer sind die wirtschaftlichen Schäden. Bezüglich des Zusammenhalts der Staatengemeinschaft besteht jedoch die Gefahr eines Trittbrettfahrerverhaltens: Die Vermeidung der volkswirtschaftlichen Kosten, die sich für sanktionsverhängende Volkswirtschaften ergeben, stellt einen Anreiz dar, sich nicht an den Sanktionen zu beteiligen. Stattdessen wird darauf vertraut, dass die Sanktionen der übrigen Länder ausreichen, um eine politische Verhaltensänderung zu erwirken. Das ermöglicht der sanktionierten Volkswirtschaft Ausweichreaktionen, die den wirtschaftlichen Schaden verringern. Und: Wenn alle Länder diese Strategie anwenden, verhängt kein Land Sanktionen.

Besonders hoch ist die internationale Geschlossenheit, wenn die Sanktionen von einer großen Staatengemeinschaft verhängt werden, im Idealfall also von den Vereinten Nationen (United Nations, kurz UN). Wenn es also zu einer UN-Resolution kommt, die vom UN-Sicherheitsrat einstimmig beschlossen wird, ist das ein Indikator für eine hohe internationale Geschlossenheit (vgl. Kubbig 2007, S. 7 f.).

Drittens die Stärke und Schnelligkeit der Sanktionen: Je mehr Konsumgüter, Vorleistungen und Rohstoffe von den verhängten Handelssanktionen betroffen sind, desto größer sind die wirtschaftlichen Schäden in dem sanktionierten Land. Vergrößert werden die Kosten, wenn es zusätzliche Sanktionen gibt, also z. B. das Verbot von Technologietransfers, der Ausschluss vom internationalen Zahlungsverkehr, das Einfrieren von staatlichen und privaten Auslandsvermögen des sanktionierten Staates etc. Mit Blick auf die Handelssanktionen müssen diese schnell umgesetzt werden, damit das sanktionierte Land keine Vorkehrungen treffen kann, also z. B. aus dem Ausland benötigte Hightech-Produkte und Rohstoffe auf Vorrat kauft und somit einen ausreichend großen Lagerbestand hat.

Viertens die Abhängigkeit des sanktionierten Landes von den betroffenen Produkten: Wenn die sanktionierenden Länder ein Importboykott verhängen und bestimmte Produkte des sanktionierten Landes nicht mehr erwerben, gilt: Je größer der Anteil der von einem Importboykott betroffenen Produkte an den Gesamtexporten der sanktionierten Volkswirtschaft ist, desto höher ist der wirtschaftliche Schaden für das sanktionierte Land. Bei einem Lieferstopp in das sanktionierte Land ist dessen ökonomischer Schaden hoch, wenn dieses Land für die importierten Produkte keine Substitute hat und die ausländischen Produkte eine wichtige Rolle für die Versorgung der einheimischen Bevölkerung spielen (also z. B. Medikamente, Nahrungsmittel und Energie) bzw. Vorprodukte für die Produktion von existenziellen Produkten sind.

Ein von den sanktionsverhängenden Ländern ausgesprochenes Importverbot verursacht im sanktionierten Land einen besonders großen wirtschaftlichen Schaden, wenn das sanktionierte Land seine Exporteinnahmen nur mit einer sehr geringen Zahl von Produkten erzielt und diese Produkte Ziel des Importverbots sind. Wenn also ein Land drei Viertel seiner Exporterlöse durch den Verkauf von Erdöl und Erdgas erzielt, bewirkt ein Importverbot von Öl und Gas in dem sanktionierten Land einen relativ hohen wirtschaftlichen Schaden.

Die Höhe der wirtschaftlichen Schäden, die ein Exportverbot in dem sanktionierten Land verursacht, hängt zudem davon ab, wie diversifiziert die Zuliefererbeziehungen dieses Landes sind. Falls das Land seine Importe aus vielen Ländern bezieht, schmerzt der Ausfall der Lieferungen aus den sanktionsverhängenden Ländern wenig, wenn es noch genügend alternative Lieferländer gibt.

Fünftens die wirtschaftlichen Kosten in den sanktionsverhängenden Ländern: Wie im Kapitel 5.2 beschrieben, führen Sanktionen auch in den sanktionsverhängenden Ländern zu Produktions- und Einkommenseinbußen, zu verringerten Konsummöglichkeiten und anderen wirtschaftlichen Schäden. Wenn diese sehr hoch sind, besteht die Gefahr, dass die Akzeptanz dieser Sanktionen in der eigenen Bevölkerung sinkt. Damit wird es für die Regierung immer schwieriger, beschlossene Sanktionen auch tatsächlich durchzusetzen. Gleichzeitig wächst die Gefahr, dass einheimische Unternehmen Wege suchen und finden, mit denen sie die verhängten Sanktionen umgehen können. Falls die wirtschaftlichen Kosten für das sanktionsverhängende Land jedoch relativ gering sind, sind diese Gefahren deutlich geringer. Das erhöht die Wahrscheinlichkeit, dass die Sanktionen über einen längeren Zeitraum durchgeführt werden. Und langanhaltende Sanktionen bewirken im sanktionierten Land hohe wirtschaftliche Schäden, die wiederum die Wahrscheinlichkeit dafür steigern, dass die dortige Regierung ihre politischen Entscheidungen ändert.

Sofern die Voraussetzungen für hohe wirtschaftliche Schäden im sanktionierten Land nicht gegeben sind, ist die ökonomische Wirksamkeit von Sanktionen gering. Das schmälert dann auch die Aussichten auf einen politischen Erfolg der Sanktionen.

5.4.2 Empirie zum wirtschaftlichen Erfolg von Sanktionen

Untersuchungen zu den tatsächlichen Auswirkungen von Sanktionen belegen deutliche Produktionsrückgänge und damit Wohlfahrtsverluste als Folge von Sanktionen. Eine Auswertung von 68 sanktionierten Ländern im Zeitraum von 1976 bis 2012 zeigt einen Rückgang des Bruttoinlandsproduktes – also die Summe der neu produzierten Waren und Dienstleistungen – in diesen Ländern infolge der Sanktionen von mehr als zwei Prozentpunkten. Bei besonders weitreichenden und umfangreichen Sanktionen beträgt der Rückgang des Bruttoinlandsproduktes sogar mehr als fünf Prozentpunkte (vgl. Neuenkirch, Neumeier 2015, S. 111).

Wie eine andere Studie, die 158 Länder im Zeitraum von 1960 bis 2016 umfasst, zeigt, entfalten sich die ökonomischen Auswirkungen der Sanktionen innerhalb von zwei Jahren ab dem Erlass der Sanktionen. Dem Rückgang der Produktion folgt zeitgleich ein Konsumrückgang in ähnlicher Höhe. Der Rückgang bei den Investitionen setzt hingegen zeitverzögert erst im zweiten Jahr nach Erlass der Sanktionen ein – mit Ausnahme von Auslandsinvestitionen, die ebenfalls beginnend mit dem Erlass der Sanktionen zurückgehen (vgl. Gutmann, Neuenkirch, Neumeier 2021).

Die ökonomischen Auswirkungen von Sanktionen sind dabei anhaltend. Der Rückgang in der Produktion im sanktionierten Land ist für mindestens zehn Jahre beobachtbar (vgl. Neuenkirch, Neumeier 2015, S. 111). Der ökonomische Schaden akkumuliert sich entsprechend über die Zeit und kann später auch nicht wieder kompensiert werden.

Zusammenfassend ist festzuhalten, dass die skizzierten ökonomischen Auswirkungen von Sanktionen durch empirische Evidenz belegbar sind und auch in der langen Frist zu ökonomischen Schäden führen. Damit ist jedoch keinesfalls garantiert, dass diese Sanktionen den erwünschten politischen Effekt haben.

5.4.3 Empirie zum politischen Erfolg von Sanktionen

Damit das finale Ziel von Wirtschaftssanktionen – also eine Änderung der politischen Entscheidungen in dem sanktionierten Land – tatsächlich erreicht wird, müssen die wirtschaftlichen Schäden so hoch sein, dass sie die Regierung zu einem politischen Kurswechsel bewegen. Ob das jedoch gelingt, lässt sich empirisch schwer nachweisen. Während die wirtschaftlichen Effekte von Wirtschaftssanktionen empirisch einigermaßen gut quantifizierbar sind, ist dies mit Blick auf die politischen Reaktionen des sanktionierten Landes weniger gut möglich.

Ein Grund dafür ist, dass sich kein sogenanntes kontrafaktisches Szenario berechnen lässt (vgl. Christen, Felbermayr 2022, S. 70): Bezüglich der ökonomischen Wirkungen von Wirtschaftssanktionen kann die beobachtete Wirtschaftsentwicklung mit einer hypothetischen Entwicklung verglichen werden, die sich in dem sanktionierten Land ergeben hätte, wenn keine Sanktionen verhängt worden wären. Dies lässt sich mithilfe von volkswirtschaftlichen Modellen berechnen. Für politische Entscheidungen gibt es derartige Modelle nicht. Es gibt also kein Modell, mit dem sich die Entwicklung politischer Entscheidungen in dem sanktionierten Land in einem – wiederum hypothetischen – Fall berechnen lässt, in dem es keine Wirtschaftssanktionen gibt. Daher ist eine kausale Identifikation des politischen Erfolgs von Sanktionen kaum möglich.

Ein zweiter Grund für die geringen Nachweismöglichkeiten der politischen Erfolge von Wirtschaftssanktionen besteht darin, dass diese Sanktionen in der Regel Teil eines umfassenden politischen Ansatzes zur Veränderung des Verhaltens eines anderen Staates sind. Sie sind also meistens Teil einer umfassenden außenpolitischen Strategie. Falls der sanktionierte Staat tatsächlich sein Verhalten ändert, kann das selten einer einzelnen politischen Maßnahme – also z. B. einem Exportverbot – zugeschrieben werden (vgl. Wissenschaftliche Dienste des Deutschen Bundestages 2020, S. 13).

Schließlich ist zu berücksichtigen, dass Wirtschaftssanktionen zwar die erwünschten ökonomischen Schäden in dem sanktionierten Land hervorrufen können, die Unterstützung der politischen Führung durch die einheimische Bevölkerung möglicherweise aber dennoch steigt. In diesem Fall ruft die wirtschaftliche Sanktion möglicherweise sogar das Gegenteil der anvisierten politischen Reaktion hervor (vgl. Hafner 2016, S. 411). Dies ist u. a. der Fall, wenn es der Regierung des sanktionierten Landes gelingt, die Sanktionen des Auslands als einen Angriff auf das ganze Land darzustellen und in diesem Kontext erfolgreich an die Solidarität der heimischen Bevölkerung zu appellieren (vgl. Grauvogel, von Soest 2023, S. 38).

Denkbar ist in diesem Kontext auch, dass die Sanktionen unternommene Reformschritte zunichtemachen. Dies wäre beispielsweise der Fall, wenn die Regierung eines Landes die durch die Sanktionen verursachte Wirtschaftsschwäche als Anlass nimmt, um politische Reformen in den Bereichen »Demokratie« und »Marktwirtschaft« zurückzunehmen. Diese Gefahr ist vor allem in demokratisch nicht gefestigten Ländern groß (vgl. Hefeker, Menck 2002, S. 18).

Angesichts der hohen Anforderungen an den wirtschaftlichen Erfolg von Sanktionen und der methodischen Probleme beim empirischen Nachweis ihres politischen Erfolgs ist die Literatur bezüglich des politischen Erfolgs von Wirtschaftssanktionen eher skeptisch. Die empirische Analyse der Wirkung von Sanktionen kommt zu dem Ergebnis, dass die Erfolgsrate der untersuchten Sanktionsfälle zwischen 5 und 34 % liegt (vgl. Hefti, Staehelin-Witt 2005, S. 24 f., Hafner 2016, S. 412, sowie Wissenschaftliche Dienste des Deutschen Bundestages 2020, S. 12 und die dort angegebene Literatur). Eine der am häufigsten zitierten Untersuchungen stammt von Gary Clyde Hufbauer et al. Sie kommen zu der Einschätzung, dass 34 % aller Sanktionen politisch erfolgreich waren (vgl. Hufbauer et al. 2007). Diese Erfolgsquote wird von Erdal Yalçın bestätigt. Seine Auswertung von weltweiten Sanktionen zwischen 1950 und 2019 kommt zu der Einschätzung, dass etwa ein Drittel aller Sanktionen seine politischen Ziele erreicht hat (vgl. Yalçın 2023, S. 21).

Selbst wenn eine Erfolgsquote von einem Drittel ernüchternd erscheinen mag, ist zu berücksichtigen, dass – wie in Kapitel 5.3 gezeigt – die angestrebte Verhaltensänderung der Regierung nicht das einzige politische Ziel von Wirtschaftssanktionen ist. Eines der dort genannten Ziele ist die Abschreckung anderer Regierungen, sanktionswürdige Entscheidungen zu treffen und somit Ziel von Sanktionen zu werden. Diese Signalwirkung von Wirtschaftssanktionen kann dazu führen, dass Länder sich wegen der zu erwartenden wirtschaftlichen Kosten drohender Sanktionen tatsächlich von geplanten Entscheidungen abhalten lassen. Ob dies der Fall ist, lässt sich jedoch nicht nachweisen. Das kann z. B. bedeuten, dass Sanktionen gegen Land A zwar nicht den erhofften politischen Erfolg nach sich ziehen, aber immerhin Land B von einem geplanten sanktionswürdigen Verhalten abhalten. In diesem Fall ist die auf den ersten Blick erfolglose Sanktion zumindest mit Blick auf die angestrebte Abschreckung potenzieller Nachahmer erfolgreich – was jedoch ein nicht erkennbarer bzw. nachweisbarer politischer Erfolg wäre (vgl. Hefti, Staehelin-Witt 2005, S. 25).

5.5 Bewertung der Sanktionen gegen Russland

Mit Blick auf die Frage, ob die aktuellen Sanktionen gegen Russland den skizzierten Erfolg versprechenden Rahmenbedingungen entsprechen, gibt es Licht und Schatten.

5.5.1 Einschätzung der aktuellen Sanktionslage

Für einen wirtschaftlichen Erfolg der Sanktionen gegen Russland im Rahmen des 2022 ausgebrochenen Ukraine-Krieges spricht der Umstand, dass die demokratischen Marktwirtschaften in Europa und den USA inklusive Japan geeint agieren. Auch die osteuropäischen Volkswirtschaften, die historisch bedingt besonders intensive Wirtschaftsbeziehungen zu Russland pflegen und daher überdurchschnittlich stark von Handelsbeziehungen mit Russland abhängen, beteiligen sich an den Sanktionen. Hinzu kommt das Tempo, mit dem die EU ihre Sanktionen verabschiedet hat. Innerhalb von nur fünf Tagen konnte sich die EU auf die ersten drei ihrer Sanktionspakete verständigen. Und: Auch die Schweiz, die sich bei Sanktionen der EU in der Regel neutral verhält, hat sich den EU-Sanktionen weitgehend angeschlossen (vgl. Grauvogel, von Soest 2023, S. 33).

Ein Manko ist allerdings der Umstand, dass zahlreiche andere Volkswirtschaften sich nicht oder bestenfalls begrenzt an den Sanktionen beteiligen. So treten China und Indien als Käufer von russischen Rohstoffen wie Erdöl, Erdgas und Kohle auf und ersetzen so teilweise die wegfallenden russischen Exporte in die sanktionsverhängenden Länder (vgl. Milov 2023). Auch die Türkei und der Iran sowie zahlreiche Entwicklungsländer beteiligen sich nicht an den Sanktionen gegen Russland (vgl. Felbermayr 2023, S. 119 f.).

China spielt in diesem Kontext generell eine besondere Rolle. Als wichtiger Handelspartner Russlands springt das Land sowohl als Abnehmer als auch als Lieferant von Gütern ein. So erhöhte China beispielsweise seine Lieferungen von Baumaschinen spürbar, nachdem Japan seine Ausfuhr dieser Maschinen nach Russland sanktioniert hatte (vgl. Hoppe 2022, S. 130).

Bei der Umgehung von Exportbeschränkungen, die westliche Länder gegen Russland verhängen, spielen auch die sogenannten GUS-Staaten, also die Nachfolgestaaten der Sowjetunion, eine wichtige Rolle. Zu ihnen gehören aktuell – abgesehen von Russland – neun Länder: Armenien, Aserbaidschan, Belarus, Kasachstan, Kirgisistan, Republik Moldau, Tadschikistan, Turkmenistan und Usbekistan. Deutschlands Warenexporte in diese Länder sind nach dem Angriff Russlands auf die Ukraine

z. T. dramatisch gestiegen. Bei den monatlichen Warenexporten gab es vor allem bei den Ländern Armenien, Kirgisistan, Tadschikistan und Turkmenistan massive prozentuale Zuwächse. Der Zuwachs zwischen Januar 2019 und Mai 2023 lag zwischen etwas über 2.000 % (Kirgisistan) und 235 % (Tadschikistan) (eigene Berechnungen auf Basis der Daten des Statistischen Bundesamtes 2023).

Bei derartig kräftigen Exportzuwächsen, die keinesfalls durch eine steigende Güternachfrage in den Importländern zu erklären sind, ist die Wahrscheinlichkeit groß, dass die höheren Warenimporte nicht in diesen Ländern verbraucht, sondern weitergeleitet werden. Eine detaillierte Analyse der European Bank for Reconstruction and Development (EBRD) kommt beispielsweise zu der Einschätzung, dass vor allem die Länder Armenien, Belarus, Kasachstan und Kirgisistan genutzt werden, um die Handelssanktionen gegenüber Russland zu umgehen. Zusammen mit Russland bilden diese vier Länder die Eurasische Wirtschaftsunion (EAWU), die über einen Binnenmarkt mit einer Zollunion verfügt (vgl. Chupilkin, Javorcik, Plekhanov 2023, S. 18).

Auch wenn also viel darauf hindeutet, dass die GUS-Länder als Drehscheibe für von Sanktionen betroffene Warenexporte nach Russland dienen, ist Russland auf weitere Länder angewiesen, über die es Waren beziehen kann. Auf Basis der aktuellen Handelsdaten sind das allen voran China und die Türkei, aber auch Indien (vgl. Wittmann 2023 sowie Chupilkin, Javorcik, Plekhanov 2023).

Zu den Produkten, die nicht mehr nach Russland exportiert werden dürfen, gehören hochwertige Produkte, u. a. »Elektronikerzeugnisse, Halbleiter und Software, bestimmte Maschinen und Fahrzeuge, Ausrüstung für die Energiewirtschaft sowie die Luft- und Raumfahrtindustrie, Güter mit doppeltem Verwendungszweck (die sowohl militärisch als auch zivil eingesetzt werden können)« (Görg, Jacobs, Meuchelböck 2022, S. 735). Für diese Produkte hat Russland selbst keine oder nur schlechte Substitute, d. h., das Fehlen dieser Importe trifft die russische Wirtschaft hart.

Gleichzeitig gibt es auch eine Reihe von wichtigen Importgütern Russlands, die nicht mit Sanktionen belegt sind, z. B. pharmazeutische Produkte (vgl. Felbermayr 2023, S. 119). Dies lässt sich damit rechtfertigen, dass die Wirtschaftssanktionen sich nicht direkt gegen die russische Bevölkerung richten sollen. Generell ist festzustellen, dass es bei den Handelssanktionen nach wie vor keine umfassenden Sanktionen gegen den gesamten Handel mit Russland gibt (vgl. Yalçin 2023, S. 21). Das schränkt die wirtschaftlichen Schäden in Russland ein – und reduziert so auch die Aussichten auf den politischen Erfolg der Sanktionsmaßnahmen.

Eine weitere zentrale Rolle für die nur begrenzte Wirksamkeit der Sanktionen spielt der Umstand, dass die EU auch nach dem Angriff auf die Ukraine fossile Rohstoffe aus Russland importiert, wenn auch in immer geringerem Ausmaß. Diese Entscheidung hat zur Folge, dass Russland weiterhin Exporterlöse erzielt, was dem Ziel wirtschaftlicher Sanktionen widerspricht.

5.5.2 Folgen der Sanktionen für Russland

Auf den ersten Blick scheinen die Sanktionen Russlands Wirtschaft bisher kaum zu beeinflussen. So geht beispielsweise der Internationale Währungsfonds (IWF) in seiner im Oktober 2023 veröffentlichten Prognose davon aus, dass die russische Wirtschaft im Jahr 2023 um 2,2 % wachsen wird – nach einem Rückgang der Wirtschaftsleistung um 2,1 % im Jahr 2022. Für 2024 wird ein Anstieg des realen (also um Preiseffekte bereinigten) Bruttoinlandsproduktes (BIP) um 1,1 % prognostiziert (vgl. International Monetary Fund 2023, S. 12). Die Schwächung der russischen Volkswirtschaft wäre demnach lediglich temporärer Natur.

Allerdings weist der ehemalige stellvertretende Energieminister Russlands und jetzige Oppositionspolitiker Vladimir Milov darauf hin, dass die tatsächliche wirtschaftliche Entwicklung Russlands weit weniger widerstandsfähig ist, als es die makroökonomischen Standardindikatoren vermuten lassen. Dazu nur einige wenige Entwicklungen (vgl. Milov 2023):

- Bei dem wachsenden russischen BIP ist zu berücksichtigen, dass die dafür verantwortlichen Produktionssteigerungen vor allem im Bereich der Rüstungsindustrie stattfinden. Für die Versorgung der Bevölkerung mit Konsumgütern haben diese Produkte jedoch keinen positiven Effekt. Im Gegenteil: Wenn Arbeitskräfte und Maschinen in der Herstellung von militärischen Geräten eingesetzt werden, fehlen sie bei der Produktion von Konsumgütern und verschlechtern so die Versorgungssituation der Bevölkerung.
- Die offizielle Erwerbslosenquote ist mit rund 4 % sehr niedrig. Tatsächlich befinden sich aber zahlreiche Erwerbstätige in einem unbezahlten Urlaub. Daher sind rund 10 % der russischen Erwerbsbevölkerung faktisch ohne Arbeit.
- Das Fehlen westlicher Vorleistungen und Technologien führt zu Produktionseinbußen. So ging beispielsweise die russische Automobilproduktion im Jahr 2022 um zwei Drittel zurück. Und selbst dort, wo diese Produktion aufrechterhalten werden kann, ergeben sich Probleme. So stellen die russischen Automobilunternehmen nun Autos her, denen zentrale Teile wie z. B. Airbags und Antiblockiersysteme fehlen, weil diese Teile auf Produkte aus westlichen Volkswirtschaften angewiesen sind. Auch der Chip-Mangel entwickelt sich zunehmend zu einem Produktionshemmnis (vgl. Grauvogel, von Soest 2023, S. 37).
- Weitere Indikatoren einer schwachen Wirtschaftsentwicklung sind die hohe Kapitalflucht und rückläufige Einnahmen aus dem Verkauf fossiler Energieträger.

Gerade die beiden zuletzt genannten Entwicklungen deuten darauf hin, dass die Höhe der wirtschaftlichen Schäden, die die Sanktionen gegen Russland verursachen, zeitabhängig ist, denn von entscheidender Bedeutung für die ökonomischen Folgen von Sanktionen ist die Frage, wie schnell fehlende Importe ersetzt werden müssen. Dabei spielt die Unterscheidung zwischen Verbrauchs- und Gebrauchsgütern eine wichtige Rolle.

Die EU importiert vor allem Rohstoffe aus Russland. So führte beispielsweise Deutschland 2021 Waren im Wert von 33 Milliarden Euro aus Russland ein. Rund zwei Drittel davon waren Gas, Erdöl und Kohle (Germany Trade & Invest 2022, S. 5). Diese Produkte werden verbraucht. Kommt es zu einem Importstopp, führt das – sofern es keine ausreichenden Lagerbestände gibt – unmittelbar zu Versorgungsengpässen in Deutschland. Zudem stehen diese Produkte am Beginn der wirtschaftlichen Wertschöpfungskette. Ihr Fehlen kann daher zahlreiche Produktionsprozesse zum Erliegen bringen. Die damit verbundene Angst vor einer schweren Rezession hatte zur Folge, dass diese Importe nicht unmittelbar mit Sanktionen belegt wurden.

Russland importiert hingegen zu einem hohen Anteil Gebrauchsgüter. So machten Maschinen, Kfz und Kfz-Teile sowie Güter aus den Bereichen »Elektronik« und »Elektrotechnik« 2021 zusammen rund 40 % aller russischen Einfuhrgüter aus (Germany Trade & Invest 2022, S. 3). Diese Gegenstände werden bei ihrem Konsum nicht unmittelbar verbraucht. Ausbleibende Importe lassen sich dadurch kompensieren, dass die betroffenen Produkte länger genutzt werden. Kurzfristig ist ihr Ausbleiben daher für die russische Volkswirtschaft verschmerzbar.

Mit zunehmender Dauer der Sanktionen verändern sich die Folgen fehlender Lieferungen jedoch. Deutschland kann russische Rohstoffe immer besser substituieren – durch das Ausweichen auf andere Lieferländer, durch den Ausbau erneuerbarer Energien oder durch Verbesserungen der Energieeffizienz, was den Energiebedarf verringert. Die ökonomischen Schäden durch die unterbrochenen Wirtschaftsbeziehungen zu Russland werden in Deutschland mit zunehmender Zeitdauer also geringer.

In Russland werden die ökonomischen Schäden im Zeitablauf jedoch tendenziell größer (vgl. Petersen 2023, S. 5). Maschinen können nicht beliebig lange genutzt werden. Sind sie verschlissen, wird ihr Fehlen in den betroffenen Unternehmen zu einer Produktionsbremse. Zudem kommt es ohne den Import neuer Gebrauchsgüter nicht zu einem Technologietransfer, was die Produktivität der russischen Volkswirtschaft beeinträchtigt. Alternative Handelspartner, also vor allem die in Kapitel 5.5.1 genannten Länder China, Indien, Türkei, Iran sowie wie viele Entwicklungsländer sind wegen ihres niedrigen wirtschaftlichen Entwicklungsstands nicht in der Lage, Hochtechnologieprodukte zu liefern. Russland kann diese Teile häufig ebenfalls nicht herstellen. Das bedeutet: Selbst wenn Russland eigene Produktionskapazitäten durch heimische oder importierte Produktionsanlagen aufbaut, um Importgüter zu substituieren, werden diese die westlichen Produkte nicht vollständig ersetzen können. Damit wird das Fehlen von Hochtechnologieprodukten wie Computerchips, Software und Halbleitern zunehmend zu einer Bürde für die russische Wirtschaft (vgl. Grauvogel, von Soest 2023, S. 37).

Auch die Finanzmarktbeschränkungen gewinnen an Wirkkraft. Russische Unternehmen und Banken haben kaum noch Zugang zu den internationalen Kapitalmärkten. Sie können sich daher kein Geld mehr leihen, das sie zur Finanzierung von Investitionen und anderen wirtschaftlichen Aktivitäten benötigen. Auch die Devisenreserven, die Russland im Ausland hält, können derzeit nicht genutzt werden: Russisches Auslandsvermögen im Wert von rund 300 Milliarden US-Dollar wurde von den westlichen Staaten unmittelbar nach dem Angriff auf die Ukraine eingefroren und damit dem Zugriff Russlands entzogen (vgl. Grauvogel, von Soest 2023, S. 37). Die Bedeutung des versperrten Zugangs zu den internationalen Kapitalmärkten nimmt für Russland im Zeitablauf zu, weil wegen der Sanktionen gegen das Land die Einnahmen aus dem Verkauf fossiler Brennstoffe stark sinken (vgl. Wissenschaftliche Dienste des Deutschen Bundestages 2023, S. 46–50). Das schränkt die Finanzierungsmöglichkeiten der russischen Wirtschaftsakteure zusätzlich ein und schwächt so die wirtschaftliche Entwicklung Russlands. Und wenn die damit verbundene Verringerung der Steuerbasis die staatlichen Einnahmen reduziert, wird die politische Handlungsfähigkeit der russischen Regierung eingeschränkt.

5.5.3 Politökonomische Erwägungen

Der politische Erfolg von Sanktionen hängt maßgeblich von der Reaktion der Bevölkerung ab.[24] Wenn diese unter den negativen Konsequenzen von Sanktionen leidet, hat sie einen hohen Anreiz, politischen Druck auf die Regierung dahingehend auszuüben, dass sie ihr sanktionsverursachendes Verhalten ändert. Konkrete Reaktionen der Bevölkerung sind vor allem Demonstrationen bzw. Streiks und eine Abwahl der Regierungspartei. Ob es zu derartigen Reaktionen kommt, die die Regierung früher oder später zu einem politischen Umlenken bewegen dürften, hängt maßgeblich von unterschiedlichen Kosten ab, die mit diesen politischen Reaktionen verbunden sind – sowohl auf der Seite der Bevölkerung als auch auf Regierungsseite.

So kann eine Regierung beispielsweise die Kosten, die kritischen Bürgern im Fall einer Demonstrationsteilnahme entstehen, durch gesetzliche Maßnahmen und polizeiliche Repressionen erhöhen. Die Kosten der Regierung, ihr politisches Verhalten nicht zu ändern, bestehen aus Stimmverlusten bei Wahlen, die so stark ausfallen können, dass es zu ihrer Abwahl kommt. Die Höhe aller dieser Kosten hängt entscheidend von den jeweiligen politischen Rahmenbedingungen ab:

- In demokratischen Staaten sind Einschränkungen des Demonstrationsrechts schwer möglich. Bei freien Wahlen kann es im Fall hoher ökonomischer Schäden zu erheblichen Stimmverlusten für die Regierungsparteien kommen. Beides erhöht die Wahrscheinlichkeit, dass eine demokratische Regierung auf Sanktionen reagiert und ihr politisches Verhalten anpasst.
- In autokratischen Staaten können demokratische Grundrechte eingeschränkt werden. Gleichzeitig können Stimmverluste durch Wahlmanipulationen und andere Eingriffe reduziert oder sogar verhindert werden. Die Opportunitätskosten für ein Festhalten an den Entscheidungen, die zu Sanktionen gegen dieses Land führen, sind für die Regierung folglich gering.

---

24 Die Ausführungen dieses Abschnitts sind Petersen 2023, S. 5 f. entnommen.

Zumindest kurzfristig ist daher nicht damit zu rechnen, dass die russische Regierung von ihrer Bevölkerung unter Druck gesetzt wird und deshalb im gewünschten Sinne auf die Sanktionen des Westens reagiert. Aber auch hier spielt der Faktor Zeit eine entscheidende Rolle: Je länger die Sanktionen dauern, desto größer sind die Wohlstands- und Einkommenseinbußen in Russland. Damit wächst die Unzufriedenheit der Bevölkerung. Um Proteste einzudämmen oder zu vermeiden, muss die Regierung Personal und andere knappe Ressourcen einsetzen. Das bindet Produktionsfaktoren, die bei der Herstellung von Konsumgütern fehlen, wodurch sich die Versorgungslage der heimischen Bevölkerung weiter verschlechtert – und die Unzufriedenheit der Menschen erhöht.

5.6 Ausblick

Wirtschaftssanktionen sind ein flankierendes Instrument der Außenpolitik, die das sanktionierte Land von einem unerwünschten politischen Kurs abbringen sollen und somit eine politische Verhaltensänderung anstreben.

Dieser politische Erfolg bleibt jedoch häufig aus. Empirisch zeigt sich, dass Wirtschaftssanktionen ihre politischen Ziele in der Vergangenheit lediglich in rund einem Drittel aller Fälle erreicht haben. Dabei haben Wirtschaftssanktionen ihren politischen Erfolg häufig nur in Kombination mit weiteren politischen Maßnahmen erreicht. Die empirische Forschung deutet also darauf hin, dass Sanktionen zwar einen flankierenden Beitrag zur Lösung politischer Konflikte haben können, aber weitere unterstützende Maßnahmen benötigen (vgl. Yalçin 2023, S. 21).

Mit Blick auf Russland war sogar schon bei der Entscheidung für die Sanktionen gegen das Land klar, dass realistisch betrachtet keine Verhaltensänderung der russischen Regierung zu erwarten war (vgl. Grauvogel, von Soest 2023, S. 36). Die in Kapitel 5.4.1 skizzierten Voraussetzungen für einen wirtschaftlichen Erfolg der Sanktionen sind nur bedingt erfüllt: Russland ist wirtschaftlich zu groß, es gibt mit China, Indien, der Türkei und weiteren Ländern zu viele Volkswirtschaften, die eine Umgehung der Sanktionen ermöglichen, und der für Russland wichtige Export von Erdgas und Erdöl wird auch nach dem russischen Angriff auf die Ukraine fortgeführt. Die politischen Voraussetzungen für den Erfolg der Sanktionen sind ebenfalls begrenzt, vor allem weil die Regierung keine Abwahl befürchten muss.

Dennoch ist zumindest langfristig mit einigen Entwicklungen zu rechnen, die die Aussichten auf politische Erfolge erhöhen. Die Schwächung der langfristigen Wirtschaftsentwicklung führt zu einer Verschlechterung der Lebensbedingungen in Russland, was die Legitimation von Putin schwächt und so »zur Erosion seiner personalisierten Herrschaft beitragen« kann (Grauvogel, von Soest 2023, S. 39). Die wirtschaftlichen Schäden können darüber hinaus die Verhandlungsbereitschaft Russlands erhöhen und so die Verhandlungsposition der Ukraine im Zusammenspiel mit den demokratischen Marktwirtschaften stärken. Schließlich ist es durchaus denkbar, dass Russland zu einem abschreckenden Beispiel für andere Länder wird, die potenziell ähnliche sanktionswürdige Entscheidung anstreben, sich aber angesichts der langfristigen ökonomischen Kosten davon abhalten lassen – die Sanktionen erfüllen dann zumindest ihre Abschreckungsfunktion.

Um tatsächlich den gewünschten politischen Erfolg zu erreichen, müssten vor allem die großen Volkswirtschaften, die sich an der Umgehung der Wirtschaftssanktionen gegen Russland beteiligen – also allen voran China, Indien und die Türkei –, ebenfalls mit Sanktionen belegt werden. Das könnte ihre Bereitschaft zur wirtschaftlichen Unterstützung Russlands reduzieren und damit die wirtschaftlichen Schäden durch die von den demokratischen Marktwirtschaften verhängten Sanktionen deutlich erhöhen. Allerdings hätten solche Sekundär-Sanktionen auch erhebliche ökonomische Kosten für die EU und die USA. Der Einsatz von Sekundär-Sanktionen steht daher gegenwärtig nicht zur Debatte und ist auch wenig wahrscheinlich (vgl. Yalçin 2023, S. 22).

Doch selbst wenn der politische Erfolg der Sanktionen fraglich ist, senden sie dennoch ein starkes politisches Signal aus: Sie zeigen, dass die sanktionsverhängenden Länder bereit sind, selbst wirtschaftliche Kosten zu tragen, um das sanktionierte Land zu einer Verhaltensänderung zu bewegen. Das ist ein wesentlich stärkeres Signal als reine politische Erklärungen (vgl. Smeets 2018, S. 9). Sanktionen sind damit ein Ausdruck einer normativen Grundsatzentscheidung, die verdeutlicht, dass bestimmte politische Entscheidungen von den sanktionsverhängenden Staaten so vehement abgelehnt werden, dass diese Staaten bereit sind, für ihre Haltung wirtschaftliche Verluste in Kauf zu nehmen. Das erhöht die Wahrscheinlichkeit, dass andere Länder, die sanktionswürdige politische Entscheidungen in Erwägung ziehen, von diesem Vorhaben Abstand nehmen.

Literatur

Christen, E., Felbermayr, G.: Sanktionspolitik gegen Russland, in: Wirtschaftsdienst 102 (2), 2022, S. 70–71.

Chupilkin, M., Javorcik, B., Plekhanov, A.: The Eurasian roundabout: Trade flows into Russia through the Caucasus and Central Asia. Working Paper No. 276 der European Bank for Reconstruction and Development, London 2023.

Felbermayr, G.: Krieg mit anderen Mitteln, in: WIFO-Monatsberichte 2/2023, Wien, S. 111–122.

Germany Trade & Invest: Wirtschaftsdaten kompakt – Russland (November 2022), Bonn und Berlin 2022.

Görg, H., Jacobs, A., Meuchelböck, S.: Auswirkungen der Russland-Sanktionen, in: Wirtschaftsdienst 102, 2022, S. 735–736.

Grauvogel, J., von Soest, C.: Erfolg und Grenzen der Sanktionspolitik gegen Russland, in: Aus Politik und Zeitgeschichte 73 (10-11), 2023, S. 33–39.

Gutmann, J., Neuenkirch, M., Neumeier, F.: The Economic Effects of International Sanctions: An Event Study, CESifo Working Paper No. 9007, München 2021.

Hafner, G.: Völkerrechtliche Grenzen und Wirksamkeit von Sanktionen gegen Völkerrechtssubjekte, in: Zeitschrift für ausländisches öffentliches Recht und Völkerrecht 76, 2016, S. 391–413.

Hefeker, C., Menck, K. W.: Wie wirkungsvoll sind Sanktionen? Das Beispiel Südafrika, HWWA-Report 220, Hamburg 2002.

Hefti, C., Staehelin-Witt, E.: Wirtschaftssanktionen gegen Südafrika während der Apartheid – Die Wirkung der offiziellen Handels- und Finanzsanktionen und der Einfluss der Schweizer Politik, Basel 2005.

Hoppe, S.: Chinas Reaktion auf Russlands Krieg gegen die Ukraine – Strategische Zurückhaltung mit Moskauer Schlagseite, in: Zeitschrift für Außen- und Sicherheitspolitik 15, 2022, S. 125–137.

Hufbauer, G. C., Schott J. J., Elliott K. A., Oegg B.: Economic Sanctions Reconsidered, 3. Aufl., Washington, DC. 2007.

International Monetary Fund: World Economic Outlook October 2023: Navigating Global Divergences, Washington, DC. 2023.

Kubbig, B. W.: Internationale Sanktionen gegen den Iran: Erfolgsbedingungen und Effektivität, HSFK-Report 4/2007, Frankfurt am Main 2007.

Milov, V.: Und sie wirken doch, ipg-journal, 7. Februar 2023, verfügbar unter: https://www.ipg-journal.de/rubriken/wirtschaft-und-oekologie/artikel/und-sie-wirken-doch-6493/, aufgerufen am 18. März 2023.

Neuenkirch, M., Neumeier, F.: The impact of UN and US economic sanctions on GDP growth, in: European Journal of Political Economy 40, 2015, Part A, S. 110–125.

Petersen, T.: Sanktionen gegen Russland – eine Frage der Zeit, in: ifo Schnelldienst 76 (5), 2023, S. 3–6.

Smeets, M.: Can Economic Sanctions be Effective?, World Trade Organisation Staff Working Paper ERSD-2018-03, Genf 2018.

Statistisches Bundesamt: Datenbank GENESIS-Online, Tabellen 51000 (Außenhandel), verfügbar unter: https://www-genesis.destatis.de/genesis/online?sequenz=statistikTabellen&selectionname=51000#abreadcrumb, aufgerufen am 27. September 2023.

Wissenschaftliche Dienste des Deutschen Bundestages: Sanktionen der Bundesrepublik Deutschland gegen Drittstaaten, Sachstand WD 2 – 3000 – 025/20, Berlin 2020.

Wissenschaftliche Dienste des Deutschen Bundestages: Auswirkungen von Sanktionen auf die europäische und russische Wirtschaft, Dokumentation WD 5 – 3000 – 063/23, Berlin 2023.

Wittmann, H.-J.: Außenhandelsdaten spiegeln Russlands Abkopplung vom Westen wider. GTAI (Germany Trade & Invest), 3. März 2023, verfügbar unter: https://www.gtai.de/de/trade/russland/wirtschaftsumfeld/aussenhandelsdaten-spiegeln-russlands-abkopplung-vom-westen-wider-967952, aufgerufen am 18. August 2023.

Yalçin, E.: Die ökonomischen Effekte von Sanktionen – Schlagkraft, Zielerreichung, Nebeneffekte, in: Wirtschaftsdienst 103 (13), 2023, S. 15–22.

Zweynert, J.: Was bringen Sanktionen? Polit-ökonomische Anmerkungen, in: Wirtschaftsdienst 94 (9), 2014, S. 606–607.

6 Wirtschaftspolitik für den Klimaschutz: sozial (un-)gerecht?[25]

Katharina Eckartz

Zusammenfassung

Klimaschutz ist notwendig. Daran besteht kein Zweifel. Auch die Politik hat die Zeichen der Zeit vielerorts erkannt. In Deutschland gibt es seit 2021 sogar ein Bundesministerium, das sich schwerpunktmäßig darum kümmert, konkret das Bundesministerium für Wirtschaft und Klimaschutz. Ziel ist es, mit wirtschaftspolitischen Maßnahmen das Wirtschaftsgeschehen so zu verändern, dass es klimafreundlicher, irgendwann sogar klimaneutral wird, also ohne Treibhausgasemissionen auskommt. Ähnliches wird auf europäischer Ebene angestrebt, zwar mit Unterschieden im Detail, die Richtung ist aber identisch. Die Frage ist, wie solche Maßnahmen aussehen sollten. Ihre Bandbreite ist weit, sie reicht von Verboten über konkrete Zielvorgaben für bestimmte Wirtschaftsbereiche bis hin zu Empfehlungen, was man idealerweise anstreben sollte. Auch die Bepreisung von Emissionen spielt eine Rolle. Letzteres ist aus ökonomischer Sicht besonders effizient und auch effektiv, birgt allerdings die Gefahr, soziale Ungleichheit zu fördern. Wie ließe sich das verhindern? Welche Maßnahmen sollte die Wirtschaftspolitik ergreifen, um effektiven Klimaschutz zu betreiben, und was sollte sie besser lassen? Auf diese und weitere Fragen geht Katharina Eckartz im nachfolgenden Aufsatz ein. Nach der anfänglichen Verdeutlichung der Notwendigkeit solcher Maßnahmen erläutert sie zunächst, was alles auf deutscher und europäischer Ebene bereits erfolgt und wie dies aus ihrer Sicht zu bewerten ist. Danach wirft sie den Blick nach vorne, zeigt, was schon angedacht ist, was sinnvollerweise noch getan werden sollte und wie sozial ausgewogener Klimaschutz gelingen kann. Wie sich zeigt, ist dies aus ökonomischer Sicht gar nicht so schwer...

---

25 Der Text beschreibt und diskutiert den Stand der politischen Entwicklungen im November 2023. In dem behandelten Feld sind dynamische Entwicklungen zu beobachten, insbesondere was politische Entscheidungen anbelangt.

6.1 Einleitung[26]

Die letzten Jahre sind dadurch geprägt, dass auf Grund der Klimaerhitzung in Deutschland regelmäßig neue Rekorde beobachtet werden: In Deutschland war das Jahr 2022 zusammen mit 2018 das bisher wärmste Jahr seit Beginn der Aufzeichnungen, in Europa das zweitwärmste. Der Juli 2023 stellte einen Negativrekord dar: Er war der bislang wärmste beobachtete Monat seit Beginn der Temperaturaufzeichnungen (vgl. Haustein 2023). Damit verbunden ist auch eine steigende Anzahl an heißen Tagen, an denen die Temperatur über 30°C steigt (vgl. Imbery et al. 2023). Gleichzeitig steigt der Meeresspiegel stetig an (vgl. Norddeutsches Küsten- und Klimabüro 2022). Mit fortschreitender Klimaerhitzung nehmen die Eintrittswahrscheinlichkeiten für Wetterextreme wie Starkregen oder Dürren weiter zu. Die dargestellten Veränderungen beeinträchtigen zum einen die betroffene Bevölkerung und haben zum anderen wirtschaftliche Folgen. Exemplarisch seien hier gesundheitliche Auswirkungen, Schäden an privatem Eigentum und Auswirkungen auf die Nahrungsmittelerzeugung genannt. Eine vom Bundesministerium für Wirtschaft- und Klimaschutz (BMWK) (vgl. Bundesregierung 2023a) beauftragte Studie schätzt Schäden, die durch Klimaerhitzung bereits entstanden sind und in Zukunft zu erwarten sind. Zwischen 2000 und 2021 sind nach den Berechnungen der Autor*innen in Deutschland finanzielle Schäden in Höhe von mindestens 145 Mrd. € entstanden (vgl. Trenczek et al. 2022).

Politisch erfährt Klimaschutz in den letzten Jahren zunehmend Aufmerksamkeit. Im Übereinkommen von Paris wurde 2015 die 1,5-Grad-Grenze (auch 1,5-Grad-Ziel) völkerrechtlich vereinbart und von 195 Staaten ratifiziert (vgl. United Nations 2016). Sowohl Deutschland als auch die EU haben jeweils eigene Klimaziele gesetzt, diese beziehen sich jedoch auf die Emissionsentwicklung, nicht auf die Temperatur. 2019 wurde in Deutschland das Bundes-Klimaschutzgesetz (KSG) eingeführt.

Gesellschaftlich hat insbesondere die Bewegung Fridays for Future seit 2019 das Thema wieder stärker in den politischen, medialen und gesellschaftlichen Fokus geholt (vgl. Sachverständigenrat für Umweltfragen, 2023, Rn. 204).

Während die verschiedenen Klimaschutzziele vereinbart wurden, reichen aktuelle politische Bemühungen weder lokal noch global, um die vereinbarten Ziele zu erreichen. Aktuelle Emissionsentwicklungen würden zu Temperaturen wesentlich über 1,5°C Erhöhung führen (IPCC 2023). Gleichzeitig müssten Emissionen noch schneller als bisher gedacht reduziert werden, um die Klimaziele zu erreichen, wie neue wissenschaftliche Berechnungen darstellen (vgl. Lamboll et al. 2023).

Seit der Bundestagswahl 2021 verantwortet in Deutschland das Wirtschaftsministerium auch den Klimaschutz. Es könnte die Möglichkeit bieten Wirtschaftspolitik so zu gestalten, dass diese mit klimapolitischen Zielen kohärent ist und Klimaschutz nicht gegen Wirtschaftspolitik ausgespielt wird. Gleichzeitig sind viele

---

26 Herzlichen Dank an Prof. Dr. Nina Michaelis, Dr. Marc Schmid und Prof. Dr. Manuel Rupprecht für die Durchsicht und hilfreiche Anmerkungen und Vorschläge.

Themen, die im Folgenden angesprochen werden, organisatorisch im BMWK angesiedelt.

Das Ziel dieses Beitrags ist zum Ersten einen Überblick über den aktuellen klimapolitischen Rahmen und dessen Umsetzung zu geben. Der Fokus liegt hierbei auf der Rolle von CO_2-Preisen. Zum Zweiten werden soziale Auswirkungen der CO_2-Bepreisung dargestellt und analysiert. Schwerpunkte sind die unterschiedlichen Belastungen zwischen verschiedenen Haushalten, die gesellschaftliche Akzeptanz von klimapolitischen Maßnahmen sowie die Rolle, die ein Klimageld übernehmen könnte. Der Beitrag konzentriert sich auf Deutschland und die EU.

6.2 Hintergrund

Im Folgenden wird eine kurze Einführung in die Trends und Beiträge zur Emissionsentwicklung gegeben. Anschließend werden die bestehenden Klimaschutzziele dargestellt. Das Kapitel schließt mit einer Darstellung klimapolitischer Instrumente. Das beinhaltet einen Exkurs zum Thema »externe Effekte«.

6.2.1 Emissionen

6.2.1.1 Trends in der globalen Emissionsentwicklung

Die Globalen Emissionen steigen weiter kontinuierlich an. Im jährlichen Bericht des IPCC (Intergovernmental Panel on Climate Change) wird versucht abzuschätzen, welche damit verbundenen Temperaturentwicklungen wahrscheinlich sind. Derzeit wird erwartet, dass unter aktuellen politischen Entwicklungen die Emissionen zunächst weiter steigen werden und sich dann auf hohem Niveau stabilisieren. Um die 1,5- oder die 2-Grad-Grenze nicht zu überschreiten, wäre jedoch ein zügiges Absinken der Emissionen notwendig (▶ Dar. 26).

6.2.1.2 Emissionsentwicklung Deutschland

Darstellung 27 stellt die Entwicklung der Treibhausgasemissionen (THGE) in Deutschland dar. Dargestellt ist, wie sich die Summe der THGE (die Höhe der Säulen) seit 2010 entwickelt hat. Die verschiedenen Bereiche beziehen sich auf Emissionen in verschiedenen Sektoren (Energiewirtschaft, Industrie, Gebäude, Verkehr, Landwirtschaft, Abfallwirtschaft und Sonstiges). Für das Jahr 2030 wird die Zielstellung gemäß KSG dargestellt.

Es fällt auf, dass die Emissionen zur Zielerreichung auf ca. 59 % des Niveaus der Schätzung für 2022 sinken müssen. Es muss berücksichtigt werden, dass Klimagase über längere Zeiträume in der Atmosphäre verbleiben. In Konsequenz ist es nicht nur relevant, Emissionsziele zu bestimmten Zeitpunkten (in der dargestellten Grafik für 2030) zu erreichen, sondern auch die Emissionen, die bis dahin ausge-

6.2 Hintergrund

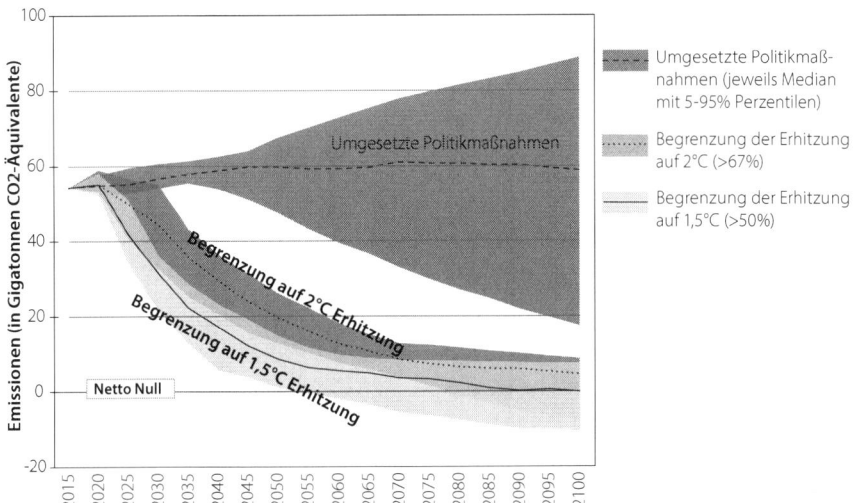

Dar. 26: Emissionsentwicklungen und wahrscheinliche Temperaturerwärmungen (Quelle: Eigene Darstellung nach Abbildung, SPM.5, IPCC, 2023; Daten: van der Wijst et al. 2023)

stoßen werden, zu begrenzen. Daraus ergibt sich ein so genanntes Emissions-Budget, also eine absolute Menge an THGE, welche zur Erreichung der Klimaziele noch emittiert werden können. Der Sachverständigenrat für Umweltfragen (2022, S. 7) geht davon aus, dass bei einer linearen Emissionsreduktion das deutsche Treibhausgas-Budget zur Erreichung des 1,5-Grad-Ziels (bei 50 % Wahrscheinlichkeit der Erreichung des 1,5-Grad-Ziels) im Jahr 2031 aufgebraucht sein wird.

6.2.1.3 Emissionen und Einkommen

Emissionen sind sowohl global als auch innerhalb von Ländern ungleich verteilt, dabei ist Letzteres über die Zeit immer relevanter geworden (vgl. Chancel 2022, S. 933). Eine aktuelle Studie von Oxfam kommt zu dem Ergebnis, dass im Jahr 2019 Länder mit hohem Einkommen (ca. 16 % der Weltbevölkerung) ca. 40 % der globalen CO_2-Emissionen verantwortet haben (vgl. Khalfan et al. 2023). Im selben Jahr verantworteten die nach Einkommen 10 % reichsten Menschen[27] ca. die Hälfte der globalen Emissionen und Superreiche (die reichsten 1 %) knapp 16-17 % der Emissionen (vgl. Chancel 2022, S. 933; Khalfan et al. 2023); dieser Anteil ist noch höher, wenn die historische Entwicklung berücksichtigt wird (vgl. Chancel 2022). Chancel (2022, S. 931) unterscheidet in seinen Analysen zusätzlich zwischen Kon-

---

27 Nach Khalfan et al. 2023, Box 1.2 zählen zu reichen Haushalten jene mit einem Haushaltseinkommen ab 41.000 US-Dollar Kaufkraftparität. Kaufkraftparität wird hier genutzt, um Einkommen über Regionen mit unterschiedlichen Währungen und Preisniveaus zu vergleichen.

6 Wirtschaftspolitik für den Klimaschutz: sozial (un-)gerecht?

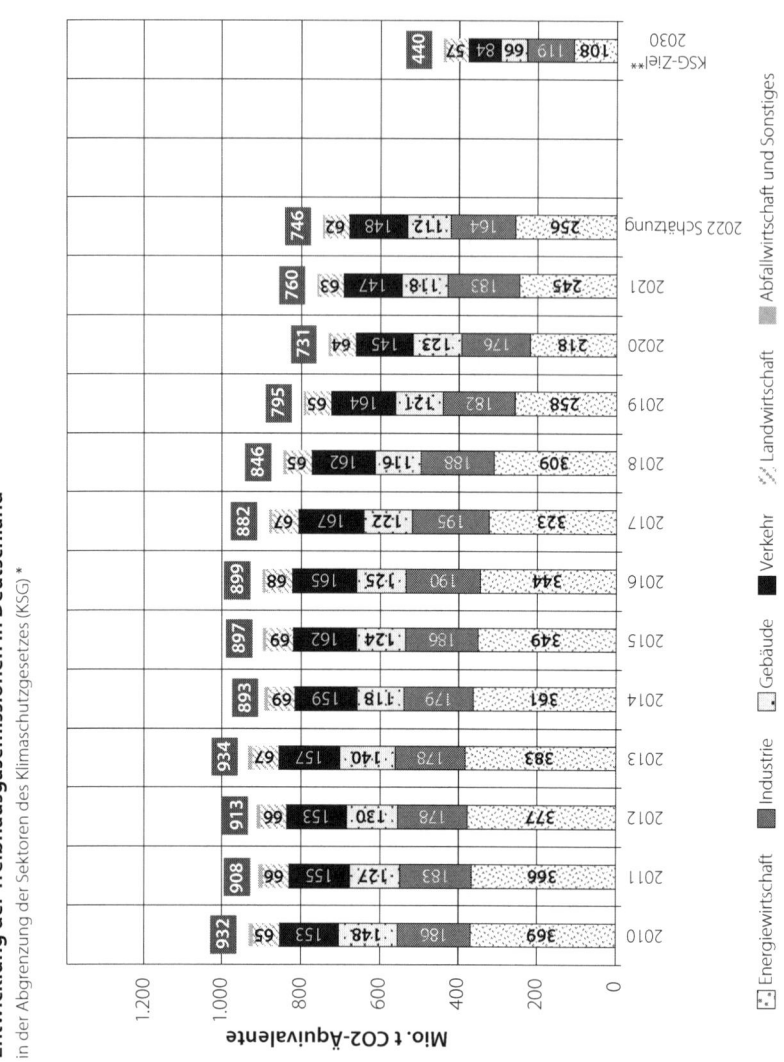

Dar. 27: Entwicklung der Treibhausgasemissionen in Deutschland (Quelle: Umweltbundesamt 2023a)

sum- und Investitions-Emissionen. Konsum-Emissionen privater Haushalte sind häufig im Fokus der öffentlichen Debatte. Diese Emissionen sind, direkt oder indirekt, mit dem Konsum verbunden: zum Beispiel die Emissionen, die bei der Erzeugung eines gekauften Lebensmittels oder Kleidungsstücks entstanden sind. Im Gegensatz dazu resultieren Investitions-Emissionen aus Investitionen in Vorhaben, die mit entsprechenden Emissionen verbunden sind. Ein Beispiel wären Investitionen in Produktionsprozesse und die daraus resultierenden Emissionen. Diese sind insbesondere bei sehr reichen Haushalten sehr relevant (vgl. Chancel 2022, S. 935; Khalfan et al. 2023). Es ist zu beachten, dass die THGE pro Person in Deutschland oberhalb des Europäischen Durchschnitts liegen. Der EU-Durchschnitt lag 2021 bei 7,8t CO_2-Äquivalenten pro Kopf, in Deutschland lagen sie pro Kopf bei 9,1 und damit im oberen Drittel der EU-Länder (vgl. Umweltbundesamt 2023b).

Auch innerhalb Deutschlands ist eine Einkommensabhängigkeit zwischen Haushaltseinkommen und Emissionsniveau zu beobachten. Je höher das verfügbare Einkommen ist, desto höher sind negative Umweltauswirkungen, näherungsweise bestimmt durch den Konsum der Haushalte, sprich der Ausstoß an Treibhausgasen in CO_2-Äquivalenten[28] (vgl. Groß et al. 2022, S. 23; Oehlman et al. 2020). Diese Studien stellen dar, dass dieser Effekt auch dann bestehen bleibt, wenn man die Bildung oder die Haushaltsgröße in den Analysen berücksichtig. Haushalte in der höchsten Einkommensgruppe stoßen dabei im Durchschnitt doppelt so viele Emissionen aus wie Haushalte in der Gruppe mit dem geringsten Haushaltseinkommen.

In späteren Abschnitten werden die Bereiche Mobilität und Wärme genauer betrachtet, daher werden die hiermit verbundenen Emissionen hier in Einkommensabhängigkeit dargestellt. Im Bereich Heizen variieren die THG-Emissionen kaum zwischen den Einkommensklassen. Der Grund ist, dass Menschen mit höherem Einkommen eher mehr Wohnraum zur Verfügung haben, aber diese gleichzeitig im Schnitt effizientere Anlagen nutzen oder in emissionsärmeren Gebäuden wohnen (vgl. Groß et al. 2022, S. 22).

Im Bereich Verkehr steigen die CO_2-Emissionen im Bereich Automobilität ungefähr linear mit dem Einkommen, im Bereich Flugreisen sogar stärker (vgl. Groß et al. 2022).

6.2.2 Klimaziele

In Deutschland wurde im Dezember 2019 das Bundes-Klimaschutzgesetz (KSG) verabschiedet. Als Reaktion auf den Beschluss des Bundesverfassungsgerichtes im April 2021 wurde das KSG zum ersten Mal novelliert und ambitionierter gestaltet. Das novellierte KSG trat im Sommer 2021 in Kraft (vgl. Bundesregierung 2022). Im Winter 2023/2024 wurde eine zweite Novellierung des Gesetzes beraten, nachdem diese im Juni 2023 im Kabinett beschlossen wurde (vgl. Bundesregierung 2023b). Auf einzelne Elemente der vorgeschlagenen Novellierung wird in Abschnitt 5.3.1 eingegangen. In der derzeit (noch) geltenden Fassung sind wichtige Bestandteile des Gesetzes Emissions-Minderungsziele, Ziele für die Netto-Treibhausgasneutralität (beides § 3 KSG) sowie sogenannte Sektorziele (§ 4 KSG). Darstellung 28 stellt den Status quo der Ziele dar.

Das Referenzjahr für die Minderungsziele im KSG ist jeweils 1990. Derzeit ist das Ziel, die deutschen THGE bis 2030 um 65 % und bis 2040 um 88 % gegenüber dem Stand von 1990 zu reduzieren (§ 3 Abs. 1 KSG), für 2045 wird Netto-Treibhausgas-

---

28 Treibhausgase haben einen unterschiedlich starken Effekt auf die Erderwärmung. Um Emissionen vergleichen zu können, nutzt man sogenannte CO_2-Äquivalente. Dabei werden alle Emissionen so umgerechnet, dass man sehen kann, wie viele CO_2-Emissionen zu der entsprechenden Erwärmung führen würden.

neutralität angestrebt (§ 3 Abs. 2 KSG). Ab 2050 werden negative Emissionen angestrebt (§ 3 Abs. 2 KSG), d. h. es sollen mehr THG gebunden als ausgestoßen werden. Um dazu beizutragen, dass in allen Wirtschaftssektoren Dekarbonisierungsanstrengungen unternommen werden, wurden im KSG sektorspezifische Minderungsziele für die THGE festgeschrieben, die sogenannten Sektorziele. Bis zum Zeitpunkt der Drucklegung dieses Buches wurden insbesondere in den Sektoren Verkehr und Gebäude die festgelegten Ziele nicht erreicht (vgl. Umweltbundesamt 2023c). Darstellung 27 unterteilte sowohl bei der Darstellung vergangener Emissionen als auch bei den Darstellungen der Ziele nach Sektoren, letzteres ist als Visualisierung der Sektorziele zu verstehen. Die Bundesregierung ist nach KSG verpflichtet, ein sogenanntes Klimaschutzprogramm zu erstellen und darzustellen, welche politischen Maßnahmen genutzt werden sollen (sog. Maßnahmenmix), um die Reduktionsziele zu erreichen. Nach Einschätzungen des Expertenrats für Klimafragen (2023a Rn. 22) reichen die im Klimaschutzprogramm 2023 geplanten Maßnahmen nicht aus, um die Ziele des KSG zu erreichen. Aus diesem Grund wurde im November eine Verfassungsbeschwerde beim Bundesverfassungsgericht eingereicht (vgl. Deutsche Umwelthilfe 2023). Weiter hat Ende November 2023 das Oberverwaltungsgericht Berlin-Brandenburg in einem anderen Verfahren gegen die Bundesregierung geurteilt, dass aufgrund der oben erwähnten Ziel-Überschreitungen in den Sektoren Verkehr und Gebäude die Bundesregierung verpflichtet ist, ein Klimaschutzsofortprogramm zu erstellen, das Maßnahmen beinhaltet, die kurzfristig zu Emissionssenkungen führen (vgl. Tagesschau.de 2023). Die Bundesregierung hat angekündigt, in Revision zu gehen (vgl. Tagesschau.de 2023).

Auf EU-Ebene sind im Rahmen des sogenannten Green Deal, einer politischen Strategie, die ökologische und wirtschaftspolitische Ziele verknüpfen soll, die Emissionsreduktion um 55 % bis 2030 (Referenzjahr: 1990) und eine Netto-Treibhausgasneutralität bis 2050 als Ziele festgehalten (vgl. Europäische Kommission n. d.).

Dar. 28: Klimaziele von Deutschland und der Europäischen Union (Referenzjahr: 1990)

	Deutschland	EU
Ziel 2030	- 65 %	- 55 %
Ziel 2040	- 88 %	
Ziel Netto-Treibhausgasneutralität	2045	2050

Eine europäische Vereinbarung, die in der öffentlichen Diskussion weniger Aufmerksamkeit erhält, ist die Verordnung zur Lastenteilung. Diese Verordnung (EU 2018/842) legt für Bereiche, die nicht unter den Europäischen Emissionshandel fallen, Reduktionsziele fest. In dieser Verordnung werden die Minderungsziele auf die EU-Länder aufgeteilt. Länder mit sehr hohem Bruttoinlandsprodukt (BIP) pro Kopf haben höhere Minderungsziele als Länder mit geringerem BIP/Kopf. Nach Einschätzung des Expertenrats für Klimafragen (2023a, Rn. 15) besteht im Klimaschutzprogramm 2023 »eine erhebliche Lücke zur Erreichung der Ziele innerhalb der Lastenteilungsverordnung«.

6.2.3 Instrumente mit dem Ziel Emissionsreduktion

Auf europäischer Ebene ist das Europäische Emissionshandelssystem (EU-ETS 1) eines der Hauptinstrumente im Klimaschutz. Seit 2021 wird dieses System in Deutschland durch den nationalen Emissionshandel (nEHS) ergänzt. Bevor diese beiden Systeme vorgestellt werden, wird die Motivation für die Bepreisung von Emissionen eingeführt.

Treibhausgasemissionen sind ökonomisch gesehen negative externe Effekte: Sie haben – unmittelbar oder mittelbar – negative Auswirkungen auf Menschen, die nicht für deren Entstehung verantwortlich sind. Hierbei sind insbesondere anthropogene, d. h. durch menschliches Handeln hervorgerufene Emissionen von Relevanz. Wichtige Emissionsquellen – bei globaler Betrachtung – sind industrielle Produktion, Energieerzeugung, Emissionen aus der Landwirtschaft, Transport aber auch die Beheizung von Gebäuden.

6.2.3.1 Exkurs: Internalisierung von externen Effekten

> **Internalisierung externer Effekte**
>
> Allen Treibhausgasemissionen ist gemein, dass sie über die Zeit zur Erderhitzung beitragen, aber dass sie für die Verursacher – in Abwesenheit von Politikmaßnahmen – kostenfrei sind, d. h. für die Emissionen an sich besteht kein natürlicher Markt. Gleichzeitig besteht ebenfalls kein natürlicher Kompensationsmechanismus für die Geschädigten. Mit der Bepreisung von THGE wird versucht, dieses Problem zu adressieren und den externen Effekten einen Preis zu geben, so dass für die Verursachenden finanzielle Auswirkungen entstehen. Dieser Ansatz wird Internalisierung von externen Effekten genannt. Die Kosten erhöhen sich umso stärker, je mehr THG anfallen. Die entsprechenden Akteure werden versuchen, diese Kosten entweder zu vermeiden oder an die Abnehmer durchzureichen. D. h. es ist damit zu rechnen, dass sich die Preise von Produkten in Abhängigkeit ihrer Emissionsintensität erhöhen. Gleichzeitig erhalten emissionsärmere Erzeugnisse so relative Vorteile. Relative Vorteile berücksichtigen, dass Anbieter von Gütern neben Emissionskosten noch weitere Kostenfaktoren haben und die Summe relevant ist.
>
> Zur Illustration ein kleines Beispiel, in dem zwei Firmen ein identisches oder sehr ähnliches Produkt produzieren.
>
> Firma E (»Egal«) produziert das Produkt so, dass es in der Produktion möglichst günstig ist, und erzeugt dabei Emissionen und damit verbundene Umweltschäden. Firma N (»Nachhaltig«) nutzt einen Produktionsprozess, der zu möglichst geringen Umweltauswirkungen führt. Dieser Produktionsprozess ist teurer.
>
> Ohne Internalisierung hat Firma E einen Kostenvorteil gegenüber Firma N. Wenn Emissionen jedoch einen Preis bekommen, sind die Emissionskosten von

> Firma E höher als die Emissionskosten von Firma N, d. h. Firma N hat hier einen relativen Vorteil. Firma E steht dann vor der Frage, ob die erhöhten Kosten im Markt wieder erwirtschaftet werden können oder ob es profitabler ist, in einen emissionsärmeren Produktionsprozess zu investieren. Im Kontext Klimaschutz werden langfristig »Netto-Null-Ziele« angestrebt. Die Konsequenz ist, dass Emissionen teurer werden und somit die Investitionen in emissionsärmere Prozesse immer rentabler werden.
>
> Eine Kompensation von Geschädigten wird auf diesem Weg allerdings nicht erreicht. Die sozialen Auswirkungen einer CO_2-Bepreisung und wie im Policy-Mix darauf reagiert werden kann, wird in Abschnitt 6.4 dargestellt.

Im Prinzip gibt es zwei praktikable[29] ökonomische Ansätze für eine Internalisierung: Entweder wird ein Markt für Emissionen gebildet oder ein Preis außerhalb eines Marktes festgelegt. Im ersten Ansatz wird die zulässige Emissionsmenge (sog. Cap) festgelegt und zur Emission wird eine Emissionserlaubnis benötigt (sog. Zertifikate). Diese Zertifikate sind handelbar (trade) und die Preise für THGE bilden sich über den Markt für Emissionen. Dieses System ist auch unter dem Begriff »Cap and trade« bekannt. In so einem System ist die Gesamtmenge an Emissionen sehr gut steuerbar, die Preisentwicklung jedoch unbekannt. Der alternative Ansatz ist ein festgelegter CO_2-Preis. In dem Fall ist die Preisentwicklung besser planbar, allerdings ist nicht genau abzuschätzen, wie sich die Gesamtemissionen entwickeln, da es auf die Nachfragereaktionen ankommt und diese vorab nur geschätzt werden können. Natürlich sind auch ordnungsrechtliche (Verbote, Begrenzungen o.ä.) oder andere Instrumente denkbar. Aus ökonomischer Sicht spricht für Preisinstrumente, insbesondere für ein »Cap & Trade«-System, dass theoretisch die Minderung effizient, d. h. zu möglichst geringen Kosten passiert: Die Ausstoßenden (sog. Emittenten) können bei ihren Entscheidungen zwischen der Investition in eine emissionsarme Emissionsart (sog. Vermeidungskosten) und dem Bezahlen von Emissionskosten wählen. Auf diese Art können die Gesamtemissionen kosteneffizient reduziert werden, da dort die Emissionen zunächst reduziert werden, wo dies möglichst günstig möglich ist. Je weniger Emissionsrechte verfügbar sind und je mehr Nachfrage nach diesen besteht, umso höher ist der Emissionspreis und umso mehr Investitionen in Emissionsreduktion lohnen sich ökonomisch. Es kann allerdings Gründe geben, diese reine Steuerung über den Markt durch z. B. ordnungsrechtliche oder fiskalische Maßnahmen zu ergänzen. Auf diese Aspekte wird später eingegangen.

---

29 Die aus ökonomischer Sicht ideale Lösung (»first best«) wäre eine sogenannte Pigou-Steuer, diese ist aber aufgrund fehlender informatorischer Grundlagen so nicht umsetzbar (Weimann 2019).

6.2.3.2 Status quo EU: EU-ETS 1 & CBAM

Seit 2005 besteht auf EU-Ebene ein Emissionshandelssystem (EU Emissions Trading System, EU-ETS 1), das nach dem oben vorgestellten »Cap & Trade«-System angelegt ist. Dieses System wurde im Laufe der Zeit mehrfach reformiert, um z. B. auf die zunächst wenig ambitionierte Ausgestaltung und den damit verbundenen Preisverfall zu reagieren (vgl. Umweltbundesamt 2022). Dieses System deckt ca. 40 % der europäischen THGE ab. Insbesondere sind die Energieerzeugung, die energieintensive Industrie sowie der Luftverkehr innerhalb des Europäischen Wirtschaftsraums von diesem System erfasst (vgl. European Environmental Agency 2022). Die genauen Regeln dieses Systems darzustellen, übersteigt den Rahmen dieses Beitrags. Wichtig ist festzustellen, dass ein Teil der Zertifikate im ETS 1 frei zugeteilt werden, d. h. für diese fällt kein Preis an.

Im April 2023 wurde die letzte Reform des ETS 1 im Rahmen des sogenannten »Fit for 55«-Pakets verabschiedet. In diesem Rahmen wurde zum einen das Minderungsziel verschärft: Es ist nun Ziel, die Emissionen im ETS 1 im Vergleich zu 2005 um 62 % zu reduzieren (vgl. Der Rat der Europäischen Union 2023; Umweltbundesamt 2023d). Zu diesem Zweck wird das Cap schneller verringert. Zum anderen wird die Ausgabe von kostenfreien Zertifikaten in Zukunft zum Teil an die Erfüllung von Anforderungen geknüpft und in den Industriezweigen reduziert, die in den Grenzausgleichmechanismus (Carbon Border Adjustment Mechanism, CBAM) eingebunden werden.

Der CBAM ist ebenfalls eine Neuerung aus dem »Fit for 55«-Paket. Ein Grenzausgleich ist ein System, mit dem verhindert werden soll, dass energieintensive Produktion – und die dabei entstehenden Emissionen – ins Ausland verlagert werden (sog. Carbon Leakage) und dort nicht oder weniger für die THGE bezahlt werden muss. Bei vollständiger Umsetzung dieses Mechanismus müssen in die EU importierte Waren aus den entsprechenden Sektoren bei der Einfuhr Zertifikate für die »eingebetteten« Emissionen (sog. graue Emissionen) erworben und abgegeben werden. Seit Oktober 2023 müssen diese eingebetteten Emissionen bereits berichtet werden, ab 2026 soll das System dann in ersten Warengruppen so umgesetzt sein, dass Zertifikate gehandelt werden müssen. Begonnen wird mit Produkten aus den Warengruppen Zement, Strom, Düngemittel, Eisen und Stahl sowie Aluminium (vgl. Europäische Kommission 2023; Umweltbundesamt 2023d).

6.2.3.3 Status quo Deutschland: nEHS

Das EU-ETS 1 deckt – wie oben dargestellt – nur einen Teil der EU-Emissionen ab. In Deutschland wird seit Januar 2021 ein Teil der nicht vom ETS 1 berücksichtigten Sektoren durch ein nationales Emissionshandelssystem (nEHS) abgedeckt, dieses ist im Brennstoffemissionshandelsgesetz (BEHG) verankert. Das BEHG betrifft insbesondere die Sektoren Verkehr und Gebäude (Wärme). Der Name – Emissionshandel – täuscht allerdings (noch): In der Einführungsphase werden Emissionen nach einem vorgegebenen Preispfad bepreist, es kann sich also kein Marktpreis bilden. Die festgelegten Preise liegen weit unter den Preisen, die sich derzeit im ETS 1 bilden (vgl. Umweltbundesamt 2023e): 2023 ist der Preis im nEHS 30 Euro/t, 2024 steigt er auf 45 Euro/t CO_2.[30] Die Preise im ETS 1 waren im Jahr 2022 bei im Schnitt 80 Euro/t CO_2 und damit mehr als doppelt so hoch wie im nEHS (vgl. Deutsche Emissionshandelsstelle 2023). Zudem ist der politisch festgelegte Preis Gegenstand politischen Kalküls, wie u. a. die Reduktion des CO_2-Preises im nEHS (verglichen mit dem ursprünglichen Preispfad) vor dem Hintergrund gestiegener Energiepreise als Folge des russischen Angriffskrieges auf die Ukraine gezeigt hat (vgl. beck-aktuell 2022; Deutsche Emissionshandelsstelle 2023). Ab 2026 soll sich der Preis dann über den Markt bilden (vgl. Deutsche Emissionshandelsstelle 2022). Im Rahmen des bereits genannten »Fit for 55«-Pakets wurde im April 2023 festgelegt, dass es ab 2027 ein zweites Europäisches Emissionshandelssystem (EU-ETS 2) geben soll (vgl. Umweltbundesamt 2023d).

6.2.3.4 Planung EU: EU-ETS 2

Das zweite Europäische Emissionshandelssystem ist dafür gedacht, die Emissionen zu bepreisen, die vom ETS 1 nicht erfasst werden: Straßenverkehr, Gebäude sowie nicht vom ETS 1 abgedeckte Emittenten in Industrie und Energieerzeugung. Da die vom nEHS abgedeckten Sektoren in Deutschland in Zukunft zu großen Teilen vom ETS 2 abgedeckt werden, wird der nEHS in Zukunft in das ETS 2 überführt werden. Für diese Sektoren bestehen die über die Lastenteilung (in 2.2 eingeführt) festgelegten Emissions-Reduktionsziele.

Dar. 29: Reduktionsziele im EU-ETS1 und EU-ETS2 (Referenzjahr: 2005)

	EU-ETS 1	EU-ETS 2
Ziel 2030	- 62 %	- 42 %

EU-ETS 1 und EU-ETS 2 sollen in Zukunft 85 % der Emissionen abdecken (vgl. Bundesregierung 2023c). Ein wichtiger Sektor, der auch in Zukunft nicht vom Emissionshandel abgedeckt sein wird, ist die Landwirtschaft.

Zusammenfassend lässt sich feststellen, dass der Emissionshandel ein sehr wichtiges Klimaschutzinstrument der EU ist, das nun im Zuge kürzlicher Reformen ambitionierter gestaltet werden soll (ETS 1) und auch auf bisher nicht bepreiste Emissionen ausgeweitet werden soll (zukünftig ETS 2). Im nächsten Abschnitt werden aktuelle Entwicklungen und Kontroversen näher beleuchtet und diskutiert.

---

30 Im Dezember 2023 wurde als Reaktion auf das Haushaltsurteil des Bundesverfassungsgerichtes entschieden, dass der Preis 2024 zurück auf den ursprünglich geplanten Preispfad gehen wird (Weigl 2023).

6.3 Aktuelle Entwicklungen & Diskussionen

Im Folgenden liegt der Schwerpunkt auf einem sehr umstrittenen Element der zweiten KSG-Novellierung: dem Wegfall der Sektorziele. Darüber hinaus werden zwei Sektoren näher betrachtet, die derzeit unter den nEHS und in Zukunft unter das ETS 2 fallen werden: Verkehr und Gebäude. Beiden Sektoren ist gemein, dass sie die in Abschnitt 6.2 dargestellten Sektorziele seit mehreren Jahren nicht erreichen (▶ Dar. 27). Beide Sektoren fallen auch unter die Lastenteilung.

6.3.1 Abschaffung der sogenannten Sektorziele

Begründet wird die Abschaffung der Sektorziele mit der Möglichkeit, die Emissionsminderung volkswirtschaftlich effizient zu gestalten (vgl. Bundesregierung 2023b). Mit effizient ist zu möglichst geringen Kosten gemeint. Die Motivation ähnelt der in Abschnitt 6.2.3.1 eingeführten Überlegung. Gleichzeitig wird der geplante Schritt aus verschiedenen Bereichen der Wissenschaft (u. a. Expertenrat für Klimafragen, 2023b), von Juristen und von verschiedenen Interessensgruppen kritisiert (NVwZ Nachrichten 2023). Eine Studie von Thomas et al. (2019, S. 4) beispielsweise argumentiert, dass ein CO_2-Preis »sektorale Ziele und Instrumente nicht ersetzen« kann.

Damit das »Effizienz-Argument« funktionieren kann und über die entstehenden Märkte für Emissionen möglichst effiziente Minderungen angereizt werden können, muss es ein fixes Emissions-/Zertifikatebudget geben. Dies ist aktuell in allen »nicht-ETS 1-Sektoren« nicht der Fall. Weiter ist nicht bekannt, wie strikt der Budget-Gedanke im ETS 2 verfolgt werden wird. Der Expertenrat für Klimafragen (2023b, Rn. 197) schreibt hierzu: »Sowohl das Brennstoffemissionshandelsgesetz (BEHG) als auch die EU-ETS II der Europäischen Union sind noch weit davon entfernt, harte Mengengrenzen sicher zu implementieren«. Mit Emissionshandelssystemen untrennbar verbunden ist die Eigenschaft, dass die zukünftige Preisgestaltung unsicher ist. Die Nutzung von sektoralen Steuerungsinstrumenten brächte in dieser Hinsicht mehr Planungssicherheit für die Marktteilnehmenden (vgl. Wissenschaftsplattform Klimaschutz 2022, S. 94).

Weitere wichtige Aspekte gegen eine Aufweichung bzw. Abschaffung der Sektorziele sind die aus Klimaschutzsicht benötigte hohe Geschwindigkeit der Emissionsminderung, sektorspezifische Besonderheiten und nicht zuletzt die Signalwirkung. Auch ist bei Aufhebung der Sektor-Verantwortlichkeiten zu erwarten, dass verschiedene politische Stellen sich jeweils die Verantwortung für nicht-erreichte Ziele zuschreiben, mit entsprechend negativen Auswirkungen auf die tatsächlichen THGE. Der Expertenrat für Klimafragen (2023, Rn. 193) sieht eine erhöhte Gefahr des »Verharrens in angestammten technologischen Pfaden«. Insbesondere Infrastrukturinvestitionen haben die Eigenschaft, dass sie in der Regel für sehr lange Zeiträume getätigt werden. Heutige Investitionen erzeugen Lock-In-Situationen und beeinflussen den Transformationsdruck und die Transformationsgeschwindigkeit. Konkret bedeutet dies, dass die Investitionen, die heute in Gebäude oder Gebäudetechnik getätigt werden, einen Einfluss auf die Emissionen in der Zukunft haben. Ein Gebäude, in dem heute eine Gasheizung neu installiert wird, wird vermutlich in nächster Zeit nicht auf andere Beheizungsformen umgestellt, benötigt aber weiter Gas zur Beheizung. Dies wird als Lock-In bezeichnet. Die nächsten zwei Abschnitte betrachten sektorspezifische Besonderheiten im Verkehr- und im Gebäudesektor.

6.3.2 Besonderheiten Sektor Verkehr

Zu den Besonderheiten im Verkehr gehört, dass bei der Wahl des genutzten Verkehrsmittels die Verfügbarkeit vorhandener Infrastruktur relevant ist: Existieren beispielsweise sichere Rad- und Fußwege oder ist die Infrastruktur primär auf Autoverkehr (unabhängig von der Antriebsart) ausgelegt? Im genannten Beispiel ist die Infrastruktur ein sogenanntes öffentliches Gut, welches in Deutschland in der Regel durch die öffentliche Hand bereitgestellt wird.

> **Was ist ein öffentliches Gut?**
>
> Ein Gut ist ein öffentliches Gut, wenn Menschen a) nicht von der Nutzung ausgeschlossen werden können und wenn b) keine Rivalität im Konsum besteht. Wenn Menschen nicht von der Nutzung ausgeschlossen werden können, ist es fraglich, ob eine private Bereitstellung gelingen kann, da ein Anreiz zum Trittbrettfahren besteht. Aus diesem Grund tritt hier häufig die öffentliche Hand als Bereitsteller auf. Keine Rivalität im Konsum bedeutet, dass mehrere Menschen gleichzeitig das Gut nutzen können. Bei sehr hoher Nutzungsintensität erreicht diese Eigenschaft allerdings auch irgendwann ein Limit, das Ergebnis sind z. B. Staus.

Die Errichtung von Infrastruktur ist – je nach Vorhaben – mit längeren Zeiträumen verbunden. Weiter hat diese eine lange Lebensdauer und ist somit nicht so schnell zu revidieren, gut zu illustrieren am Beispiel der Erweiterung des Autobahnnetzes. Damit die verantwortlichen Stellen Klimaziele bei der Planung und Verwaltung von Verkehrsinfrastruktur entsprechend berücksichtigen, erscheint es sinnvoll, dem Sektor Verkehr explizite Minderungsziele zuzuordnen. Würde man versuchen, dies über ein Preissignal bei den Nutzern und Nutzerinnen zu lösen, würden diese schnell individuelle Grenzen erreichen. Wenn Nutzer*innen gewillt sind, auf emissionsärmere Mobilitätsformen umzusteigen, aber z. B. keine gute ÖPNV-Anbindung oder auch keine sichere Radinfrastruktur besteht, fehlt diesen Menschen die Alternative, unabhängig davon wie sich z. B. Kraftstoffpreise entwickeln (vgl. Wissenschaftsplattform Klimaschutz 2022, S. 59).

Ein Preissignal kann nicht lenkend wirken, wenn keine guten Alternativen (siehe vorheriges Beispiel) verfügbar sind oder wenn es nicht als relevant wahrgenommen wird. Letzteres wäre zum Beispiel der Fall, wenn die Emissionskosten sehr klein im Vergleich zu anderen entstehenden Kosten sind. Ein Preissignal kann auch dann nicht lenkend wirken, wenn zu erwartende Entwicklungen nicht oder nicht vollständig in der Kaufentscheidung berücksichtigt werden. Dies kann zum Beispiel auf Informationsdefizite zurückgehen oder auf eine Entscheidung, die durch nichtpreisliche Faktoren stark beeinflusst ist. Diese Beispiele unterstreichen den Bedarf, ein Preissignal mit Instrumenten zu kombinieren, die einen Umstieg auf emissionsarme Mobilität (Fuß- oder Radverkehr oder öffentlicher Verkehr) unterstützen. Aktuell sind Sektoren, die ihre Sektorziele nicht erreichen, nach dem KSG verpflichtet, Sofortprogramme zu entwickeln. Über ein Sofortprogramm bestünde die Chance, die notwendigen begleitenden Instrumente abzustimmen und die Umsetzung zu ermöglichen.

Zusätzlich sind auch hier soziale Aspekte zu beachten, da gerade gering verdienende Menschen weniger häufig Autos nutzen als Menschen mittlerer und höherer Einkommensgruppen und gleichzeitig häufiger zu Fuß unterwegs sind (vgl. Nobis et al. 2019, S. 52). Weiter besitzen Haushalte mit höherem Einkommen durchschnittlich mehr PKWs (vgl. Kuhnimhof & Nobis 2018, S. 35). Es stellt sich außerdem die Frage, ob und wie stark diese sehr gut verdienenden Haushalte auf Preissignale reagieren (vgl. Chancel 2022, S. 935).

6.3.3 Besonderheiten Sektor Gebäude

Der Sektor Gebäude (Wohnen bzw. Wärme) hat mit dem Sektor Verkehr gemein, dass Investitionen über längere Zeithorizonte getroffen werden, so dass heute getroffene Investitionsentscheidungen – sei es in die Installation von Heizungssystemen oder in die Hausdämmung – einen direkten Einfluss auf zukünftige Emissionspfade haben. Aus Klimaschutzsicht ist es daher sinnvoll, bei der Entscheidung zukünftige Emissionen zu berücksichtigen. Empirisch kann allerdings ein sogenanntes »Energie-Paradox« beobachtet werden, das heißt dass Technologien, die sich finanziell lohnen würden, nicht immer umgesetzt werden (vgl. Gerarden et al. 2017). Es gibt verschiedene Erklärungsansätze von der Informationsverfügbarkeit bis zu mangelnden finanziellen Möglichkeiten, profitabel erscheinende Investition zu tätigen. Die Ursachen gehen jedoch tiefer: Werden beispielsweise die Zeithorizonte, über die eine Investition rentabel sein soll, lang genug gewählt? Gerade bei Investitionen in Dämmung ist der Zeitraum, über den mit Einsparungen zu rechnen ist, sehr lang und möglicherweise länger als von den Investierenden betrachtet. Investitionen finden darüber hinaus in einem stets unsicheren Umfeld statt, da sowohl zukünftige Preisentwicklungen als auch zukünftige Rahmenbedingungen unbekannt sind. Daher stellt sich weiter die Frage, welche zukünftigen Kosten (und Nutzen) in Investitionsentscheidungen berücksichtigt werden: Welche Erwartungen haben potenzielle Investoren über zukünftige Preisentwicklungen der Energie (sowohl fossil als auch Strom) und zukünftige Emissionskosten und wie wichtig sind diese in ihren Entscheidungen (vgl. Gillingham & Palmer 2014)?

Eine weitere Herausforderung, die insbesondere im Gebäudesektor relevant ist, ist unter dem Begriff »Mieter-Vermieter-Dilemma« oder auch »Investor-Nutzer-Dilemma« bekannt. Bach et al. (2019, S. 59) gehen davon aus, dass die »Lenkungswirkung einer stärkeren CO_2-Bepreisung von Heizstoffen ohne weitere Maßnahmen begrenzt bleiben dürfte, insbesondere bei vermieteten Wohnungen«. In Mietwohnungen kann eine Investition in Dämmung oder eine Modernisierung der Heizung in der Regel nur über den Vermieter angestoßen werden; gleichzeitig profitieren primär oder ausschließlich die Nutzenden von entsprechenden Sanierungen: sei es finanziell über reduzierte Heizkosten oder über höheren Wohnkomfort (vgl. März et al. 2022, S. 49). Seit 2023 sollen Vermietende an den CO_2-Kosten des Heizens von Mietwohnungen beteiligt werden.[31] Dies ist als ein Versuch zur Lösung dieses Dilemmas zu verstehen. Gleichzeitig besteht für Mietende insbesondere in Wohnungen, die über eine Gastherme beheizt werden, in der Regel ein direkter Liefervertrag mit den Energieversorgern. D. h. für Mietende ergibt sich ein zusätzlicher Aufwand, da diese (aktuell) selbst aktiv werden müssen und von den jeweiligen Vermietern den Rückerstattungsanteil beantragen müssen. Es bleibt eine empirische Frage zu untersuchen, ob der umgesetzte Mechanismus Investitionen in Mietwohnungen unterstützt. Weiter stellt sich die Frage, inwieweit die Rückerstattung der Vermieterbeiträge der CO_2-Kosten durch zu geringes Wissen beeinträchtigt oder verhindert wird und somit Mietende mit zum Beispiel geringer Bildung, schlechten Sprachkenntnissen oder zu wenig Zeit negativ beeinträchtigt werden.

In der Konsequenz bedarf es im Gebäudesektor ergänzender Politikinstrumente, die die genannten Besonderheiten aus dem Gebäudesektor adressieren. Neben Informations- und Transparenz-Instrumenten (z. B. dem Energie-Ausweis) und der Subventionierung von Sanierungen besteht hier auch die Möglichkeit, Ordnungsrecht zu nutzen, wo beispielsweise etablierte Standards bestehen. Gegebenenfalls besteht auch ein Bedarf, die verschiedenen Gruppen – private Selbstnutzer, Großeigentümer und Kleineigentümer – gezielt zu adressieren, da diese Investitionsentscheidungen wahrscheinlich unterschiedlich treffen (vgl. März 2018).

Bei Kombinationen verschiedener Politikmaßnahmen stellt sich die Frage, welches Instrument primär ist und welche Instrumente ergänzend genutzt werden. In diesem Beitrag ist bislang der CO_2-Preis als primäres Instrument erschienen. Gerade in den Sektoren Verkehr und Gebäude wird die Nutzung von CO_2-Preisen als primäres Instrument allerdings von einigen Autor*innen zur Diskussion gestellt. Matthes (2020, S. 43) beispielsweise sieht CO_2-Bepreisung in den Sektoren Verkehr und Gebäude eher als Ergänzungsmechanismus.

6.4 Bedarf für einen Instrumentenmix

Es wurde bereits dargestellt, dass zur Erreichung von Politikzielen ein Bedarf an Instrumenten besteht, die komplementär bzw. im Maßnahmenmix eingesetzt wer-

---

31 Die Aufteilung ist im Kohlendioxidkostenaufteilungsgesetz (CO2KostAufG) geregelt.

den können. Gleichzeitig ist es fraglich, ob mit dem Wegfall von Sektorzielen das genutzte Instrumentenspektrum so konsequent weiterentwickelt wird, wie es bei einem strikten Sektor-Monitoring inklusive der Pflicht zur Erstellung von Sofortprogrammen bei Nicht-Erreichung der Ziele der Fall gewesen wäre.

In vorangegangenen Abschnitten ist bereits angeklungen, dass – abhängig von der jeweiligen Situation – ergänzende weitere Politikinstrumente nötig sind. Der Sachverständigenrat für Umweltfragen (2023, S. 89) argumentiert, in einem im Mai 2023 erschienen Sondergutachten ergänzend, dass die Nutzung von abgestimmten Maßnahmenpaketen auch akzeptanzsteigernd wirken kann. Nachstehend folgt ein Überblick über beispielhafte komplementäre Maßnahmen, die in der Literatur vorgestellt und diskutiert werden. Anschließend wird exemplarisch auf einzelne Punkte eingegangen. Die Notwendigkeit des ersten Punktes, Infrastrukturplanung und -umsetzung, ist bereits in Abschnitt 6.3.2 angeklungen, er beschränkt sich jedoch nicht nur auf Verkehr, sondern kann zum Beispiel auch auf Energienutzung, beispielsweise die Planung von Wärmeversorgung, angewandt werden. Ebenfalls wurde bereits genannt, dass es nicht zu erwarten ist, dass Entscheidende immer einen passenden Zeitraum Ihrer Entscheidung zugrunde legen. Weiter wurde in der Forschung gezeigt, dass Menschen gerade in komplexen Entscheidungen vereinfachte Entscheidungsmechanismen nutzen (vgl. Blasch et al. 2019) und somit beispielsweise Investitionen vertagen oder »Gewohntes« präferieren. Diese und weitere empirische Beobachtungen über »nicht-optimale« Entscheidungen unterstützen den Bedarf für komplementäre Informationsbereitstellung, Bildung und Beratung.

Beispielhafte ergänzende Maßnahmen (Wissenschaftsplattform Klimaschutz 2022, Box 5-1, Sachverständigenrat für Umweltfragen 2023, Wissenschaftsplattform Klimaschutz 2022, Kapitel 8):

- Langfristige Infrastrukturausbau-, Umbau- und Rückbauplanungen und Vorgaben (inkl. Finanzierung)
- Informationsbereitstellung (bspw. transparente Energieverbrauchskennzeichnung) und Bildung (unter Berücksichtigung von Verhaltenserkenntnissen), Beratung
- Förderung
- Regulative Instrumente
- Staatliche Beschaffung als Vorbildaufgabe
- Verwendung der Einnahmen aus dem Emissionshandel: Förderung, Rückverteilung (z. B. über ein Klimageld)

In diesem Beitrag wird der Fokus auf die Rückverteilung staatlicher Einnahmen gelegt werden, dabei wird insbesondere das viel diskutierte Klimageld betrachtet.

6.4.1 Klimageld

Medial, wissenschaftlich und gesellschaftlich wird häufig die Rückverteilung der Einnahmen aus der CO_2-Bepreisung an die Bevölkerung als Komplementärmaßnahme angesprochen, das sogenannte Klimageld (auch Klimadividende, Klimabonus oder Klimaprämie). Während sich die aktuelle deutsche Bundesregierungskoalition auf die Einführung eines solchen Kompensationsmechanismus im Koalitionsvertrag einigte (vgl. Bundesregierung 2021, S. 63), ist dieser im Winter 2023/2024 noch nicht umgesetzt. Im August 2023 wurde eine Einführung ab 2025 in Aussicht gestellt (vgl. Tagesspiegel 2023). Begründet wird die Forderung nach einem Klimageld mit der Überlegung, dass die CO_2-Bepreisung eine Lenkungssteuer ist (vgl. Sachverständigenrat Wirtschaft, 2023, Rn. 357), d. h. das primäre Ziel ist es, die negativen externen Effekte zu internalisieren und somit umweltfreundlichere Produkte relativ gesehen attraktiver zu machen. Dies steht im Gegensatz zu Einnahmen aus Steuern, die primär das Ziel haben, zum Staatshaushalt beizutragen. Es stellt sich also die Frage, wozu die Einnahmen aus der CO_2-Bepreisung genutzt werden könnten, wenn diese nicht in den allgemeinen Staatshaushalt fließen sollen. Wissend, dass die CO_2-Bepreisung – je nach Haushaltstyp und Konsummuster – zu erhöhten Belastungen bei Haushalten und in besonderem Ausmaß bei ärmeren und geringverdienenden Haushalten führt (vgl. Schuster et al. 2022, S. 23), ist eine Möglichkeit der Verwendung die Rückerstattung als Klimageld. Alternativ oder ergänzend könnten die Einnahmen verwendet werden, um Investitionen in Klimaschutz zu fördern oder andere Belastungen zu reduzieren – bspw. werden die Einnahmen derzeit unter anderem dafür genutzt, die Abschaffung der EEG-Umlage zu finanzieren (vgl. Bundesregierung 2022b; Knopf & Illenseer 2023).

6.4.2 Ausgestaltungsmöglichkeiten

Es gibt verschiedene Möglichkeiten, ein Klimageld umzusetzen. Je nach Ausgestaltung sind unterschiedliche Auswirkungen auf Akzeptanz, Komplexität der Umsetzung und Zielgenauigkeit zu erwarten. Die einfachste Art der Umsetzung ist eine Pro-Kopf-Rückverteilung: Die Einnahmen werden vollständig oder teilweise auf alle Bewohner in einem Land rückverteilt. Die Rückerverteilung ist unabhängig vom ursprünglichen Energieverbrauch. Dadurch bleiben für Nutzer*innen Anreize zum Energiesparen bestehen (vgl. Bach et al. 2023, S. 276). Da Konsumausgaben sowie die damit verbunden Umweltauswirkungen mit dem Einkommen steigen (vgl. Groß et al. 2022 S. 22; Oehlman et al. 2020 S. 8), steigen auch die CO_2-Ausgaben. Wenn diese nun pro Kopf erstattet würden, ist eine progressive Wirkung zu erwarten, d. h. einkommensschwache Haushalte profitieren relativ mehr (vgl. Barckhausen et al. 2022, S. 10). Größere Haushalte würden ebenfalls entsprechend mehr profitieren. Eine Variation dieser Pro-Kopf-Rückverteilung wäre, die Rückverteilung steuerpflichtig zu machen (vgl. Kellner et al. 2023) und somit die progressive Wirkung zu verstärken oder nach Einkommen zu staffeln (vgl. Groß et al. 2022) bzw. nur an geringverdienende Haushalte auszuzahlen. Eine weitere Variante ist, für Kinder ein reduziertes Klimageld zu zahlen.

Die Akzeptanz des Klimageldes kann reduziert werden, wenn auch gutverdienende Haushalte Klimageld erhalten (vgl. Barckhausen et al. 2022, S. 10), aber auch eine zwangsläufig willkürliche Staffelung oder Grenze, bis zu der Haushalte Klimageld erhalten, könnte die Akzeptanz reduzieren (vgl. Truger in Iser, 2022). Eine dritte Variante wäre, die Rückverteilung an weitere Kriterien zu koppeln, z. B. diese regional zu staffeln oder aber auch nach der genutzten Technologie bzw. Energieeffizienz zu differenzieren (vgl. Kellner et al. 2023, S. 17). Darstellung 30 gibt einen vereinfachten Überblick über die verschiedenen Ausgestaltungsmöglichkeiten und die mit ihnen verbundenen Konsequenzen hinsichtlich Umsetzung und Möglichkeit der Zielerreichung der Entlastung geringverdienender und stark belasteter Haushalte.

Dar. 30: Ausgestaltung des Klimageldes

Modell	Umsetzbarkeit	Zielgenauigkeit
Pro-Kopf (PK)	Einfach	Mittel, progressive Wirkung
PK steuerpflichtig	Einfach – Mittel	Mittel, stärkere progressive Wirkung
PK bis zu Einkommensgrenze	Einfach – Mittel	Mittel, willkürliche Obergrenze
PK – Staffelung n. Region	Mittel	Gut
PK – Staffelung n. Technologie	Mittel – Schwierig	Gut
PK – Staffelung n. Belastung	Schwierig	Sehr gut

6.4.3 Wege der Rückerstattung

Kriterien, die bei dieser Entscheidung im Hinterkopf gehalten werden sollten, sind unter anderem die Sichtbarkeit einer Rückverteilung für die Empfänger*innen und wie gut alle Mitglieder einer Bevölkerung erreicht werden können (vgl. Kellner et al. 2022, Tabelle 1). Sichtbarkeit meint hier, dass Empfänger*innen den Erhalt dieser Rückzahlung spüren und diese nicht bspw. in anderen Abrechnungen untergeht. Somit ist eine direkte Rückzahlung, z. B. als Überweisung auf das eigene Konto sichtbarer als beispielsweise eine Steuersenkung (vgl. Sachverständigenrat Wirtschaft, 2023, Rn. 355).

Weiter muss sichergestellt sein, dass Empfänger*innen die Höhe der Zahlung als relevant betrachten und diese als »Gegenstück« zu der CO_2-Bepreisung wahrnehmen. Um dies zu erreichen, wäre eine entsprechende Kommunikation wichtig.

Kellner et al. (2022, S. 23 f.) vergleichen die Nutzung existierender Auszahlungssysteme. Im Hinblick auf Sichtbarkeit und Abdeckung erscheint hier die Auszahlung über Familienkassen besonders vorteilhaft. Auch wäre durch die Nutzung eines solchen Systems eine zügige Umsetzung möglich (vgl. Kellner et al. 2022, S. 23). Die Bundesregierung hat sich gegen die (temporäre) Nutzung der Familienkassen entschieden und erarbeitet ein eigenes System, das ab 2025 bereitstehen soll (vgl. MDR 2023; Tagesspiegel 2023).

6.4.3.1 »Best practice«-Beispiel: Umsetzung in Österreich

In Österreich wurde 2022 ein Klimageld unter dem Namen Klimabonus eingeführt. Österreich hat sich zur Umsetzung einer regionalen Staffelung entschieden, die berücksichtigt, wie gut Regionen über den Regionalverkehr abgedeckt und angebunden sind. Menschen unter 18 erhalten 50 % des Klimabonus (vgl. BMK 2023). Bei der Auszahlung nutzt die österreichische Regierung Daten, die bereits aus anderen öffentlichen Leistungen und Steuerabrechnungen vorliegen. Die Auszahlung wird über eine staatliche Plattform koordiniert, die auch bereits in anderen Verfahren genutzt wird. Die Menschen können sich zwischen der Auszahlung per Überweisung und einem Gutschein per Post entscheiden. Die Höhe des Klimabonus setzt sich aus einem Sockelbetrag (2023: 110 Euro) und einem vierstufigen Regionalbonus (0–110 Euro) zusammen, so dass 2023 die Auszahlungen zwischen 110 und 220 Euro pro erwachsener Person liegen. Differenzierungen nach Einkommen, wie zuvor diskutiert, werden in Österreich nicht vorgenommen.

6.4.3.2 Finanzierung des Klimageldes

Die Einnahmen aus der CO_2-Bepreisung, sowohl aus nationalen als auch EU-Quellen, gehen in Deutschland derzeit in den sogenannten Klima- und Transformationsfonds (KTF) (vgl. Knopf & Illenseer 2023). Zum Zeitpunkt der Erstellung dieses Beitrags erhält der KTF besonderes öffentliches Augenmerk, da dieser im Zentrum der Haushaltsplanung liegt, die vom Bundesverfassungsgericht als nicht verfassungskonform beurteilt wurde (vgl. Tagesschau.de 2023). Das Klimageld wurde oben als Rückverteilung der Einnahmen aus der CO_2-Bepreisung dargestellt, daher soll hier untersucht werden, welche Möglichkeiten bestehen würden, das Klimageld über den KTF zu bezahlen.

Knopf und Illenseer (2023, S. 4) stellen dar, dass basierend auf dem ursprünglichen Finanzplan der Bundesregierung die erwarteten Einnahmen aus den Emissionshandeln steigen – von ca. 15,9 im Jahr 2023 auf 34,7 Milliarden Euro im Jahr 2027. Dies geht insbesondere auf absehbare Preisanstiege im nEHS zurück. Derzeit gibt es noch zwei weitere »Einnahmenposten« im KTF, aufgrund des Urteils des Verfassungsgerichtes werden diese hier jedoch nicht näher betrachtet. Gemäß des Finanzplans war jeweils der komplette KTF verplant, zum Teil auch deutlich überzeichnet. Die größten Ausgaben, die über den KTF finanziert werden sollten, sind die Abschaffung der EEG-Umlage sowie die Gebäudeförderung. Zusammen überstiegen diese Posten die Einnahmen aus ETS und nEHS. Weitere geplante Posten waren unter anderem Unterstützungen im Bereich Mikroelektronik und Investitionen in das Schienennetz (vgl. Knopf & Illenseer 2023, S. 6 f.).

Knopf und Illenseer (2023, S. 6 f.) kritisieren sowohl die bisherige allgemeine Ausrichtung des KTF als auch die konkrete Verwendungsplanung: Beispielsweise wären Investitionen in das Schienennetz verfassungsrechtlich durch den Eigentümer, also den Staat, zu tragen und wären damit ein Ausgabenposten für den Kernhaushalt. Weiter ist auffällig, dass in der Finanzplanung kein Klimageld vorgesehen ist.

Nichtdestotrotz berechnen Knopf und Illensser (2023, S. 8) wieviel Klimageld ausgezahlt werden könnte, wenn die Einnahmen dafür eingesetzt werden sollten. Die Ergebnisse variieren sehr stark in Abhängigkeit davon, welche Einnahmen als Berechnungsgrundlage genutzt werden und welcher Anteil der Einnahmen genutzt wird. Wenn beispielsweise die Einnahmen aus dem nEHS pro Kopf rückverteilt würden, würde das im Jahr 2025 in einer Pro-Kopf-Zahlung von zwischen 116 und 155 Euro pro Kopf resultieren, abhängig davon, ob alle Einnahmen aus dem nEHS berücksichtigt würden oder nur die von den Haushalten direkt getragenen (vgl. Knopf & Illenseer 2023, S. 8).

Bezüglich der Überführung des nEHS in das EU-ETS 2 steht derzeit noch nicht fest, welche Anteile der Einnahmen der Bundesregierung zur Rückzahlung zur Verfügung stehen würden (vgl. Knopf & Illenseer 2023, S. 9).

6.4.4 Lasten und Anpassungsmöglichkeiten in unterschiedlichen Einkommensgruppen

In 6.2.1.3. wurde bereits dargestellt, wie stark sich Emissionen sowohl zwischen Einkommensgruppen als auch zwischen Ländergruppen unterscheiden. In diesem Abschnitt wird untersucht, wie sich die Lasten und Anpassungsmöglichkeiten in verschiedenen Einkommensgruppen gestalten und welche Rolle das Klimageld hier spielen könnte. Es kann zwischen zwei Aspekten unterschieden werden: die Belastungen, die durch erhöhte Energiekosten (inkl. der CO_2-Bepreisung) verursacht werden und die Möglichkeiten, auf erhöhte Energiekosten zu reagieren.

6.4.4.1 Belastungen

Das DIW (vgl. Bach et al., 2023) berechnete auf Basis von repräsentativen Haushaltsdaten aus einer großen, regelmäßigen wissenschaftlichen Erhebung, dem sogenannten Sozio-oekonomischen Panel (SOEP), für die 75 % der Haushalte, die mit Öl- oder Gas heizen, dass die in den Berechnungen angenommenen Steigerungen in Energie- und CO_2-Kosten im Durchschnitt zu einer Belastung in Höhe von 1,5 % der Nettoeinkommen führen können[32].

In Abschnitt 6.2.1.3 wurde dargestellt, wie Emissionen aus dem Verkehr und dem Wärmebereich mit dem Einkommen variieren. Die Ergebnisse in diesem Abschnitt stimmen mit diesen Beobachtungen überein. Der Anteil des Nettoeinkommens, den Haushalte im Bereich »Wohnen« für Energie ausgeben, sinkt mit steigendem Einkommen. Das bedeutet auch, dass die Belastung steigender Energiepreise, und damit auch steigender CO_2-Preise, regressiv ist. Das heißt die Belastung ist umso höher, je niedriger das Einkommen. Dies wird auch in den Berechnungen von Bach et al.

---

32 Bach et al. (2023) nehmen in ihren Berechnungen einen CO_2-Preis von 60 Euro je Tonne an. Die in der Studie angenommenen Endverbraucherpreise für Kraft- und Heizstoffe sind in Bach et al. 2023, Tabelle 1 dargestellt.

(2023, S. 276) deutlich: Die Belastung steigender Preise variiert zwischen 3,5 % (niedrigste 10 % der Einkommen) bis zu unter einem 1 % (oberste 10 % der Einkommen). Im Bereich Verkehr sind die Belastungen steigender Kraftstoffpreise nahezu proportional mit dem Haushaltseinkommen, eine Ausnahme sind Haushalte in den höchsten 20 % der Einkommensgruppen. Dies ist konsistent mit dem dargestellten Zusammenhang zwischen Nettoeinkommen und gefahrenen Autokilometern (▶ Kap. 6.2.1.3).

Die genaue Belastung hängt von den erwarteten Energie- und CO_2-Preisen sowie von haushaltsspezifischen Eigenschaften ab (Wohnfläche, genutzte Technik, individuelles Verhalten, Verfügbarkeit von Substituten usw.). Daher ist auch innerhalb der Einkommensgruppen mit unterschiedlichen Belastungen zu rechnen (vgl. Edenhofer et al. 2019).

Im Hinblick auf zukünftige Preise besteht naturgemäß eine Unsicherheit, insbesondere im Hinblick auf die im ETS 2 zu erwartenden Preise. Bach (2023, S. 277) et al. führen ihre Berechnungen ebenfalls mit einem Szenario von 150 Euro/t durch und sehen in Folge höhere Belastungen, aber gleichzeitig auch gute Möglichkeiten, Haushalte mit geringem Einkommen bereits durch ein pro Kopf ausgezahltes Klimageld im Durchschnitt zu entlasten bzw. die zusätzlichen Belastungen abzumildern. Kellner et al. (2023) nutzen für ihre Analyse wesentlich höhere Preise,[33] die in entsprechend höheren Belastungen für die Haushalte resultieren würden. Sie gehen über die Betrachtung der durchschnittlichen Effekte auf die Einkommensgruppen hinaus und untersuchen, welche weiteren »Härtefälle« zu erwarten sind, da die Belastung auch abhängig von der genutzten Technologie ist und davon, ob jemand zur Miete wohnt. In dem untersuchten Szenario wären insbesondere Eigentümer mit niedrigem bis mittlerem Einkommen eine Gruppe, die ohne weitere Maßnahmen besonders stark betroffen wäre. Weiter sind auch Mietende in den unteren 15 % der Einkommensverteilung, die größere Wohnungen bewohnen, besonders stark belastet. Bei Mietenden hängt es davon ab, wie gut eine Aufteilung der CO_2-Kosten zwischen Mietenden und Vermietenden umgesetzt wird und ob es in Folge zu Mietsteigerungen kommt.

6.4.4.2 Reaktionsmöglichkeiten

Es ist sowohl aus sozialer Perspektive als auch aus Klimaschutzsicht relevant zu untersuchen, wie gut Haushalte auf steigende Energiekosten reagieren können. Generell ist zwischen Verhaltensänderungen und Investitionen als Reaktion zu unterscheiden. In Abschnitten 6.3.2 und 6.3.3 wurde bereits dargestellt, dass gerade in den Sektoren Gebäude und Verkehr die individuellen Reaktionsmöglichkeiten durch verschiedene Faktoren begrenzt werden. Dies kann bei fehlenden komple-

---

33 Die Studie schätzt, mit welchen CO_2-Preisen im ETS 2 gerechnet werden muss, wenn die Emissionen in den betroffenen Sektoren nicht durch andere Maßnahmen stark reduziert werden, aber Klimaziele über den ETS 2 verfolgt werden. Sie kommen auf Preise i. H. v. 275 Euro (im Jahr 2030) und 340 Euro (2035) pro Tonne CO_2.

mentären Instrumenten zu starker Belastung der betroffenen Haushalte führen, z. B. wenn kein ÖPNV vorhanden ist, auf den umgestiegen werden kann (vgl. Edenhofer et al. 2019, S. 84). Gleichzeitig unterscheiden sich die Reaktionsmöglichkeiten auch in Abhängigkeit von Haushaltseinkommen: je höher das Haushaltseinkommen, desto einfacher sind Investitionen in energiesparsamere Technologien zu finanzieren. Je größer die genutzte Wohnfläche, desto eher besteht ein Einsparungspotenzial. Die Reaktionsmöglichkeiten von Mietenden mit geringem Haushaltseinkommen sind also im Mittel schlechter als von besserverdienenden Haushalten, mit entsprechenden Konsequenzen für Energieverbrauch, Emissionen und resultierende Kosten. Weiter haben Eigentümer*innen wesentlich mehr Einfluss auf ihren Energieverbrauch als Menschen, die zur Miete wohnen, da diese selbst aktiv Investitionen in Effizienz anstoßen und umsetzen können. Bei Eigentümer*innen in Eigentumsgemeinschaften ist dazu unter Umständen die Koordination mit anderen Eigentümer*innen notwendig.

Damit CO_2-Preise eine Lenkungswirkung erzielen können, muss der CO_2-Preis in einer Größenordnung sein, dass er relevant ist. Ab wann ist er in einer Höhe, dass Investitionen zur Emissionsminderung umgesetzt werden?

Chancel (2022, S. 934 f.) argumentiert, dass die Höhe aktueller CO_2-Preise insbesondere bei sehr reichen Haushalten keine Lenkungswirkung erzielt und stellt weiter fest, dass bei diesen Einkommensgruppen Emissionen in Folge von Investitionen (im Vergleich zu Emissionen aus dem Konsum) besonders relevant sind. Dies deutet darauf hin, dass für diese Emissionen andere Instrumente notwendig würden. Diese Fragestellung geht allerdings über den Rahmen dieses Beitrags hinaus.

6.4.4.3 Klimageld

Wenn ein Klimageld umgesetzt wird, hängt die Wirkung davon ab, welches Budget zur Finanzierung genutzt würde und wie die genaue Ausgestaltung ist. Bei ambitionierter Gestaltung des nEHS und ETS 2 wird mit hohen CO_2-Preisen gerechnet. Daher ist es essenziell zu überlegen, wie die Rahmenbedingungen gestaltet werden können, so dass die Klimaschutzpolitik von der Bevölkerung mitgetragen wird. Dies betrifft sowohl die Akzeptanz von Maßnahmen als auch, dass diese nicht zu systematischen übermäßigen Belastungen einzelner Haushaltsgruppen führen.

Unterschiedliche Studien kommen auf unterschiedliche Höhen des möglichen Klimageldes. Die Unterschiede sind durch unterschiedliche Annahmen bzgl. des CO_2-Preises zu erklären, sowie welche CO_2-Preis-Einnahmen wieder rückverteilt werden. Bach et al. (2023, S. 276 f.) rechnet bei einer Pro-Kopf-Rückerstattung mit einem Klimageld von 170 Euro pro Person. Anschließend an die Darstellung aus 6.4.2.1. kann auf diesem Weg die Belastung im Durchschnitt von 1,5 % auf 0,8 % des Nettoeinkommens reduziert werden. Da das Klimageld hier für Haushalte mit geringem und mittlerem Einkommen im Vergleich zum Haushaltseinkommen relativ wichtiger ist, kann es einen Teil der regressiven Belastung steigender Energiekosten abmildern. Bei einer Pro-Kopf-Rückverteilung profitieren größere Haushalte entsprechend mehr als kleine. Zu welchem Anteil die Rückerstattung die steigenden und zusätzlichen Kosten abfedert, hängt natürlich auch von den bereits angesprochenen haushaltsspezifischen Eigenschaften ab (vgl. Bach et al. 2023, S. 276 f.).

Kellner et al. (2023) betrachten insbesondere den Gebäudesektor. Sie diskutieren und berechnen verschiedene Möglichkeiten, wie die Ausgestaltung des Klimageldes sich auf die Nettobelastungen in den verschiedenen Einkommensgruppen auswirkt. Die Autor*innen stellen fest, dass pauschale oder versteuerte Auszahlungen über Einkommensgruppen besonders progressiv wirken: insbesondere profitieren gering verdienende Haushalte; je nach Ausgestaltung ist es sogar denkbar, dass diese netto profitieren. Gleichzeitig sind innerhalb der verschiedenen Einkommensgruppen auch in dieser Studie starke Streuungen zu beobachten. Aus diesem Grund wurden auch Berechnungen zu zielgenaueren Entlastungen durchgeführt, eine praktische Umsetzung der besonders angepassten Zahlungen ist allerdings nicht sehr realistisch. Bei einer Rückerstattung an besonders betroffene Haushalte anhand von Kriterien, die zu einem bestimmten Stichtag erfüllt sind, würde ein Investitionsanreiz bestehen (vgl. Kellner et al. 2023, S. 21).

6.5 Diskussion und Fazit

Der Schwerpunkt in diesem Beitrag lag auf den CO_2-Bepreisungssystemen sowie auf dem Klimageld als möglicher Entlastungweg. Es wird deutlich, dass es ein Bedarf für einen abgestimmten Instrumentenmix mit weiteren Instrumenten gibt, auch um – je nach Bereich – überhaupt eine Lenkungswirkung zu erzielen. Für den Fall, dass ein ambitioniertes ETS 2 umgesetzt wird und die Preise entsprechend steigen, stellt sich die Frage des sozialen Ausgleichs immer stärker. Dabei ist sowohl die Belastung zwischen als auch innerhalb von Einkommensgruppen relevant. Sollte ein Klimageld wie im Koalitionsvertrag vereinbart tatsächlich umgesetzt werden, ist es denkbar, dass sich die Ausgestaltung über die Zeit verändert. Um die Akzeptanz von Klimaschutzmaßnahmen in der Bevölkerung zu unterstützen, ist daher eine sehr gute Kommunikation unabdingbar und eine möglichst zielgenaue Ausgestaltung des Klimageldes und ergänzender Maßnahmen notwendig.

Im Hinblick auf ergänzende Maßnahmen werden häufig Förderung und Ordnungsrecht bzw. Verbote in den Blick genommen. Auch hier sind Verteilungswirkung, Akzeptanz und Effizienz relevant. Förderung führt häufig zu einer Bevorteilung von besserverdienenden Haushalten gegenüber geringverdienenden Haushalten (vgl. Borenstein & Davis 2016). Um Mitnahmeeffekte zu reduzieren und geringer verdienenden Haushalten genug Investitionsanreize zu bieten, erscheint Kellner et al. (2023, S. 21) eine einkommensabhängige Förderung sinnvoll. Ordnungsrecht kann auch zu unerwünschten Effekten führen, wenn ein angekündigtes Verbot dazu führt, dass investiert wird, »solange es noch erlaubt ist«, so zum Beispiel bei der Debatte um das Heizungsgesetz zu beobachten (vgl. Edenhofer 2023).

Eine weitere Herausforderung wird sein, den Übergang von nEHS in den ETS 2 zu gestalten. Hier stehen aktuell u. a. zwei Themen im Raum. Das erste betrifft die Erwartungen über den Preis, der sich im ETS 2 ergeben wird. Wenn man davon ausgeht, dass sich dort ein Preis einstellt, der wesentlich oberhalb des aktuell bestimmten Preispfades im nEHS ist, kann es sinnvoll sein, den Preispfad des nEHS so anzupassen, dass dieser auf den erwarteten Preis hinführt, um zukünftige Preissprünge zu reduzieren. Das zweite Thema betrifft die Finanzierung von Vorhaben, die ursprünglich über den KTF finanziert werden sollten. Hier wird von verschiedenen Seiten auch die Erhöhung des CO_2-Preises ins Spiel gebracht (vgl. Edenhofer 2023), dies kann allerdings nur den nEHS betreffen.[34] Gleichzeitig wird von verschiedenen Seiten gemahnt, umweltschädliche Subventionen abzubauen (vgl. Edenhofer 2023; Expertenrat für Klimafragen 2023a, Rn. 19). Dabei ergäbe sich eine doppelte Wirkung: Zum einen eine budgetäre Wirkung und zum anderen würde Klimaschutz unterstützt, weil klimaschädliches Handeln nicht mehr subventioniert würde.

Es wurde bereits an verschiedenen Stellen deutlich, dass bei Investitionsentscheidungen keine vollständig rationalen Entscheidungen, die alle zukünftigen Nutzen und Kosten berücksichtigen, zu erwarten sind. In der Konsequenz besteht ein Bedarf für eine transparente und verständliche Politikkommunikation über Parteien hinweg. Im Beispiel der Investitionen in Heizungen könnte man beispielsweise darstellen, mit welchen Emissionskosten in Zukunft gerechnet werden kann, so dass diese Erwartungen auch in Investitionsentscheidungen besser abgebildet werden (vgl. Edenhofer 2023). Weiter könnten Beratungsangebote hier helfen. In diesem Beispiel zeigt sich auch sowohl der Bedarf für eine begleitende Planung, z. B. eine kommunale Wärmeplanung, als auch wieder der Bedarf einer Kompensation durch Emissionspreise besonders belasteter Haushalte (vgl. Edenhofer 2023).

Bei der Betrachtung der Belastung von Haushalten durch zu erwartende höhere Preise werden durch den ETS 2 große Unterschiede zwischen den EU-Ländern erwartet (vgl. Feindt et al. 2021, S. 7), d. h. die Frage, wie mit den regressiven Belastungen umzugehen ist, stellt sich spätestens dann auch auf EU-Ebene.

Die erste »Klimaklage« hatte zur ersten Novelle des KSG geführt. Im November 2023 wurde nun eine Verfassungsbeschwerde gegen das Klimaschutzprogramm der Bundesregierung eingereicht (vgl. Deutsche Umwelthilfe 2023), das bereits vom Expertenrat für Klimafragen (2023a, Rn. 22) als nicht ausreichend eingestuft wurde. Es bleibt abzuwarten, wie hier die Entscheidung ausfallen wird und welche Konsequenzen dies für die Gestaltung der weiteren deutschen Klimapolitik haben wird.

Dieser Beitrag hat einen kurzen Überblick über die Hauptinstrumente der deutschen und europäischen Klimaschutzpolitik eingeführt. Gleichzeitig wurden mit Verkehr und Gebäuden zwei Sektoren in den Blick genommen, deren Emissionskosten unmittelbar von den Nutzenden zu spüren sind. Es wurde gezeigt, dass diese

---

34 Im Dezember 2023 wurde die Rückkehr auf den ursprünglichen Preispfad beschlossen. Somit steigt der CO_2-Preis zum Jahreswechsel um 5 Euro mehr als im Verlauf des Jahres 2023 zunächst geplant.

Sektoren Besonderheiten mit sich bringen, die für den Einsatz begleitender Instrumente sprechen. Es wurde ein Bedarf für staatliches Handeln gerade im Bereich Infrastruktur dargestellt. Klimaschutzpolitik über Preisinstrumente hat das Potenzial, Emissionen zu reduzieren, gleichzeitig besteht das Risiko, dass geringverdienende Haushalte übermäßig belastet werden und Härtefälle entstehen. Ein Klimageld kann, je nach Ausgestaltung, als ein Baustein zur Entlastung beitragen.

Während dieser Beitrag nur einen kleinen Ausschnitt beleuchten konnte, geht die Forschung zur Ausgestaltung von Politikinstrumenten dynamisch weiter. Wie Verteilungsfragen bei der Gestaltung klimapolitischer Instrumente berücksichtigt werden können, bleibt dabei sehr relevant.

Literatur

Bach, S., Felder, L., Haan, P. (2023): Verkehrs- und Wärmewende: CO_2-Bepreisung stärken, Klimageld einführen, Anpassungskosten verringern, DIW Wochenbericht, Jg. 23/2023, S. 273–280.

Barckhausen, A., Becker, J., Dütschke, E., Piria, R., Preuß, S., Wilkowska, W., & Ziefle, M. (2022): Akzeptanz und Kommunikation eines CO_2-Bepreisungssystems, Berlin: adelphi research gGmbH.

beck-aktuell (2022): Erhöhung des CO_2-Preises wird 2023 ausgesetzt, Beck – Heute im Recht, URL: https://rsw.beck.de/aktuell/daily/meldung/detail/erhoehung-des-co2-preises-wird-2023-ausgesetzt, Abruf am 26.11.2023.

Blasch, J., Filippini, M., Kumar, N. (2019): Boundedly rational consumers, energy and investment literacy, and the display of information on household appliances, Resource and Energy Economics, Elsevier, Jg. 56, S. 39–58.

BMK (2023): Klimabonus, URL: https://www.klimabonus.gv.at/#a1, Abruf am 17.11.2023.

Borenstein, S., Davis, L. W. (2016): The distributional effects of US clean energy tax credits, Tax Policy and the Economy, University of Chicago Press Chicago, IL, Jg. 30, Nr. 1, S. 191–234.

Bundesregierung (2021): Mehr Fortschritt wagen. Koalitionsvertrag zwischen Bündnis 90/Die Grünen und FDP, URL: https://www.bundesregierung.de/resource/blob/974430/1990812/1f422c60505b6a88f8f3b3b5b8720bd4/2021-12-10-koav2021-data.pdf?download=1, Abruf am 16.11.2023.

Bundesregierung (2022a): Generationenvertrag für das Klima, URL: https://www.bundesregierung.de/breg-de/schwerpunkte/klimaschutz/klimaschutzgesetz-2021-1913672, Abruf am 06.11.2023.

Bundesregierung (2022b): Stromkunden werden entlastet, https://www.bundesregierung.de/breg-de/themen/tipps-fuer-verbraucher/eeg-umlage-faellt-weg-2011728, Abruf am 15.12.2023.

Bundesregierung (2023a): Die Kosten des Klimawandels, URL: https://www.bundesregierung.de/breg-de/schwerpunkte/klimaschutz/kosten-klimawandel-2170246, Abruf am 26.11.2023.

Bundesregierung (2023b): Ein Plan fürs Klima, URL: https://www.bundesregierung.de/breg-de/themen/tipps-fuer-verbraucher/klimaschutzgesetz-2197410, Abruf am 14.11.2023.

Bundesregierung (2023c): Gebäude und Verkehr beim Klimaschutz stärker in der Pflicht, URL: https://www.bundesregierung.de/breg-de/schwerpunkte/klimaschutz/eu-emissionshandel-1684508, Abruf am 12.11.2023.

Chancel, L. (2022): Global carbon inequality over 1990–2019, Nature Sustainability, Jg. 5, Nr. 11, S. 931–938, doi: 10.1038/s41893-022-00955-z.

Der Rat der Europäischen Union (2023): Infographic – Fit for 55: reform of the EU emissions trading system, URL: https://www.consilium.europa.eu/en/infographics/fit-for-55-eu-emissions-trading-system/, Abruf am 12.11.2023.

Deutsche Emissionshandelsstelle (2022): Zertifikate: Verkauf und Handel, URL: https://www.dehst.de/DE/Nationaler-Emissionshandel/Zertifikate-Verkauf-Handel/zertifikate-verkauf-handel_node.html, Abruf am 12.11.2023.

Deutsche Emissionshandelsstelle (2023): Rekordeinnahmen im Emissionshandel: Über 13 Milliarden Euro für den Klimaschutz, URL: https://www.dehst.de/SharedDocs/pressemitteilungen/DE/2023-001-Jahresabschluss_Emissionshandel_2022.html, Abruf am 26.11.2023

Deutsche Umwelthilfe (2023): Neue Klimaklage vor dem Bundesverfassungsgericht: Deutsche Umwelthilfe startet mit Beschwerdeführern des historischen Klimaurteils neues Verfahren gegen Klimaschutzverweigerung der Bundesregierung, URL: https://www.duh.de/presse/pressemitteilungen/pressemitteilung/neue-klimaklage-vor-dem-bundesverfassungsgericht-deutsche-umwelthilfe-startet-mit-beschwerdefuehrern/, Abruf am 27.11.2023.

Edenhofer, O. (2023): Im Interview mit Georg Ehring, Deutschlandfunk, URL: https://bilder.deutschlandfunk.de/20/7e/c5/8e/207ec58e-ffe3-45c4-8fbf-d17a82fa1005/interview-edenhofer-181123-100.pdf, Abruf am 27.11.2023.

Edenhofer, O., Flachsland, C., Kalkuhl, M., Knopf, B., & Pahle, M. (2019): Optionen für eine CO_2-Preisreform, Mercator Research Institute on Global Commons and Climate Change.

Europäische Kommission (2023): Carbon Border Adjustment Mechanism, URL: https://taxation-customs.ec.europa.eu/carbon-border-adjustment-mechanism_e, Abruf am 12.11.2023.

Europäische Kommission (o. J.): Delivering the European Green Deal, URL: https://commission.europa.eu/strategy-and-policy/priorities-2019-2024/european-green-deal/delivering-european-green-deal_de, Abruf am 06.11.2023.

European Environmental Agency (2022): The EU Emissions Trading System in 2021: trends and projections, URL: https://www.eea.europa.eu/publications/the-eu-emissions-trading-system-2#, Abruf am 12.11.2023.

Expertenrat für Klimafragen (2023a): Prüfbericht zur Berechnung der deutschen Treibhausgasemissionen für das Jahr 2022.

Expertenrat für Klimafragen (2023b): Stellungnahme zum Entwurf des Klimaschutzprogramms 2023. Gemäß § 12 Abs. 3 Nr. 3 Bundes-Klimaschutzgesetz.

Feindt, S., Kornek, U., Labeaga, J. M., Sterner, T., & Ward, H. (2021): Understanding regressivity: Challenges and opportunities of European carbon pricing, Energy Economics, Elsevier, Jg. 103, Artikel 105550.

Gerarden, T. D., Newell, R. G., Stavins, R. N. (2017): Assessing the energy-efficiency gap, Journal of economic literature, American Economic Association 2014 Broadway, Suite 305, Nashville, TN 37203-2425, Jg. 55, Nr. 4, S. 1486–1525.

Gillingham, K., Palmer, K. (2014): Bridging the energy efficiency gap: Policy insights from economic theory and empirical evidence, Review of Environmental Economics and Policy, The University of Chicago Press.

Groß, C., Grimm, V., Wagner, G. G. (2022): Eine faire CO_2-Bepreisung macht es Verbraucher*innen leicht, sich klimafreundlich zu entscheiden, Sachverständigenrat für Verbraucherfragen.

Imbery, F., Friedrich, K., Fleckenstein, R., Plückhahn, B., Brömser, A., Bissolli, P., Daßler, J., et al. (2023): Klimatologischer Rückblick auf 2022. Das sonnenscheinreichste und eines der beiden wärmsten Jahre in Deutschland, URL: https://www.dwd.de/DE/klimaumwelt/aktuelle_meldungen/230123/artikel_jahresrueckblick-2022.html), Abruf am 3.11.2023.

IPCC (2023): AR6 Synthesis Report (SYR), https://www.ipcc.ch/report/sixth-assessment-report-cycle/, Abruf am 15.12.2023.

Iser, J. C. (2022): Die Last wird zu groß, Zeit Online, URL: https://www.zeit.de/wirtschaft/2022-06/klimageld-steuerreform-inflation-entlastung, Abruf am 2.6.2022.

Kellner, M., Roolfs, C., Rütten, K., Bergmann, T., Hirsch, J., Haywood, L., Konopka, B., et al. (2022): Entlastung der Haushalte von der CO_2-Bepreisung: Klimageld vs. Absenkung der EEG-Umlage, Jg. 1, S. 2022.

Kellner, M., Rütten, K., Callaghan, M., Kögel, N., Kalkuhl, M., Knopf, B., & Edenhofer, O. (2023): Systematische Verteilungsanalyse zur Wärmewende: Welche Haushalte tragen die Kosten und wie kann die Entlastung aussehen?, MCC Arbeitspapier.

Khalfan, A., Lewis, A. N., Aguilar, C., Persson, J., Lawson, M., Dabi, N., Jayoussi, S., et al. (2023): Climate Equality: A planet for the 99 %, Oxfam International, doi: 10.21201/2023.000001.

Knopf, B., Illenseer, N. (2023): Die Finanzierung der Transformation: Klimafonds, Klimageld und Kernhaushalt, MCC Arbeitspapier.

Kuhnimhof, T., Nobis, C. (2018): Mobilität in Deutschland – MiD, Ergebnisbericht.

Lamboll, R. D., Nicholls, Z. R. J., Smith, C. J., Kikstra, J. S., Byers, E., & Rogelj, J. (2023): Assessing the size and uncertainty of remaining carbon budgets, Nature Climate Change, doi: 10.1038/s41558-023-01848-5.

März, S. (2018): Private Kleinvermieter: ein vergessener Akteur auf dem Weg zur Wärmewende?!, Wuppertal Institut.

März, S., Thomas, S., Stelz, I, u. a. (2022): Herausforderung klimaneutrale Mietwohngebäude, Wuppertal Institut.

Matthes, F. Chr. (2020): »Der Preis für CO_2–Über ein wichtiges Instrument ambitionierter Klimapolitik«, Schriften zur Ökologie, Bd, Jg. 48.

MDR (2023): Wann und wie wird das »Klimageld« ausgezahlt?, mdr.de, URL: https://www.mdr.de/nachrichten/deutschland/politik/klimageld-klimabonus-auszahlung-100.html, Abruf am 17.11.2023.

Nobis, C., Kuhnimhof, T., Follmer, R., Bäumer, M. (2019): Mobilität in Deutschland – Zeitreihenbericht 2002 – 2008 – 2017, Bonn, Berlin.

Norddeutsches Küsten- und Klimabüro (2022): Meeresspiegelmonitor, URL: https://hub.hereon.de/portal/apps/experiencebuilder/experience/?id=edff9e34b05c40138b4180bed6ea6f28&page=page_0&views=view_1, Abruf am 15.12.2023.

NVwZ Nachrichten (2023): Aufweichung der Sektorziele: Experten kritisieren KSG-Novelle, URL: https://rsw.beck.de/zeitschriften/nvwz/startseite/2023/11/10/aufweichung-der-sektorziele-experten-kritisieren-ksg-novelle, Abruf am 15.11.2023.

Oehlman, M., Klaas, K., Nunes-Heinzmann, A.-C., Kahlenborn, W., & Ciroth, A. (2020): Keine Wende in Sicht. Einkommen & Umweltbelastung gehen weiter Hand in Hand, Umweltbundesamt.

Sachverständigenrat für Umweltfragen (2022): Wie viel CO_2 darf Deutschland maximal noch ausstoßen? Fragen und Antworten zum CO_2-Budget.

Sachverständigenrat für Umweltfragen (2023): Politik in der Pflicht: Umweltfreundliches Verhalten erleichtern.

Sachverständigenrat Wirtschaft (2023): Wachstumsschwäche überwinden – In die Zukunft investieren. Jahresgutachten 2023/24.

Schuster, S., Thema, J., Kühlert, M., Venjakob, M., Vondung, F., Wagner, O., ... Ivanov, A. (2022). Kurzstudie Transformationsgeld, Wuppertal Report, 23, Wuppertal: Wuppertal Institut für Klima, Umwelt, Energie gGmbH.

Tagesschau.de (2023a): Ampel darf 60 Milliarden Euro nicht verschieben, URL: https://www.tagesschau.de/inland/bundesverfassungsgericht-schuldenbremse-102.html, Abruf am 15.11.2023.

Tagesschau.de (2023b): Gericht verurteilt Regierung zu Klima-Sofortprogramm, URL: https://www.tagesschau.de/inland/klimaschutz-regierung-100.html, Abruf am 15.12.2023.

Tagesspiegel (2023): Entlastung des CO_2-Preises: Mechanismus zur Auszahlung von »Klimageld« wohl ab 2025, Tagespiegel.de: 10.8.2023, URL: https://www.tagesspiegel.de/politik/entlastung-des-co2-preises-mechanismus-zur-auszahlung-von-klimageld-wohl-ab-2025-10292425.html, Abruf am 17.11.2023.

Thomas, S., Fischedick, M., Hermwille, L., Suerkemper, F., Thema, J., Venjakob, M., Aydin, V., et al. (2019): Ein CO_2-Preis als Instrument der Klimapolitik: notwendig, aber nur im Gesamtpaket wirkungsvoll und sozial gerecht, Wuppertal Papers.

Trenczek, J., Lühr, O., Eiserbeck, L., Sandhövel, M., & Leuschner, V. (2022): Extremwetterschäden in Deutschland seit 2018, BMWK.

Umweltbundesamt (2022): Der Europäische Emissionshandel, URL: https://www.umweltbundesamt.de/daten/klima/der-europaeische-emissionshandel#teilnehmer-prinzip-und-umsetzung-des-europaeischen-emissionshandels, Abruf am 12.11.2023.

Umweltbundesamt (2023a): Daten der Treibhausgasemissionen des Jahres 2022 nach KSG, URL: https://www.umweltbundesamt.de/daten/klima/treibhausgas-emissionen-in-deutschland#nationale-und-europaische-klimaziele, Abruf am 27.11.2023.

Literatur

Umweltbundesamt (2023b): Der EU-Emissionshandel wird umfassend reformiert, URL: https://www.umweltbundesamt.de/themen/der-eu-emissionshandel-wird-umfassend-reformiert, Abruf am 12.11.2023.

Umweltbundesamt (2023c): Rekordeinnahmen im Emissionshandel: Über 13 Milliarden Euro für den Klimaschutz, URL: https://www.umweltbundesamt.de/themen/der-eu-emissionshandel-wird-umfassend-reformiert, Abruf am 12.11.2023.

Umweltbundesamt (2023d): Treibhausgas-Emissionen in der Europäischen Union, URL: https://www.umweltbundesamt.de/daten/klima/treibhausgas-emissionen-in-der-europaeischen-union#pro-kopf-emissionen, Abruf am 26.11.2023.

Umweltbundesamt (2023e): UBA-Prognose: Treibhausgasemissionen sanken 2022 um 1,9 Prozent, URL: https://www.umweltbundesamt.de/presse/pressemitteilungen/uba-prognose-treibhausgasemissionen-sanken-2022-um, Abruf am 06.11.2023.

United Nations (2016): Paris Agreement, vol. 3156 p.79, URL: https://treaties.un.org/Pages/ViewDetails.aspx?src=TREATY&mtdsg_no=XXVII-7-d&chapter=27&clang=_en, Abruf am 6.11.2023.

Weigl, B. (2023): CO_2-Preis steigt auf 45 Euro: So teuer werden Gas, Öl und Sprit, Finanztip.de, URL: https://www.finanztip.de/co2-steuer/, Abruf am 20.12.2023.

Weimann, J. (2019): Schriftliche Stellungnahme zur Sitzung des Umweltausschusses des Deutschen Bundestages zum Thema »CO_2-Bepreisung« am 03.04.2019, URL: https://www.bundestag.de/resource/blob/631944/98a0327e538946ac94c19c4e8a5bde2a/19-16-183-B_Fachgespraech_Stellungnahme_Weimann-Prof-Joachim-data.pdf, Abruf am 26.11.2023.

Wijst, K. van der, Byers, E., Riahi, K., Schaeffer, R., van Vuuren, D. (2023): Data for Figure SPM.5 of Summary for Policymakers of the Synthesis report of Sixth Assessment Report, MetadataWorks, https://doi.org/10.48490/f97z-er77.

Wissenschaftsplattform Klimaschutz (2022): Auf dem Weg zur Klimaneutralität: Umsetzung des European Green Deal und Reform der Klimapolitik in Deutschland-Jahresgutachten 2021 der Wissenschaftsplattform Klimaschutz, Wissenschaftsplattform Klimaschutz.

Umweltbundesamt (2022): Der Europäische Emissionshandel, URL: https://www.umweltbundesamt.de/daten/klima/der-europaeische-emissionshandel#teilnehmer-prinzip-und-umsetzung-des-europaeischen-emissionshandels, Abruf am 12.11.2023.

Umweltbundesamt (2023a): Daten der Treibhausgasemissionen des Jahres 2022 nach KSG, URL: https://www.umweltbundesamt.de/daten/klima/treibhausgas-emissionen-in-deutschland#nationale-und-europaische-klimaziele, Abruf am 27.11.2023.

Umweltbundesamt (2023b): Der EU-Emissionshandel wird umfassend reformiert, URL: https://www.umweltbundesamt.de/themen/der-eu-emissionshandel-wird-umfassend-reformiert, Abruf am 12.11.2023.

Umweltbundesamt (2023c): Rekordeinnahmen im Emissionshandel: Über 13 Milliarden Euro für den Klimaschutz, URL: https://www.umweltbundesamt.de/themen/der-eu-emissionshandel-wird-umfassend-reformiert, Abruf am 12.11.2023.

Umweltbundesamt (2023d): Treibhausgas-Emissionen in der Europäischen Union, URL: https://www.umweltbundesamt.de/daten/klima/treibhausgas-emissionen-in-der-europaeischen-union#pro-kopf-emissionen, Abruf am 26.11.2023.

Umweltbundesamt (2023e): UBA-Prognose: Treibhausgasemissionen sanken 2022 um 1,9 Prozent, URL: https://www.umweltbundesamt.de/presse/pressemitteilungen/uba-prognose-treibhausgasemissionen-sanken-2022-um, Abruf am 06.11.2023.

United Nations (2016): Paris Agreement, vol. 3156 p.79, URL: https://treaties.un.org/Pages/ViewDetails.aspx?src=TREATY&mtdsg_no=XXVII-7-d&chapter=27&clang=_en, Abruf am 6.11.2023.

Weigl, B. (2023): CO_2-Preis steigt auf 45 Euro: So teuer werden Gas, Öl und Sprit, Finanztip.de, URL: https://www.finanztip.de/co2-steuer/, Abruf am 20.12.2023.

Weimann, J. (2019): Schriftliche Stellungnahme zur Sitzung des Umweltausschusses des Deutschen Bundestages zum Thema »CO_2-Bepreisung« am 03.04.2019, URL: https://www.bundestag.de/resource/blob/631944/98a0327e538946ac94c19c4e8a5bde2a/19-16-183-B_Fachgespraech_Stellungnahme_Weimann-Prof-Joachim-data.pdf, Abruf am 26.11.2023.

Wijst, K. van der, Byers, E., Riahi, K., Schaeffer, R., van Vuuren, D. (2023): Data for Figure SPM.5 of Summary for Policymakers of the Synthesis report of Sixth Assessment Report, MetadataWorks, https://doi.org/10.48490/f97z-er77.

Wissenschaftsplattform Klimaschutz (2022): Auf dem Weg zur Klimaneutralität: Umsetzung des European Green Deal und Reform der Klimapolitik in Deutschland-Jahresgutachten 2021 der Wissenschaftsplattform Klimaschutz, Wissenschaftsplattform Klimaschutz.

7 Regionale Wirtschaft unter Veränderungsdruck – Chancen und Risiken

Fritz Jaeckel, Jutta Gogräfe

> **Zusammenfassung**
>
> Die wirtschaftliche Zeitenwende, die sich für Unternehmen u. a. in Form sich ändernder weltwirtschaftlicher Strukturen, einen Umbau der Energieinfrastruktur und deren Preisgefüge sowie einem deutlich gewandelten Zins- und Finanzierungsumfeld äußern, hat nicht nur Auswirkungen auf gesamtwirtschaftlicher, sondern auch auf regionaler Ebene. In diesem Beitrag beleuchten Fritz Jaeckel und Jutta Gogräfe die Situation in Nordrhein-Westfalen, konkret im Kammerbezirk der IHK Nord Westfalen. Dabei zeigen sie auf, welche Industrien sich besonderen Herausforderungen stellen müssen und worin jene bestehen, verdeutlichen aber auch, welche Chancen sich auftun und wie sich diese nutzen lassen. Damit Letzteres gelingen kann, mahnen sie kluge und weitsichtige wirtschaftspolitische Weichenstellungen an, um Region und Land im Licht der Veränderungen auf Dauer (wieder) wettbewerbsfähig zu gestalten.

7.1 Wirtschaftliche Lage in Nord-Westfalen – schwache Konjunktur und langfristige Wachstumsschwäche

Die Corona-Pandemie und die Energiekrise haben in Europa und insbesondere in Deutschland deutliche Spuren hinterlassen – auch die IHK-Region Nord-Westfalen macht keine Ausnahme. Die Wirtschaftsleistung liegt derzeit (Stand: Dezember 2023) auf fast demselben Niveau wie zu Beginn der Corona-Pandemie vor knapp vier Jahren – so das Ergebnis des Sachverständigenrats in seinem aktuellen Jahresgutachten. Während Deutschland sich vergleichsweise gut in der Corona-Pandemie geschlagen hat, entwickelt sich die Wirtschaft während der Energiekrise nur sehr schwach.

Unser Bundesland Nordrhein-Westfalen ist in diesem Jahr tiefer in die Rezession gerutscht als Deutschland insgesamt. Im ersten Halbjahr lag die Wirtschaftsleistung gemessen am Bruttoinlandsprodukt um 1,3 % niedriger als im Vorjahreszeitraum (Deutschland insgesamt -0,3 %). Es ist damit zu rechnen, dass sich dieses Bild in der Gesamtjahresrechnung bestätigt. Bereits seit der Finanzkrise hatte NRW einen Wachstumsrückstand gegenüber Gesamtdeutschland.

Nicht nur die aktuell schwache Konjunktur ist ein zentrales Problem, sondern vor allem die langfristige Wachstumsschwäche und die großen strukturellen Herausforderungen. Der Wirtschaftsstandort Deutschland und damit auch unsere Region gerät im internationalen Standortwettbewerb zunehmend unter Druck und läuft Gefahr, abgehängt zu werden.

Zentrales Ziel muss daher sein, die wirtschaftspolitischen Rahmenbedingungen so zu gestalten, dass sich die Produktivkräfte der Wirtschaft (wieder/stärker) entfalten können.

Ein Gegensteuern ist zwingend geboten: Nach Berechnungen des Sachverständigenrats ist das reale Wachstum des Produktionspotenzials – also das mögliche langfristige Wachstum der Wirtschaftsleistung bei einer Normalauslastung der gesamtwirtschaftlichen Produktionskapazitäten – von jährlich etwa 2,4 % in den Jahren vor der Wiedervereinigung über 1,4 % zwischen 2000 und 2019 auf jährlich deutlich unter 1,0 % in den vergangenen 5 Jahren gefallen. In den kommenden 10 Jahren wäre gemäß der Mittelfristprojektion ein Potenzialwachstum von lediglich knapp 0,4 % pro Jahr zu erwarten.

Die großen Herausforderungen sind:

- Hohe Energiepreise, verschlechterte Wettbewerbssituation, hoher Transformationsdruck durch Energiewende
- Energieintensive Industrie unter besonderer Belastung
- Außenhandel im Zeichen der De-Globalisierung
- Arbeitskräfteknappheit durch Demografie

Nach den Ergebnissen der IHK-Konjunkturumfrage in diesem Herbst hält sich die wirtschaftliche Schwäche hartnäckig. Die erhoffte konjunkturelle Wende ist bislang ausgeblieben. Nach der leichten Erholung im Frühjahr dürfte sich die Abkühlung über den Herbst weiter fortsetzen – die Talsohle scheint noch nicht erreicht.

Der nur allmählich abklingende starke Preisauftrieb und die ausgeprägte Nachfrageschwäche sowohl im Inland als auch aus dem Ausland prägen die wirtschaftliche Situation. Hoher Kosten- und Transformationsdruck lasten auf der Wirtschaft. Hinzu kommt eine deutlich spürbare Verunsicherung über die wirtschaftspolitische Strategie.

Besonders angeschlagen zeigt sich die Industriekonjunktur. Zwar hat sich das Problem der Lieferketten wieder etwas entspannt, so dass grundsätzlich die Produktion wieder stärker hochgefahren werden könnte. Doch die Auftragsbestände sinken, Neuaufträge bleiben immer mehr aus. Damit sinkt der Ausstoß, insbesondere in den energieintensiven Industrien, die in der Emscher-Lippe-Region stark vertreten sind.

In weiten Teilen des Handels ist die anhaltende Konsumflaute spürbar. Kaufzurückhaltung hat in diesem Jahr zu sinkenden Einzelhandelsumsätzen geführt. Die Inflationsdynamik lässt zwar nach und schafft damit eine grundsätzliche Voraussetzung für die Belebung des privaten Konsums. Zum aktuellen Zeitpunkt hat sich die Lageeinschätzung der Händler jedoch weiter verschlechtert.

Die von den Unternehmen benannten größten Konjunkturrisiken sind: Sorge vor weiteren Nachfragerückgängen, Kostendruck, auch durch Lohnanhebungen, Energie- und Rohstoffpreise, Fach- und auch Arbeitskräftemangel sowie die allgemeine Unzufriedenheit mit den wirtschaftspolitischen Rahmenbedingungen. Als weiterer bedeutender Hemmschuh für die Unternehmen wird hier die Bürokratie genannt (rund 6.000 Antworten bundesweit in der aktuellen IHK-Konjunkturumfrage).

Als Konsequenz der geringen Planungssicherheit bleiben dringend erforderliche private (unternehmerische) Investitionen aus: Wir beobachten eine eher verhaltene Investitionsneigung, und dies in einer Zeit, in der doch eigentlich größeres (finanzielles) Engagement in Richtung Nachhaltigkeit und De-Karbonisierung erforderlich wäre.

Der anhaltende Wirtschaftsabschwung ist auch auf dem Arbeitsmarkt angekommen, doch die Spuren sind vergleichsweise moderat. Die Einstellungsbereitschaft der Unternehmen ist verhaltener als noch im Frühjahr. Grundsätzlich ist der Arbeitsmarkt wenig konjunkturreagibel. Selbst im Abschwung (Finanzkrise 2009, Corona-Krise 2020) sind bislang keine größeren Arbeitsplatzverluste zu verzeichnen und die Arbeitslosigkeit ist nur temporär gestiegen. Ein temporär geringerer Arbeitskräftebedarf durch die gedämpfte Konjunktur wird durch den strukturellen Fachkräftemangel (noch) weitgehend ausgeglichen.

Wie alle Industrie- und Handelskammern fasst die IHK Nord Westfalen die regionale Konjunkturlage in einem Indikator zusammen, mit dem langjährigen Durchschnitt als Referenzwert. Konjunkturindikatoren aus Umfragedaten sind für die Diagnose der gesamtwirtschaftlichen Entwicklung von großer Bedeutung. Der Indikator liegt in einer Bandbreite zwischen 0 und plus 200.

Der regionale IHK-Konjunkturklimaindikator schwankte in den 90er Jahren zwischen 137 (Wiedervereinigungsboom) und 70 (Rezession 1992). Die Finanzkrise 2009 (79), der letzte coronabedingte Einbruch im Frühjahr 2020 (74) sowie die durch den Ukraine-Krieg ausgelöste Energiekrise (76) sind weitere Tiefpunkte. Im Herbst liegt er bei 90,6 und damit mehr als zehn Punkte unter dem langjährigen Durchschnitt.

7.2 Hohe Energiepreise, verschlechterte Wettbewerbssituation, hoher Transformationsdruck durch Energiewende

Die Energiekrise hinterlässt deutliche Spuren in der Wirtschaft. Die in Folge des Ukraine-Kriegs gestiegenen Preise beeinträchtigen die Standortattraktivität unseres Landes. Wettbewerbsfähige Preise und eine sichere Energieversorgung gehören zu den derzeit größten Unsicherheits- und Belastungsfaktoren für die Unternehmen am hiesigen Industrie- und Wirtschaftsstandort. Die infolge von Knappheiten stark gestiegenen Preise für Energie haben die Wettbewerbssituation insbesondere für die Industrie deutlich verschlechtert – das zeigt auch das IHK-Energiewende-Barometer.

Viele Produktionsprozesse der Industriefirmen sind erheblich energieintensiver als jene in der Dienstleistungsökonomie. Deutschland und insbesondere auch Westfalen und die Münsterland-Kreise haben traditionell einen hohen Industrieanteil. Deshalb treffen uns die gestiegenen Energiepreise auch gesamtwirtschaftlich stärker als andere Länder mit weniger Industriebesatz (Verarbeitendes Gewerbe im Münsterland: Wertschöpfungsanteil 20 %, 146.000 sozialversicherungspflichtig Beschäftigte).

Nach dem anfänglichen Energiepreisschock, ausgelöst durch den Ukraine-Krieg, zeigt sich derzeit bei den Energiekosten immerhin eine gewisse Entlastung (staatliche Preisbremsen wirken, Preissteigerungen werden vielfach an die Kunden weitergegeben und Energie wird eingespart (Ergebnis der IHK-Konjunkturumfrage).

Der gesamte Energiebedarf der Industrie macht rund 29 % des gesamten Endenergieverbrauchs in Deutschland aus: Im Jahr 2022 waren dies knapp 1.000 TWh, 9,1 % weniger als im Vorjahr (NRW: rund 320 TWh, -12,4 %). Das klingt zunächst nach einer guten Nachricht, bedeutet aber faktisch: Die Produktion wird gedrosselt.

Dauerhaft höhere Energiepreise werden daher zu Einbußen am Produktionspotenzial und möglicherweise bleibenden preislichen Wettbewerbsnachteilen führen, da Unternehmen tendenziell den Energieeinsatz – und damit in der Regel auch die Produktion – weiter herunterfahren. Langfristig dürften die hohen Produktionskosten dazu führen, dass die Unternehmen ihre Kapazitäten im Inland anpassen müssen.

7.3   Energieintensive Industrie unter besonderer Belastung

Energieintensive Industriezweige benötigen drei Viertel des industriellen Gesamtenergieverbrauchs – dazu gehören Wirtschaftszweige mit einem vergleichsweise hohen Energieverbrauch je produzierter Einheit (Energieverbrauch von mind. 1 TWh). Hierzu zählen:

- die Herstellung von chemischen Erzeugnissen,
- Metallerzeugung,
- Kokerei und Mineralölverarbeitung,
- Herstellung von Glas- und Glaswaren, Keramik, Verarbeitung von Steinen und Erden,
- Herstellung von Papier, Pappe und Waren daraus, Herstellung von Holz-, Flecht-, Korb- und Korkwaren (ohne Möbel).

Die Produktion der energieintensiven Wirtschaftszweige in Deutschland lag im Jahr 2022 um 7,1 % niedriger als im Vorjahr. Das Produktionsniveau liegt damit noch unter dem Tiefpunkt der Coronakrise im Jahr 2020.

Die Produktion der energieintensiven Industrie in NRW im Jahr 2022 war um 6,8 % niedriger als ein Jahr zuvor. Das Produktionsniveau der übrigen Industriebereiche blieb dagegen fast unverändert (-0,1 %). Von Januar bis September 2023 lag der Rückgang bei -9,4 %.

Im südlichen Teil unseres IHK-Bezirks (Emscher-Lippe-Region) liegt ein räumlicher Schwerpunkt der energieintensiven Industrien: Auf sie entfallen rund zwei Drittel des gesamten Industrieumsatzes in der Region, weshalb hier mit strukturellen Anpassungen zu rechnen ist.

7.4 Außenhandel im Zeichen der De-Globalisierung, auch mit Blick auf China

Viele Jahrzehnte wurde die Welt offener: Grenzen fielen, der europäische Binnenmarkt wurde weiterentwickelt, große Schwellenländer wurden in die Weltwirtschaft integriert. Dies war positiv für unsere exportorientierte Wirtschaft (hoher Offenheitsgrad, Globalisierung).

Doch jetzt sehen wir seit geraumer Zeit eine gegenläufige Entwicklung, die nicht erst mit dem Ausbruch des Ukraine-Kriegs, sondern schon mit der Finanzkrise begonnen hat: der Brexit, die US-Wahl 2016, die politische Positionierung von großen Schwellenländern wie China. Die Corona-Pandemie hat diese Entwicklung der De-Globalisierung verstärkt.

Die Globalisierung hat seitdem deutlich an Geschwindigkeit verloren oder im Einzelfall auch umgekehrt. Die internationalen Austauschbeziehungen haben sich erkennbar verlangsamt. Dies ist problematisch für eine insbesondere auch auf Auslandsmärkte ausgerichtete Volkswirtschaft wie die deutsche. Das Exportmodell, das lange Jahre für hohe Wachstumsraten gesorgt hat, ist unter Druck geraten. Der deutsche Außenhandel steht für 88 % des BIP – ein sehr hoher Wert im Vergleich großer OECD-Länder. Bei geringer Globalisierungsdynamik fehlen die außenwirtschaftlichen Impulse für die deutsche Wirtschaft (Auswirkungen auf Wertschöpfung und Arbeitsplätze).

Und es gibt neue Realitäten des globalen geopolitischen Umfelds: Handelsbarrieren nehmen zu, Protektionismus bremst den Welthandel. Der Zugang zu ausländischen Märkten wird eine immer größere Herausforderung. Neben den Handelshürden in den Zielmärkten kommen auch bürokratische Vorgaben hierzulande dazu: Das am 1. Januar 2023 in Kraft getretene Lieferkettensorgfaltspflichtengesetz (LkSG) wirkt wie ein großes zusätzliches Handelshemmnis. All dies veranlasst die Unternehmen zur Anpassung ihrer grenzüberschreitenden Absatz- und Lieferbeziehungen.

Wie stark die nord-westfälische Wirtschaft vom Export abhängig ist, verdeutlichen folgende Kennzahlen:

- Rund 10.000 Unternehmen exportieren – damit ist jedes achte (der rund 85.000 umsatzsteuerpflichtigen) Unternehmen im Auslandsgeschäft.
- In der Industrie exportiert sogar mehr als jeder dritte Betrieb (36 %), in manchen Industriezweigen weit mehr als die Hälfte.

- Fünf Branchen, darunter der Fahrzeugbau und der Maschinenbau, erzielen mehr Umsatz im Ausland als auf dem deutschen Markt. Die durchschnittliche Exportquote liegt bei 42 %.
- Rund jeder vierte Arbeitsplatz ist direkt oder indirekt vom Export abhängig.

Ein bedeutender Teil des kräftigen Wachstums der deutschen Exporte – und noch stärker der Importe – entfiel in den vergangenen zwei Jahrzehnten auf China. Chinas Rolle wird mit Sorge betrachtet, insbesondere die Abhängigkeiten in den Lieferketten.

Die vergangenen Jahre offenbarten, welches Risiko für die wirtschaftliche Entwicklung von starken einseitigen Auslandsabhängigkeiten ausgeht. Die Corona-Pandemie sowie der russische Angriffskrieg gegen die Ukraine führten zu Lieferkettenstörungen. Die geopolitischen und wirtschaftlichen Spannungen zwischen China und westlichen Ländern rückten zuletzt China in den Blick der wirtschaftspolitischen Diskussion. Denn aus kaum einem anderen Land importierten nordrhein-westfälische Unternehmen 2022 mehr, darunter zahlreiche Vorprodukte.

7.5 Arbeitskräfteknappheit durch Demografie

Der demografische Wandel ist eine zentrale Herausforderung für die Wirtschaft auch in unserer Region. Er vermindert das Arbeitskräfteangebot und verschärft die Konkurrenz um Fachkräfte.

Die Bevölkerungsstruktur wird sich in den nächsten Jahrzehnten deutlich verändern. Wenn es aufgrund der Zuwanderung zwar nicht zu einer deutlichen Schrumpfung kommen sollte, wird doch die Alterung erhebliche Auswirkungen haben. Ab der zweiten Hälfte der 2020er Jahre werden die geburtenstarken Jahrgänge der Babyboomer aus dem Erwerbsleben ausscheiden. Berufseinsteiger und qualifizierte Zuwanderer werden diese Lücken nur unzureichend füllen können. Höheren Ansprüchen von Rentnern wird eine kleinere Zahl von Beitragszahlern gegenüberstehen.

Die IHK Nord Westfalen hat das Thema »Demografischer Wandel« frühzeitig in den Blick genommen und ihre Mitgliedsunternehmen immer wieder für das Thema sensibilisiert (»schon heute mit Azubis vollsaugen«).

Nach der Bevölkerungsvorausberechnung von IT.NRW aus dem letzten Jahr verliert die IHK-Region Nord-Westfalen in den nächsten knapp drei Jahrzehnten 77.000 Einwohner. Die Einwohnerzahl geht demnach von 2,62 auf 2,55 Millionen Einwohner zurück. Dabei schrumpft die Erwerbsbevölkerung in der Altersgruppe der 15- bis 65-Jährigen besonders stark, nämlich um minus 214.00 beziehungsweise 12,8 % bis zum Jahr 2050. Landesweit liegt der zu erwartende Rückgang bei -9,2 %.

Knapp ein Viertel der Beschäftigten ist heute 55 Jahre und älter. Schon heute ist der Fach- und auch Arbeitskräftemangel ein zentrales Konjunkturrisiko in den IHK-Konjunkturumfragen. Das rückläufige Arbeitskräfteangebot wird perspektivisch die

Wachstumsaussichten unserer Volkswirtschaft verschlechtern – auch ein zentrales Thema des aktuellen Gutachtens des Sachverständigenrats.

Doch die Wachstumsschwäche kann durch verschiedene politische und unternehmerische Maßnahmen ausgeglichen werden. Dazu gehören insbesondere eine Ausweitung der Erwerbstätigkeit und des Arbeitsvolumens, die Integration und Qualifizierung von Zuwanderern, ein erhöhter Kapitaleinsatz, eine höhere Produktivität, mehr Gründungen und digitale Innovationen sowie ein beschleunigter technischer Fortschritt.

7.6 Wirtschaftspolitische Rahmenbedingungen in Zeiten multipler Krisen und langfristiger Wachstumsschwäche – Fazit: Chancen

Es gibt hohen Reformbedarf bei den wirtschaftspolitischen Rahmen- und wirtschaftlichen Standortbedingungen. Jedes zweite Unternehmen sieht dadurch seine Wachstumschancen gefährdet (Ergebnis der IHK-Umfrage). Die hohe Regulierungsdichte und hohe Abgabenquote stehen bei den Unternehmen ganz oben auf der Agenda. Dringenden Handlungsbedarf gibt es u. a. bei den Themen

- Infrastruktur und Fläche: Ausbau und Modernisierung
- Beschleunigung und Schnelligkeit, insbesondere bei Genehmigungsverfahren
- Investitionsschub – privat / Unternehmen und Staat
- Mehr Innovation und Digitalisierung

Ziel muss es daher sein, die wirtschaftspolitischen Rahmenbedingungen so zu gestalten, dass sich die Produktivkräfte der Wirtschaft (wieder/stärker) entfalten können.

Die Voraussetzungen sind in unserer Wirtschaftsregion grundsätzlich gut:

- Hohe Anpassungsfähigkeit
- Guter Branchenmix sowie klein-/mittelständische Unternehmensstruktur (»Tausendfüßler«)
- Zahlreiche Hidden Champions – Weltmarktführer in einer Branchennische
- Made in Germany – Qualität, Wissen, Technologie
- Günstige wissenschaftliche Infrastruktur

> **Hintergrund zur IHK – Region und Aufgaben**
>
> Warum beschäftigt sich eine Industrie- und Handelskammer (kurz: IHK) als Körperschaft des öffentlichen Rechts mit regionaler Konjunktur und wirtschaftlicher Entwicklung? Die Antwort findet man in ihrem gesetzlichen Auf-

trag: Sie fördert die regionale gewerbliche Wirtschaft und vertritt deren Gesamtinteresse gegenüber dem Staat und der Politik. Wettbewerbsfähige Unternehmen und gute Standortbedingungen sind ihr oberstes Ziel. Dafür ist es unerlässlich, regelmäßig »am Puls« der Wirtschaft zu sein und die Nähe zu den Mitgliedsunternehmen zu suchen. Wissen, wie es ist und was kommt. Wirtschaftliche Entwicklungen sowie strukturelle Veränderungen erkennen und darüber informieren. Gerade in Phasen von multiplen Krisen ist dies von besonderer Relevanz.

Was ist hier unter regionaler gewerblicher Wirtschaft zu verstehen? Das sind alle Unternehmen aus Industrie, Handel und Dienstleistungen, die ihren Sitz im Münsterland und im nördlichen Ruhrgebiet (Kreis Recklinghausen, kreisfreie Städte Gelsenkirchen und Bottrop) haben. Der IHK-Bezirk Nord-Westfalen ist bezüglich seiner räumlichen Abgrenzung identisch dem Regierungsbezirk Münster.

Ein breit aufgestellter Mittelstand mit einem vielfältigen Branchenmix – ähnlich einem Tausendfüßler –, dieses Markenzeichen der Region Nord-Westfalen ist eine wesentliche Voraussetzung für die Krisenfestigkeit seiner Wirtschaftsstruktur. Doch die multiplen Krisen in den letzten Jahren hinterlassen auch hier deutliche Spuren.

Aus der Werkstatt der IHK-Konjunkturumfragen

Schon früh hat man erkannt, dass Konjunkturindikatoren aus Umfragedaten für die Diagnose der gesamtwirtschaftlichen Entwicklung von großer Bedeutung sind. Schließlich nehmen ökonomische Verhaltensweisen der Unternehmer – zum Beispiel ihre Ausgaben für Investitionen oder ihre Personalentwicklungsstrategien – selbst ganz entscheidenden Einfluss oder aber sie reagieren auf neue konjunkturelle Impulse. Unter dieser Prämisse wurde schon früh mit Konjunkturumfragen begonnen (auch bei ifo).

Diese Konjunkturindikatoren werden hauptsächlich mit Hilfe qualitativer Fragen erhoben. Dabei geht es um die Abfrage von Urteilen, Veränderungstendenzen, Erwartungen und Plänen. Das Fragenprogramm der Konjunkturumfragen ist speziell darauf ausgerichtet, diejenigen Größen abzufragen, die ein möglichst gutes Stimmungsbild der konjunkturellen Situation liefern.

Zentrale Fragen sind Geschäftslage und Erwartungen für die nahe Zukunft, Risikofaktoren (wie Energie- und Rohstoffpreise, Fachkräftemangel, Nachfragerückgang, Arbeitskosten), Exporterwartungen, Investitions- und Beschäftigungspläne. Diese Kernfragen werden von Umfrage zu Umfrage ergänzt durch aktuelle wirtschaftliche Fragestellungen (z. B. zur Energiekrise) oder Sonderfragen in größeren zeitlichen Abständen (z. B. zu Auslandsinvestitionen oder zum Personalbedarf).

Es werden alle relevanten Sektoren erfasst: Industrie, Bauwirtschaft, Handel und der heterogene Dienstleistungsbereich. Vollerhebungen sind kaum praktikabel, daher wird eine Stichprobe gezogen. Die Stichprobe ist so ausgestaltet, dass ein repräsentatives Spiegelbild der gewerblichen Wirtschaft in der IHK-Region Nord-Westfalen abgebildet ist (nach Branchen, Teilräumen und Unternehmensgrößenklassen geschichtete Stichprobe).

Die Konjunkturumfrage wurde von vornherein als Panelerhebung angelegt. Das heißt, dass weitestgehend derselbe Kreis von Unternehmen befragt wird. Die Verwendung eines Panels hat den Vorteil, dass eine Änderung der Konjunktureinschätzung eindeutig auf eine andere Urteilsbildung zurückzuführen ist und nicht auf eine zufällig andere Zusammensetzung der Stichprobe.

Die Befragung findet im festen Turnus (Periodizität i. d. R. dreimal pro Jahr) in einem bundesweit unter den IHKs abgestimmten Zeitraster statt. Den Unternehmen wird die Beantwortung – auf freiwilliger Basis – sowohl online als auch per Mail oder Post angeboten.

Die Mikrodaten, d. h. die auch nach Größenklassen gewichteten Unternehmensantworten, werden zu Gesamtergebnissen und zu Zeitreihen aggregiert. Inzwischen liegen rund vier Jahrzehnte verfügbarer Datenreihen in den IHK-Datenbanken vor (seit 1980). Doch die Anfänge liegen weit früher: im Wirtschaftsarchiv sind Dokumente seit 1954 aufbewahrt.

Ein Großteil der Fragen basiert auf einer einfach zu beantwortenden Dreierskala (z. B. höher – gleichbleibend – geringer), für deren Auswertung dann eine Saldenmethodik angewandt wird, bei der die neutrale / mittlere Kategorie häufig unberücksichtigt bleibt.

Ein zentrales Ergebnis ist der Konjunkturklimaindikator, der das Wirtschaftsklima im IHK-Bezirk wiedergibt. Es handelt sich hierbei um eine zusammengefasste Größe aus Lageeinschätzung und Geschäftserwartungen. Der Wert lässt auf einen Blick erkennen, wie das Geschäftsklima von der Wirtschaft der Region eingeschätzt wird.

Der Indikator liegt in einer Bandbreite zwischen 0 und plus 200. Darin gehen sowohl die aktuelle wie auch die zukünftig erwartete Situation ein, und zwar jeweils als Saldo aus positiven und negativen Meldungen. Erwartungen werden mitberücksichtigt, da auch sie unternehmerisches Handeln in der Gegenwart entscheidend beeinflussen.

Die Ergebnisse schwankten in den 90er Jahren zwischen 137 (Wiedervereinigungsboom) und 70 (Rezession 1992). Die Finanzmarktkrise 2009 (79), der letzte coronabedingte Einbruch im Frühjahr 2020 (74) sowie die durch den Ukraine-Krieg ausgelöste Energiekrise (76, im Herbst 2022) sind weitere Tiefpunkte. Als Referenzwert wird i. d. R. der langjährige Durchschnitt verwendet, bei den Salden ist dies die Nulllinie.

Durch den langfristigen Vergleich der zentralen Umfrageergebnisse verfügt die IHK Nord Westfalen über ein strukturstabiles Instrument zur kurzfristigen

Konjunktureinschätzung. Die Ergebnisse werden im Konjunkturbericht der IHK Nord Westfalen zusammengefasst und zeitnah veröffentlicht.

Schließlich werden alle IHK-Regionaldaten zu Bundesergebnissen zusammengefasst – auf Basis von rund 27.000 Unternehmensantworten eine der größten Umfragen in Deutschland.

Literatur

Deutsche Bundesbank, Monatsbericht September 2023, »Wirtschaftsstandort Deutschland: ausgewählte Aspekte der aktuellen Abhängigkeiten und mittelfristigen Herausforderungen«

DIHK, Energiewendebarometer, August 2023

DIHK, Going International, März 2023

IHK Nord Westfalen, Konjunkturbericht »Wirtschaftsschwäche hält sich hartnäckig«, Oktober 2023

Ministerium für Wirtschaft, Industrie, Klimaschutz und Energie des Landes Nordrhein-Westfalen (Hg.), Konjunkturbericht Nordrhein-Westfalen 2023 #3, erstellt vom RWI Essen

Sachverständigenrat zur Begutachtung der gesamtwirtschaftlichen Entwicklung, Jahresgutachten 2023/24

Zenit GmbH/ IHK NRW, Außenhandel zwischen De-Globalisierung und Diversifizierung: Chancen und Herausforderungen für die NRW-Wirtschaft, erstellt vom IW Köln, September 2023

Angaben zu den Autoren

Prof. Dr. Katharina Eckartz ist seit dem Sommersemester 2024 Professorin für Volkswirtschaftslehre an der TH Köln. Zuvor lehrte sie seit 2018 als Professorin für Volkswirtschaftslehre, Agrarpolitik und Ressourcenökonomie an der Technischen Hochschule Bingen. Zwischen 2014 und 2018 arbeitete sie am Fraunhofer Institut für System- und Innovationsforschung unter anderem zu Fragestellungen der Politikanalyse und -evaluation, insbesondere in den Bereichen der nachhaltigen Ressourcennutzung und Circular Economy. Sie promovierte an der Universität Jena zu Fragestellungen aus der Verhaltens- und Experimentalökonomie. Katharina Eckartz interessiert sich dafür, wie Politik ausgestaltet werden kann und welche Verteilungswirkungen und Akzeptanz damit verbunden sind.

Prof. Dr. Manuel Frondel ist seit 2003 Leiter des Kompetenzbereiches »Umwelt und Ressourcen« am RWI, seit 2009 außerplanmäßiger Professor für Energieökonomik und angewandte Ökonometrie an der Ruhr-Universität Bochum und seit 2010 Fakultätsmitglied der Ruhr Graduate School in Economics (RGS). Seine Forschungsinteressen liegen im Bereich der empirischen Wirtschaftsforschung, vor allem der Anwendung statistisch-ökonometrischer Methoden auf umwelt-, ressourcen- und energieökonomische Fragestellungen. Manuel Frondel hat in anerkannten internationalen Zeitschriften wie Review of Economics and Statistics, Journal of the Association of Environmental and Resource Economists, Nature Energy und Economics Letters publiziert. Er war im FAZ-Ökonomenranking mehrfach unter den 20 einflussreichsten Ökonomen Deutschlands.

Jutta Gogräfe, M. A., ist Fachreferentin für Wirtschaftsanalysen und seit 1993 bei der Industrie- und Handelskammer Nord Westfalen beschäftigt.

Dr. Fritz Jaeckel ist seit dem 1. Mai 2018 Hauptgeschäftsführer der Industrie- und Handelskammer Nord Westfalen. Jaeckel war von 2014 bis Ende 2017 sächsischer Staatsminister für Bundes- und Europaangelegenheiten und Chef der Staatskanzlei. Der Jurist ist in Flensburg geboren und hat Rechtswissenschaften in Passau und Heidelberg studiert. Nach dem zweiten juristischen Staatsexamen arbeitete er als Assistent am Institut für Internationales Wirtschaftsrecht in Münster, wo er 1994 promoviert wurde. Von 1996 bis 2002 war er persönlicher Referent des Regierungspräsidenten von Leipzig und anschließend Referatsleiter im Regierungspräsidium Leipzig. Es folgten verschiedene Tätigkeiten im Innenministerium, dem Ministerium für Umwelt und Landwirtschaft und anschließend als Abteilungsleiter in der Sächsischen Staatskanzlei. Von 2012 bis 2014 war Jaeckel Staatssekretär im Staatsministerium für Umwelt und Landwirtschaft. Nach dem Juni-Hochwasser 2013 leitete er den Wiederaufbaustab in der Staatskanzlei. Im Herbst 2021 war Jaeckel als Landesbeauftragter für den Wiederaufbau nach der Hochwasserkatastrophe in Nordrhein-Westfalen tätig.

Prof. Dr. Britta Kuhn ist seit 2002 Professorin für Volkswirtschaftslehre, Schwerpunkt International Economics, an der Wiesbaden Business School der Hochschule RheinMain. Sie studierte Volkswirtschaftslehre an den Universitäten in Freiburg, Grenoble (Frankreich) und Kiel. Anschließend war sie wissenschaftliche Mitarbeiterin der Universität Mannheim. Nach der Promotion arbeitete sie als Unternehmensberaterin bei Kearney in Düsseldorf und München, anschließend in der strategischen Konzernentwicklung und im Firmenkundengeschäft der HypoVereinsbank (zuvor Bayerischen Vereinsbank) in München bzw. Düsseldorf. Ein Schwerpunkt ihrer aktuellen Forschung betrifft Chinas wirtschaftspolitische Entwicklung und die damit verbundenen Folgen für die Welt, vor allem für die Europäische Union.

Dr. Thieß Petersen ist Senior Advisor der Bertelsmann Stiftung im Projekt »Global Economic Dynamics« und Lehrbeauftragter an der Europa-Universität Viadrina in Frankfurt an der Oder.

Dr. Jörn Quitzau ist Chefvolkswirt der Schweizer Privatbank Bergos AG. Zuvor war er Leiter des Bereichs Wirtschaftstrends beim Bankhaus Berenberg. Quitzau hat in Hamburg Volkswirtschaftslehre studiert und anschließend im Bereich Wirtschaftspolitik promoviert. Frühere beruflichen Stationen waren die Financial Times Deutschland sowie die Deutsche Bank Research in Frankfurt. Er ist Autor wirtschaftspolitischer Bücher und Initiator volkswirtschaftlicher Podcasts (»Wirtschaftliche Freiheit«, »Economics to go«). Zudem ist er seit 2014 Non-Resident Fellow am American-German Institute, Washington D. C.

Prof. Dr. Manuel Rupprecht ist seit 2016 Professor für Volkswirtschaftslehre, insb. Internationale Wirtschaftspolitik und seit 2022 Dekan des Fachbereichs Wirtschaft an der Fachhochschule Münster. Er studierte Volkswirtschaftslehre an den Universitäten in Münster und Christchurch (Neuseeland). Nach der Promotion in Frankfurt arbeitete er in der geldpolitischen Abteilung der Deutschen Bundesbank, wo er ab 2011 den Bereich »gesamtwirtschaftliche Finanzierungs- und Vermögensrechnung« leitete. In diesem Rahmen analysierte er u. a. die finanziellen Zusammenhänge privater Akteure im Euro-Währungsgebiet vor geldpolitischem Hintergrund, beriet den Präsidenten der Bundesbank und wirkte an zahlreichen internationalen Gremien (EU, EZB, OECD etc.). Zu seinen derzeitigen Forschungsgebieten gehören die aktuellen Herausforderungen in der internationalen Wirtschaftspolitik sowie die Vermögensbildung und -situation privater Haushalte. Er ist Mitglied in zahlreichen Vereinen und Organisationen (u. a. Verein für Socialpolitik, Aktionskreis: Stabiles Geld, Bund deutscher Betriebs- und Volkswirte, International Association for Research in Income and Wealth).